霍金

郭宏文　陈艳停　著

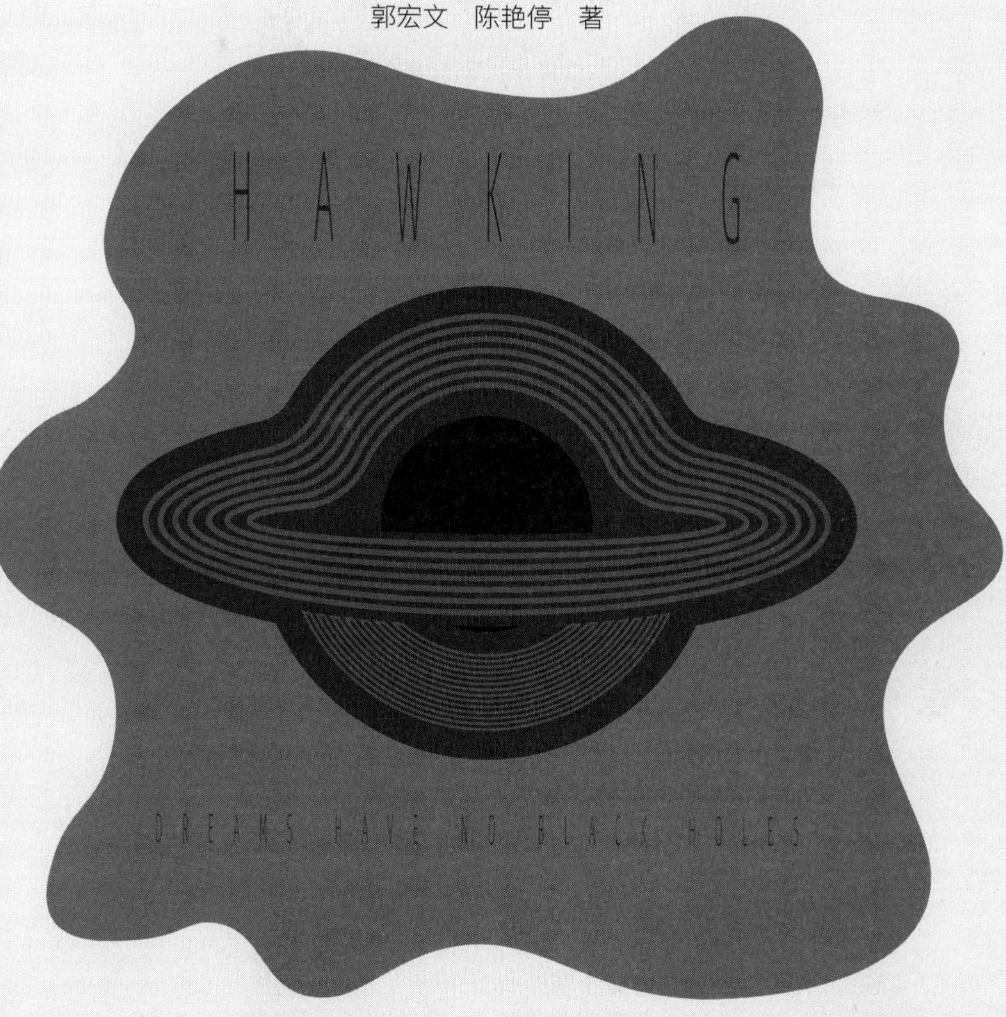

梦想没有黑洞

DREAMS HAVE NO BLACK HOLES

文化发展出版社
Cultural Development Press
·北京·

图书在版编目（CIP）数据

霍金：梦想没有黑洞 / 郭宏文，陈艳停著.— 北京：文化发展出版社，2024.3
ISBN 978-7-5142-3897-6

Ⅰ.①霍… Ⅱ.①郭… ②陈… Ⅲ.①霍金（Hawking，Stephen 1942–2018）– 传记 Ⅳ.①K835.616.14

中国国家版本馆 CIP 数据核字（2024）第037531号

霍金：梦想没有黑洞

郭宏文 陈艳停 著

责任编辑：周 蕾　　执行编辑：朱 晴
责任校对：侯 娜　　责任印制：邓辉明
装帧设计：小 石
出版发行：文化发展出版社（北京市翠微路 2 号 邮编：100036）
网　　址：www.wenhuafazhan.com
经　　销：全国新华书店
印　　刷：北京毅峰迅捷印刷有限公司

开　　本：710mm × 1000mm 1/16
字　　数：260 千字
印　　张：21.75
版　　次：2024 年 8 月第 1 版
印　　次：2024 年 8 月第 1 次印刷

定　　价：88.00 元
I S B N：978-7-5142-3897-6

◆ 如有印装质量问题，请电话联系：010–83600578

前言

2018年3月14日，被称为“20世纪末最伟大的天才”的宇宙大师斯蒂芬·威廉·霍金（Stephen William Hawking）的生命走到了终点，享年76岁。霍金的逝世，预示着当世最强大脑永远停止了思考。

一时间，全世界各种传播媒体上悼念霍金的文章和信息，形成了铺天盖地之势，尤其是网络传播媒体更是出现了非同寻常的刷屏。

毫无疑问，霍金是世界上极富传奇色彩的一位伟大的科学家。当霍金的名字传入中国后，很多人，尤其是年轻人渐渐地便成了他的“粉丝”，对他越来越崇拜。对霍金的书，一些人看到必买，买到必读；对刊有介绍霍金事迹和消息的报刊，一些人也一定会想方设法购买收藏。

曾获第十七届中国电视剧飞天奖、第五届温哥华华语电影节“红枫叶奖”的影片《红剪花》，是一部反映残疾女孩儿自强不息、顽强生活的励志影片。故事讲述了河南某贫困山村，一位13岁下肢瘫痪的残疾姑娘芳芳，刻苦钻研剪纸花技术，最终带动全村人致富的故事。她动人的事迹和坚韧不拔的精神，深深打动了身边的人。于是，大家以不同的方式对她倾注爱心，最终帮她实现了梦寐以求的愿望，走进了学堂。如果说残疾女孩芳芳是坐在轮椅上，靠一双灵巧的手给自己创造了精彩的世界，那么，霍金则是坐在轮椅上，以一个超强的大脑给世界创造了无限的惊奇。

人与动物的最大区别，就在于人有一颗能够思维、善于思维的大脑。一个人，只要有一个健康的大脑，并肯于开动脑筋，无论遇到什么样的困难，都能克服；无论经历什么样的磨难，都能战胜。而克服困难，战胜磨难，最终就会创造奇迹。

1963 年 1 月，刚刚过完 21 岁生日的霍金，不幸染上了一种十分罕见的疾病。这种疾病，学名为“肌萎缩侧索硬化症（amyotrophic lateral sclerosis, ALS）”，通常被称为“渐冻症”。染病后的霍金，肌肉逐渐萎缩，从而引起运动功能减退，最后导致瘫痪，也不能说话，唯一能动的，只有两只眼睛和右手的三根手指。到后来，手指也不能动了，霍金只能靠眨眼来传递想法，然后由助手将他的想法转换成语言文字传播于世。

霍金身上所有的肢体都失去了功能，只有大脑是健全的。然而，就靠这个唯一健全的大脑，他战胜了所有的困难，创造了前所未有的奇迹。这正是霍金显示人类特殊力量的方式。当他的身体遭到极端禁锢时，他的心灵却自由徜徉在宽广无垠的太空，一直关心、探索着整个宇宙的基本问题。

英国著名戏剧家莎士比亚在他的经典喜剧作品《哈姆雷特》中，有这样一句经典台词：“即使把我关在一个果壳里，我也会自诩为一个拥有着无限空间的君王。”这种精神，在霍金身上得到了完美的体现。霍金不仅是一个充满传奇色彩的物理天才，更是一个令人折服的生活强者。他对科学孜孜不倦的求索精神，勇敢顽强的生活态度，深深地吸引并影响着每一个知道他并了解他的人。

霍金一直对人类的大脑充满了尊重，他曾这样说："我们人类的大脑，远比你意想中的更为错综复杂，但若并非如此，你也不可能意想任何事。它包含了许多脑细胞，数目和银河系的星星一样多，约有一千亿个脑细胞连接在一起，彼此之间的联结比已知宇宙里的星系还要多。大脑研究似乎应该归类于神经科学，但因为大脑受控于基本作用力，例如电磁力，因此思考动作本身最终还是归结到物理学，这是快速复杂的物理现象。"

尽管霍金在天体物理领域取得了巨大的成就，但有些媒体把他称为爱因斯坦之后最伟大的科学家，也是当世最伟大的科学家，确实有点言过其实。对霍金的真正纪念，应该是基于科学理性、客观存在的实事求是。这种对霍金明显夸大式的赞誉，完全失去了理性缅怀的味道，变成了一种反科学的"造神"，令人难以接受，最终适得其反。

其实，一些获得过诺贝尔奖的物理学家，他们所取得的实际成果，有许多是高于霍金的。能够获得诺贝尔物理学奖和其他物理方面的奖项，都需要用实验结果作为评审依据。而霍金身体的实际状况，只允许他凭借想象去进行一些理性的推测，根本不可能从事实验和天文考察。他的主要成就，是在爱因斯坦广义相对论和马克斯·普朗克等基础物理学家提出的"量子力学"框架下，提出了宇宙黑洞的"霍金辐射"理论，写出了阐发宇宙形态的《时间简史》。他把人人都面对的宇宙有边还是无边、是怎样生成和变化等一些根本性的理论问题，用简明通俗的方式讲给了普通大众。也就是说，霍金构筑了量子化的宇宙学："宇宙是完全自足的、没有边界或边缘。它既没有开端也没有终结；既不会被创造出来，也不会毁于一旦。宇宙从来就是这种样子——它就是存在。"显然，到目前为止，在关系到有无上帝和神鬼的这个宗教学的根本问题上，霍金予以了最好的回答。

霍金还剖析了人人都要面对的生死问题，他指出："我们每个人都有信仰自由的权利，上帝是不存在的，没有人是创世主，也没有人能掌握我们的命运。并不存在天堂或者来世，我们只有此生，来欣赏宇宙之美。正因如此，我非常感恩。”对生命的意义，霍金做出他独特的解释：“生命的意义就不在外面某处，而是在我们的脑海里。正如宇宙学家卡尔萨根所说，我们是宇宙对自己的省思。”

1988年，美国矮脚鸡出版社出版了霍金的科普著作《时间简史》，意在向普通读者解释宇宙运行的规则。《时间简史》把困惑人类多年的宇宙、人生的根本性问题，说得非常通俗、透彻而简要，很快成了现象级的畅销书，之后的近30年间，这本书以40余种语言在全世界出版发行，销售数量超过2500万册。

此后，霍金于1993年发表了演讲稿《黑洞、婴儿宇宙及其他》；1996年发表了《插图本时间简史》；2001年发表了《果壳中的宇宙》；2005年发表了《简明时间简史》；2009年发表了《宇宙的起源与归宿》；2011年发表了《大设计》；2013年发表了回忆录《我的简史》。他还与自己的女儿露西合作，出版了乔治系列童书五本：《乔治打开宇宙的秘密钥匙》《乔治宇宙寻宝记》《乔治和大爆炸》《乔治和牢不可破的密码》和《乔治和蓝月亮》。霍金的前妻简·霍金于1999年出版了回忆录《音乐移动群星》。2007年，这部书又以《飞向无限》的书名再版，并被拍成了电影《万物理论》。霍金还频频在电视节目中亮相，曾出演过喜剧剧集《生活大爆炸》。

霍金极度聪明，又有很强的幽默感，经常就上帝、死亡、妇女和人类毁灭这些话题，开一些不出格的小玩笑。有时，他还会搞些无伤大雅的恶作剧。虽然他早已丧失了讲话的能力，但他坚持使用20世纪80年代风格的电子语音合成器，就是那种生硬的、老科幻电影式的、美式发音的语音合成器，并将它变成了自己做事的标志之一。

霍金在英国剑桥去世时，身份是英国理论物理学家、宇宙学家和畅销书作家。巨星陨落，魂归星辰，人们在缅怀这位有着“当世最强大脑”的人类之子时，必将永远铭记和学习他对科学、对真理的认真态度与执着精神。

目录

第三章　剑桥博士：病痛中探索宇宙奥秘

第四章　宇宙新星：在抗争疾病中绽放异彩

第五章　科学天才：轮椅上的“黑洞主宰者”

第六章　时间简史：在宇宙探索中著书立说

第七章　婚姻生活：从相濡以沫到分道扬镳

第八章　超级巨星：宇宙网红与畅销书作者

第九章　尖端学术：在宇宙的最深处飞扬

第十章　三次来华：科学巨匠的中国情缘

主要参考书目

第一章

少年时代：高知家庭的潜移默化

01 生于牛津，战乱中不平凡的家庭

有着“爱因斯坦继承人”和“宇宙主宰者”之称的英国人霍金，全名叫斯蒂芬·威廉·霍金。霍金其实是他的姓，斯蒂芬才是他的名字。

霍金的父亲叫弗兰克，出生于英国英格兰东北部的约克郡，这是英国最大的郡，拥有近2000年的悠久历史，号称“上帝之郡”。约克郡是英国著名的文化之乡、重要的工业和农业之乡。英国国王乔治六世曾骄傲地说：“约克的历史，就是英格兰的历史。”

霍金的祖先世世代代都是勤劳本分、正直善良的农民。但到了19世纪初，他的一位祖先成了英格兰西南部德文郡一位公爵的管家，从此，霍金家族也由世世代代卑微的农民，逐渐成为当地的名门望族，并在德文郡拥有了一套自己的豪宅。到了霍金曾祖父的这一代，他们家已经成为约克郡的一位农场主。第一次世界大战爆发前，霍金家族的农场十分兴旺发达。但一战结束后，由于经济大萧条席卷全球，霍金家

族的农场也未能幸免，很快宣告破产。霍金的祖父名叫罗伯特，他很想帮助自己的父亲恢复农场的生机，但遗憾的是，他也没能创造奇迹。当时，霍金的祖父母育有五个孩子，农场经济来源一旦中断，就意味着全家人都要挨饿受冻。不过，好在霍金的祖母还有一套房产，她利用那套房产创办了一所学校。由于经营有方，这所学校后来办得十分成功。因此，霍金的祖母才赚取了一些收入，来维持一家人的生活。

然而，与普通人不同的是，霍金祖父母的收入不仅要维持一家人日常生活的支出，还要满足孩子们接受教育的支出。在霍金的祖父母看来，如果儿女们能够接受良好的教育，他们为此付出怎样的辛苦都是值得的。于是，霍金的父亲弗兰克在霍金祖父母的影响下，一直努力学习，后来，以优异的成绩考入了英国著名的牛津大学。霍金的祖母把学校收入的一大部分，都寄给了自己身在异地求学的儿子。而弗兰克深知父母含辛茹苦不容易，所以，他非常努力刻苦地学习，并以优异的成绩获得了很多奖学金。弗兰克的生活也异常节俭，他甚至经常把节省下来的钱寄回家里。

弗兰克在牛津大学学习的是医学专业，主要研究方向是热带病。第二次世界大战爆发时，弗兰克正在东非的一个小国研究当地的地方病。得知国家有难，弗兰克再也无心继续自己的研究，当即决定回国，以自己的男儿之躯报效祖国。当时，他毅然决然地横穿非洲大陆，又转乘轮船，马不停蹄地赶回了英国。刚踏入国土，他就马上报名参军，请求奔赴前线。可是，有关部门告诉他，他的医学技术和学术研究对国家更有用，让他继续从事研究工作。无奈之下，他打消了奔赴前线的想法，进入了一个研究所，希望用自己所学的知识报效祖国。正是在这个研究所，弗兰克遇见了自己的初恋，也是他后来的妻子伊莎贝尔。

伊莎贝尔就是霍金的母亲。她出生于苏格兰的格拉斯哥，她的父亲是一位医生，家里总共 7 个孩子，伊莎贝尔排行老二。当时，伊莎贝尔的家境非常普通，收入只能勉强维持一家人的温饱。那时，能有机会接受高等教育的孩子，是不多的，尤其是女孩子，能够接受高等教育的，更是少之又少。但是，与弗兰克的父母一样，伊莎贝尔的父母也认为，只要孩子热爱学习，放弃什么也不能放弃孩子的教育。就这样，他们在邻居不解的目光中，坚持让好学上进的伊莎贝尔进入了牛津大学，并且极力支持她，直至她圆满完成了学业。在牛津大学，伊莎贝尔研修的是哲学、政治和经济学专业，并成为英国在这些领域的著名学者。

在英国，那个时代的女孩子，即使毕业于名牌大学，也很难找到称心如意的工作。伊莎贝尔在牛津大学毕业后，做过税务稽查员等多项工作，但这些工作，没有一样是她喜欢的。后来，她转行进入一个医学研究所，从事秘书工作。其实，这项工作与她所学的专业以及她名牌大学毕业的资历比起来，实在是有些不相称。但活泼友善的伊莎贝尔，却非常喜欢这项工作。尤其让她没有想到的是，这份工作不仅给她带来了稳定的收入，还带给她一段幸福完美的婚姻。在这个研究所，她遇到了自己的初恋弗兰克，一个身材高大魁梧却面带羞怯的男孩。同在牛津大学求学的经历，让两个年轻人有说不完的共同话题。弗兰克在国外那激动人心的冒险经历，更是深深地打动了伊莎贝尔。而且，两个人都是热爱科研的高级知识分子，他们顺理成章地擦出了爱情的火花，并很快步入了结婚的殿堂。婚后，他们在伦敦北郊的海格特安了家。

1939 年 9 月，第二次世界大战全面爆发。当纳粹德国攻占法国后，马上又将贪婪的目光对准了海峡对岸的英伦三岛。1940 年 7 月 16 日，希特勒图谋摧毁英国的“海狮”计划出炉，德国军队大有一举踏过海峡攻占大不列颠及北爱尔兰联合王国的势头。

1940 年 5 月 30 日，正当希特勒对英伦三岛狂轰猛炸时，温斯顿·丘吉尔当选为新一届英国政府首相。他在就职时，发表了这样一段令后世永远不会忘记的话：“我所能奉献的，只有血和汗、苦和泪……你们问，我们的方针是什么？我就说：是以上帝赐予我们的全部精力，竭尽全力在陆海空作战，进行一场反对凶残暴政的战争。这一暴政，在人类罪行的黑暗、悲惨的记录中尚无其匹。这就是我们的方针。你们问，我们的目标是什么？我可以用一个词来回答：胜利，是不惜任何代价赢取的胜利，是不顾一切恐怖都要夺取的胜利，是不论路程多么遥远、路途多么艰苦都必须取得的胜利。因为得不到胜利，就得不到生存。”

1940 年 8 月初，德国空军由总司令赫尔曼·威廉·戈林拟订了消灭英国空军的“飞鹰”计划，并集结了 2669 架战机。该计划主要是利用空袭的灵活性，对伦敦进行大规模攻击，从而迫使英国退出二战战场。戈林原本定于 1940 年 8 月 10 日对英军发动第一次大规模空袭，并将这一天的行动代号命名为“鹰日”。但由于当天英国南部天气不好，能见度低，飞机无法正常飞行，德军不得不将“鹰日”延期。

1940 年 8 月 13 日，德军期待已久的“飞鹰”计划终于得以实施。这一阶段，德军的主要攻击目的，是将英国空军主力消灭。当天，德国空军出动了 1500 多架飞机，攻击火力主要集中在英格兰南部的英国海峡舰队、重要港口、大型飞机场和主要军事设施，企图在攻击中尽可能消耗英国空军的实力。

面对不可一世的纳粹分子，伦敦上空似乎回旋着新任首相丘吉尔大义凛然、斩钉截铁的誓言：“我们决不投降！”在首相丘吉尔的鼓舞下，英国人民抵抗到底的决心随着轰炸的加剧日益增强。尤其是在第一天的狂轰滥炸之后，英国女王夫妇到街上视察、了解被破坏的程度，这更是极大地鼓舞了英国军民必胜的信心。

到了 1942 年，第二次世界大战的战火仍在延续，世界正处在一片黑暗之中。这时，怀孕中的伊莎贝尔已经接近预产期。战争如此残酷，为了让腹中的小生命平安降生，伊莎贝尔做出了一个决定，就是离开伦敦到牛津去生产。这时，离霍金出生只剩一个星期了。伊莎贝尔之所以选择去牛津待产，是因为当时德国和英国为了保护各自的文化古迹，曾经达成一个共识，就是德国不轰炸英国的牛津和剑桥；而作为回报，英国也不会轰炸德国的哥根廷和海德堡。因此，牛津和剑桥这两个文化重镇，就成为了英国人暂时的避难所。

然而，当伊莎贝尔拖着沉重的身体，孤身一人来到举目无亲的牛津时，旅馆工作人员看到她的样子，都不敢收留她入住。没办法，她只得提前办理了住院手续，安静地在医院里待产。待产的日子是无聊的，因此，她在医院里做了一些力所能及的工作。其间，她获赠了一张书券，便拿着书券前往附近的书店买了一本星象图看，以此来打发时间。买星象图本属无心之举，但令她没想到的是，自己腹中的小生命长大以后，竟然跟浩瀚的宇宙有了千丝万缕的联系。难怪霍金的姑姑后来这样打趣地对自己的嫂子说：“你真是未卜先知，在胎教中就已经培养他研究天文学了。”

1942 年 1 月 8 日，在英国牛津医院的一间产房里，传出了婴儿响亮的啼哭声。伴随着这一哭声，霍金平安地降生了。巧合的是，300 年前的这一天，著名的意大利科学家伽利略逝世了。伽利略是世界上第一个使用望远镜观测、研究宇宙的物理学家。正是他的研究结果，让人类基本弄清了太阳系的运动，从而走出了人类了解宇宙的第一步，也是重要的一步。而这一天出生的霍金，30 多年后也让人类更进一步地了解了宇宙的起源和未来。因此，人们总是不自觉地把这两个人以及这两个特定的时间点联系起来，像是冥冥之中自有天意。后来，霍金也听到了这样的议论，他幽默地说："我出生那一天，刚好是伽利略逝世300周年纪念日。然而，我估算了一下，这一天大约有20万个婴儿出生，不知道其中有没有后来对天文学感兴趣的人。"

在霍金出生的这一年，世界上发生了很多轰轰烈烈的大事。在科学方面，受二战的影响，从1940年起到1942年，诺贝尔奖停止评奖。这一年，美国对原子弹的研发工作已经开始，著名的"曼哈顿计划"开始实施。这一年的12月2日，由意大利逃到美国的费米，在芝加哥大学的一个橄榄球场，完成了世界上第一次自持式链式核反应，这标志着原子弹的研制成功只是时间问题。而这一年的秋天，德国军事当局正式否决研制原子弹的任何动议。

1942年1月10日，德国开始了残杀身体长期有病和不能正常生活的儿童的行动。据统计，从这一天开始，数量多到难以统计的儿童被"T4"小组杀害。1月20日，在德国柏林城外旺西的一座别墅里，德军高级军官召开了一个秘密会议，制订了一个系统灭绝犹太人的计划。此后不久，日本军队在太平洋地区，对被俘的盟军进行了惨无人道的杀戮……总之，这一时期的世界正处在疯狂与黑暗之中。

然而，在霍金刚刚出生后的第十四天，弗兰克和伊莎贝尔夫妇就带着他离开了牛津，回到了海格特的家里。这个紧靠着伦敦的小镇，此时此刻还是漫天战火、满目废墟的凄惨景象。在这样的处境下回来，其实也是情非得已。一方面，弗兰克和伊莎贝尔在伦敦都有工作，战火中，前线伤员不断，医药科研所的工作需要大量人手；另一方面，医院高额的住院费用，也不允许他们长期住下去。

霍金出生一年半后，他的妹妹玛丽也来到这个世界，但霍金似乎不喜欢这个妹妹。他觉得，妹妹的出生，无形之中剥夺了自己在家中唯我独尊的地位。看到父母的重心一下子转向妹妹，霍金常常感到失落和愤愤不平。因此，在整个童年阶段，霍金跟妹妹玛丽的关系一直比较紧张，常常会因为互相抢夺玩具而大打出手。然而，在霍金 5 岁时，小妹妹菲莉帕又出生了。对于这个刚刚出生的小妹妹，他不仅不讨厌，反而特别喜欢，对她呵护备至。他甚至急切地盼着她快点长大，好跟她一起玩游戏。

霍金的家，是坐落于海格特的一处维多利亚风格的房子，那幢房子，是弗兰克夫妇在战争时期，以很便宜的价格买下来的。当时，所有人都以为这里离伦敦最近，早晚会被夷为平地，所以，这幢房子原来的主人，就以极低的价格匆忙将房子脱手卖出。事实也确实如此。霍金两岁时，就差一点在这场轰炸中丢掉性命。当时，他们邻居家的房子恰好被 V-2 火箭击中，而他家的房子也受到波及。幸好他们一家人不在房子里，那个被 V-2 火箭炸出来的大坑，就在他家院子旁边。后来，那里竟成了霍金和小伙伴们经常游戏玩耍的地方。

伊莎贝尔显然对英国人将取得战争的最终胜利充满信心。在牛津大学读书期间，她研究的是哲学、政治和经济学，因此，她具有理性的头脑和冷静的思维。伊莎贝尔曾经这样回忆这段历史："我们非常幸运，我们一家都非常幸运，包括斯蒂芬和每一个人。人人都饱受灾难，但重要的是我们活了下来，而有些人却不幸被战火吞噬。飞行中的炸弹是非常恐怖的，它们一开始在天空中吱吱作响，然后突然间沉寂了下来。这时候，你就可以估算它离落下来还有多长时间……倘若你听到爆炸声，你就会意识到自己没有被炸着，这样，你便可以安然无恙地回家吃饭或做点别的什么。"

02 高知父母，从小受到良好熏陶

霍金 2 岁时，他的父母根据《育婴手册》上的建议，开始对他实行严格而有计划的教育。他们认为，小孩子在 2 岁时，必须开始社交活动，这样有利于小孩子性格的均衡、协调发展，从而有效地避免孩子形成孤僻、古怪的性格。由此，两岁半的霍金，就被父母送到了海格特拜伦宫的托儿所。起初，霍金看到那么多陌生的小孩，都在玩着令人眼花缭乱的玩具，而且又唱又跳，看起来非常开心，这让他感到十分好奇。可不久，霍金就因为胆怯而号啕大哭起来。这样的情形，是弗兰克和伊莎贝尔夫妇没有想到的，因此他们也感到有些不知所措，竭力安抚着儿子。可是，无论他们怎么安抚，霍金仍然哭闹不止。伊莎贝尔对丈夫弗兰克说："或许，我们的孩子还不太适应社交，还是先把他带回家吧！"于是，弗兰克夫妇只好把霍金带回家。打那以后的一年半之内，他们再也没把他送到托儿所去。

1950 年，霍金 8 岁时，他的父亲弗兰克被任命为国立医学研究所寄生虫部的主任。弗兰克新的工作单位，位于伦敦北面的米尔山。霍金的家，原来住在海格特附近的汉姆斯特德，离霍金父亲的单位很远，分属于两座不同的城市。于是，为了工作和生活的方便，也为了让孩子们充分感受到家庭的温暖，霍金的父母便在新的工作单位附近，买了一幢不错的房子。这幢房子，位于圣奥尔本斯的教堂城。教堂城离米尔山大概有十英里的路程，离伦敦中心大概有二十英里的路程。

新买的房子，是一幢维多利亚风格的房子。当时，霍金的父母没有多少钱，所有的积蓄都用来买了房子，所以，房子根本没怎么装修，全家人就搬了进来。为了省钱，弗兰克甚至拒绝安装集中供热系统，所以，一到冬天，房子太大显得空空荡荡，如同四面透风一样，房间里冷得让人难以忍受。为了不让房子看上去很古老，弗兰克的办法就是每年都给房子刷油漆。这个主意还不错，总是能让周围的邻居感到这是一幢新房子。

20 世纪 50 年代的圣奥尔本斯镇，是一个繁荣的地方。虽然小镇人口只有 18 万，但是这里居住的都是英国的中产阶级。关于圣奥尔本斯这个小镇的起源，还确实有一段历史。那是公元 304 年，有一个叫奥尔本的罗马军人，笃信基督教。有一次，他因为庇护逃亡的基督教士，被杀害在佛河东岸。基督教的信徒们为了纪念他，于 1077 年，在他遇害的地方修建起一个修道院。后来，在修道院的周边，逐渐地聚集了越来越多的住户，一个小城镇就这样发展起来。1877 年，这个修道院被正式命名为圣奥尔本斯大教堂，市镇也被定名为圣奥尔本斯市。后来，圣奥尔本斯市逐步发展成为一座典型的英国中产阶级聚居的城市。

在这个基督教盛行的城市，随处可见的教堂和陈旧的建筑物，都体现着一种保守的风格。弗兰克夫妇都是高级知识分子，他们的家庭是典型的书香门第。而他们周围的邻居，却基本都是没怎么念过书的人。所以，他们和周围的邻居，就很难进行深层次的交往和沟通。在圣奥尔本斯，霍金的父母除了工作和家庭之外，几乎没有一个朋友，看起来非常孤独。

弗兰克夫妇从来不会刻意去追求物质生活，更不会盲目去追赶时髦。在他们看来，这些表面的浮华，只会妨碍他们对知识、理性的热爱和追求。而他们夫妇特立独行的生活方式和行为习惯，却常常让邻居们以异样的目光相看。比如，他们的屋子里堆放着许多的书籍和书画作品，还有各种各样奇怪的石头和标本以及一些叫不出名字的古怪玩意儿。他们虽然也十分注意清洁，但对房屋的维护和保养却不怎么在意。他们的地毯和家具，会一直用到破烂不堪或坏损得实在用不了了为止。脱落的墙纸一直悬挂在墙壁上，他们却视而不见。走廊和门后的墙壁上，已是石灰剥落、千疮百孔，他们也不及时维修，给人一种破烂不堪的感觉。因为房间里没有供暖，一到冬天，弗兰克常常会在睡袍里面穿上毛衣御寒。如果家里来了客人，弗兰克也会劝说人家多穿一些衣服。

霍金有个弟弟叫爱德华，比他小 14 岁，是霍金的父母收养的一个孩子。作为养子，爱德华曾经这样描述他的家："我们家院子里有一排篱笆，已经坏得不成样子了，我曾好几次试图说服父亲把它推倒，好让靠近篱笆的一丛矮树长大。但是，父亲却执意要修补这个篱笆，还不愿意在这上面投入一分钱，而是东拼西凑地到处捡一些木条，把它们胡乱地钉上去，从来不考虑是不是美观。每次我把朋友带到家里时，总是感觉有点难为情。前门曾经是完好的，而且一度显得非常优雅，但后来上面的彩色玻璃有些已经破碎了。父亲从不考虑更换这些玻璃，而是用一些黏土或者其他填充品，胡乱地拼凑起来在上面涂涂抹抹。墙纸虽然华丽，却因为时间太久，有好几处已经斑驳。"

爱德华说："这幢房子因为面积大而显得空旷、阴暗，阴森森的让人感觉非常恐怖。冬天的早晨，每当我从睡梦中醒来时，总能看见窗户上结满了厚厚的霜花。家里的一台散热器早就不能正常工作了，只能用大厅里的一台储热器来替代。虽然每间卧室里都有火炉，但我们只在楼下生火，从来没在这些房间里生过火。这幢房子总是给我一种怪怪的感觉。但无论如何，它毕竟是我们的家，所以，我们还是喜欢它，爱护它的。”

尽管弗兰克夫妇在物质上极其节俭，但他们的生活还是比较丰富的。一天，弗兰克夫妇花了 50 英镑，买来一辆旧出租车作为自己的私家车，从而震惊了他们的邻居。那个年代，除了身份极其显贵的人物外，大多数英国人都没有私家轿车。邻居们觉得，这个家庭有钱买车，为什么不花钱装修一下屋子呢？为什么不更换破旧不堪的地毯和家具呢？在邻居惊疑的目光中，他们每天开着那辆破旧的汽车进进出出，自得其乐。他们还开着这辆破旧的汽车前往印度旅行，很淡然，也很潇洒。

为了一家人一起度假，弗兰克夫妇又买来一辆吉卜赛人用过的大篷车，把它停在奥斯明顿米尔斯的场地上，这个地方靠近韦茅斯，在不列颠南海边上。这辆车被原来的主人装修得美轮美奂，可弗兰克担心它太引人注目，就用油漆把整个车身漆成了绿色，于是车子看起来像个绿色的大怪物。车上有弗兰克夫妇睡的双人床，他们还为孩子们安装了带梯子的双层床，一家人在这辆大篷车里，度过了很多快乐的假期。

从小，霍金就具有超乎寻常的想象力。他的父亲弗兰克专门给他修缮了一间房子，而霍金很快就发现，这间房子有一个绝妙之处，就是从房间里的一个窗户爬出去，外面恰好是自行车车库的房顶，由这儿可以跳到地面上。不久后，他又发现经过自行车顶棚，绕过一个角可以爬到主屋顶上去，然后再经过另一个窗口爬进屋里去。霍金的妹妹玛丽在回忆童年往事时，是这样评价她的哥哥的："斯蒂芬曾经计算过，共有 11 种进屋的方法，可我只能找到其中 10 种，迄今也不知道第 11 种进屋的方法。"

小时候，霍金总有很多稀奇古怪的想法。每年圣诞节期间，伊莎贝尔常带着孩子们去看童话剧。一次，他们看的童话剧名字叫《阿拉丁》，是《天方夜谭》中一个最著名的故事。童话剧演到最后时，阿拉丁在神灯的帮助下，为他的妻子建造了一座金碧辉煌的宫殿，这座宫殿像魔术一般升上了天空。这个经典的场景，在霍金的脑海里挥之不去，他坚信这座宫殿会在某一个地方重新落下来，他甚至还想象着会在伦敦西北部的汉姆斯达德的某个地方找到它。直到有一次，霍金由他的母亲伊莎贝尔带着到汉姆斯达德的伍德宫参观时，他一下子豁然开朗，认为眼前这座金碧辉煌的宫殿，就是他想象中的那座宫殿。

伊莎贝尔在评价霍金时说："斯蒂芬在某些方面肯定是非常能干的，但不是所有方面。他相当晚才学会阅读，但他总是说很多话。他也非常富有想象力，想象力这方面比数学方面发展得快。他一开始就是个自学者，如果他不想学什么东西，则多半是他觉得不需要。他大体上像是一张吸墨纸，把什么都吸收进去。"

弗兰克夫妇很注重培养孩子们的文化气质。每到周末，当一些孩子被家长带着去游乐场或电影院休闲娱乐时，霍金的父母却常常带着孩子们前往博物馆，这也是让霍金觉得非常值得骄傲的一件事情。弗兰克夫妇善于发现孩子们各自的优点和爱好，然后因材施教着重培养。他们发现霍金热爱科学和探索，就把霍金带到科学博物馆，让他带着好奇心四处参观。他们发现大女儿玛丽对历史有着浓厚的兴趣，就把玛丽带到历史博物馆，让她尽情去了解历史的兴衰与沉浮。他们发现小女儿菲利帕热衷于艺术博物馆的陈列，就陪着小女儿去参观艺术博物馆。弗兰克夫妇根据三个孩子的爱好因势利导，培养他们的文化气质。

作为高级知识分子，弗兰克夫妇对书籍痴迷到了每时每刻都离不开的程度，甚至在吃饭时，也要捧着一本书。这一点，也直接影响了孩子们。弗兰克一家人不但可以在餐桌上看书，而且看完书后，还要热烈地讨论书上的精彩思想和哲理。一家人相互谈话时，内容言简意赅而且语速非常快，从不啰里啰唆地没完没了。在外人听来，他们的话似乎有些含混不清，口齿不够伶俐，这一点，霍金父子尤其严重。在学校里，有调皮的同学甚至把霍金说的话称为“霍金语”，并把这当作笑话用来嘲笑霍金。

弗兰克夫妇给孩子们立下了一条不成文的规定：每个孩子，都必须要通过自己的努力，考上牛津或者剑桥大学，而且还要拿到奖学金。当时，在圣奥尔本斯镇，弗兰克夫妇作为中产阶级，收入虽然颇为丰厚，但抚养四个儿女也是一笔不小的生活开销，日子过得并不轻松。除了必要的生活费，他们拿不出更多的钱让四个儿女都上名牌大学。因此，定下这条规定，既是对孩子们的一个激励，也是一种生活的无奈。后来，孩子们果然没有辜负父母的期望，除了他们收养的儿子爱德华外，其他三个儿女都拿着奖学金在名牌大学读书。

每年冬天，霍金的父亲弗兰克都要到非洲行医 3 个月左右的时间，有时还要到其他地区，因此，他跟家人聚少离多。由于父子间相处的时间少，弗兰克有些不太懂得如何跟孩子相处，但他对儿子的影响还是很大的。对于弗兰克来说，他并不是对当医生给人治病感兴趣，而是热衷于研究、追寻隐藏在表象之下的大自然的奥秘。他喜欢任何一个自然学科，只不过是机缘巧合选中了医学，而当时特殊的历史环境，又使他对热带病的研究情有独钟。1937 年，他幸运地得到一笔科研基金，这使他有机会到非洲专门研究了两年睡病虫。睡病虫又称锥虫，是一种由舌蝇感染而生的寄生虫，多寄生于脊椎动物的血液中。寄生于人体的，如冈比锥虫，可侵入人的脑、脊髓血液中，使人得睡眠症，主要分布于非洲。得这种病的人，会因脑脊髓受到侵害而引起深度睡眠，睡眠可在吃饭、站立或行走时出现。此后患病者逐渐消瘦，并出现昏迷的情况，最后死亡。

弗兰克这一热衷于研究和探索未知世界的爱好，直接影响了霍金。每当夏夜，弗兰克夫妇常跟孩子们一起，躺在绵软的草地上，用双筒望远镜观察奇妙而神秘莫测的星空。这深邃渺远的星空，让年少的霍金展开想象的翅膀，开始在广袤的星空自由地遨游。霍金的母亲伊莎贝尔在回忆往事时说："斯蒂芬总是能感受奇妙的事物，我看得出来，星星很吸引他，而且他的想象力可以驰骋到星空之外。"霍金也在回忆往事时说："我记得有一次深夜从伦敦回家，那时候为了省钱把路灯都关了，我从未见过这么美丽的银河横贯的夜空。没有任何街灯，所以，我可以尽情欣赏夜空。"

伊莎贝尔对霍金成长的影响也是比较大的。伊莎贝尔年轻时，很多知识分子在社会主义思想的感召下，纷纷加入了共产党。20 世纪 30 年代，伊莎贝尔作为这些知识分子当中的一员，也成为了一名共产党员。而到了 20 世纪 50 年代，知识分子开始转向了工党。伊莎贝尔曾鼓励霍金和她一起参加游行和政治集会。母亲的影响，使霍金对政治的兴趣从来没有衰减过，并一直对社会上的弱势群体表示同情并施以援手。

霍金成名后，曾有记者问他："您家庭的一位老友说过，在您的童年时代，您的家庭是高度智慧、非常聪明而且非常怪异的，您认为这个说法合适吗？"

霍金回答说："对我的家庭是否智慧我不便评论，但是我们肯定不自认为是怪异的。然而我想，要是按照圣奥尔本斯的标准也许会显得如此。我们在那里住时，那是个相当严肃的地方。”

家庭是人生的第一个课堂，父母是孩子的第一任老师，也是对孩子影响最大的人生导师。霍金生长在这样一个高级知识分子家庭里，他所接受的开明教育以及被灌输的自由思想和理念，都有着非同寻常的深度和意义。这也注定了霍金自童年起，就具有一种独特的气质和坚强的性格。

03 因势利导，被父母“放养”的孩子

毋庸置疑，父母的一言一行、一举一动，无时无刻不在潜移默化地影响着自己的孩子。家庭，是孩子最重要的天然课堂，一个好的家庭，可以最大限度地激发和调动孩子的无限潜能。

霍金的父母非常注重让孩子们学习知识。霍金很小的时候，他的父母就引导他阅读大量的课外书，让他积累丰厚的文化底蕴。而在学习方法上，他的父母主要采用因材放任的手段。

霍金 5 岁时，父母把他送进了小学。读小学一年级时的霍金，并不是一个成绩优秀的学生，考试成绩在全班排名倒数第三。霍金的母亲看到儿子的考试成绩，非常担心他的前途，就对他说：“孩子，你在学习方面真的这么差吗？”

霍金眨了眨眼睛，立刻回答了母亲提出的这个问题：“其他人也好

不到哪里去。”这个回答，让他的母亲哭笑不得。

因为霍金说话有点结巴，无法迅速正确地表达自己所要表达的意思，他的同学们听他讲话特别费劲，久而久之，就没有人愿意跟他交流。就这样，霍金在社交方面出现了问题。他无法结交到朋友，也无法融入集体。

一个5岁的小孩子，正是需要大量玩伴的年纪。而此时无法与同学正常交往，对霍金来说显然是一个不小的打击，孤独与自卑不知不觉地占据了他的童年时光。

有一次，学校开运动会，霍金很想参加跑步比赛，可因为自卑不敢报名。正当他犹豫不决时，老师开始鼓励大家：“同学们，希望大家踊跃报名，比赛重在参与。”有了老师的鼓励，同学们争先恐后报名参赛，霍金也在老师的鼓励下报名参赛。

比赛那天，当发令枪一响，霍金像其他参赛选手一样奋力冲出跑道。可没跑多远，霍金就感觉力不从心，被其他选手越甩越远，可他还是咬着牙坚持到了终点。由于他的成绩很差，自然拖累了他所在的那个团队的总成绩。于是，跟他一个团队的杰克不停地埋怨他说：“斯蒂芬，你是知道自己跑步很慢的，为什么还来报名拖大家的后腿？”同组的同学听了，也纷纷埋怨起霍金来。

听到同学的埋怨，霍金心里非常难过。一是因为自己给团队抹了黑，感到无比愧疚，甚至是无地自容；二是因为自己拼尽全力，却没能得到想要的结果。老师了解情况后，抚摸着他的头对其他同学说：“同学们，你们不要嘲笑斯蒂芬。你们知道吗？每个人都是有跑步潜能的，斯蒂芬的潜能只是还没有被激发出来而已，一旦潜能被激发出来，斯蒂芬一定跑得非常快。”听了老师的话，同学们停止了埋怨，最开始埋怨霍金的杰克，也开始给霍金道歉："对不起，斯蒂芬，我知道你尽力了，我不该埋怨你，期待你下次进步。"霍金也因为老师的鼓励对自己充满信心，期待自己真能像老师所说的那样，有一天潜能激发出来后会跑得很快。

但不久以后，又有一件事摧毁了霍金的信心。有一天放学后，霍金和其他小伙伴在一起玩你追我跑的游戏。玩游戏的人分成两组，哪一组有一个人被捉，这组就算输。这次是霍金所在的小组跑，另外一个小组的成员负责追。霍金和其他小伙伴一样，正在开心地往前跑，没想到被脚下的小石头绊了一下，他摔倒了，自然就被对方捉住了。和霍金一组的小伙伴又开始责怪起来："你总是这样笨手笨脚的，每次都被捉，以后不跟你玩了。"其他小伙伴也跟着随声附和："是啊，他总是拖大家的后腿，以后我们不跟他玩了。"霍金虽然忘记了摔伤的疼痛，但小伙伴们的埋怨却让他伤心地哭了起来。

打那以后，霍金再也不参与小伙伴们的游戏了。每天放学后，他把自己关在屋子里，通过窗户望着外面玩得热火朝天的小伙伴们，眼神里充满羡慕。

霍金 7 岁时，被父母送进了圣奥尔本斯女子学校。那时，这所学校也招收男孩子，他们的班级在学校的少儿部。霍金的第一任妻子简·怀尔德在回忆录中写道："我 7 岁时进入圣奥尔本斯女子学校，成为一年级的学生。有一段时间，隔壁教室靠墙边的位置，常常坐着一个少年，一头松软的金黄色头发。我从没有和他说过话，他当然也从来没有注意到我的存在。不过，我的记忆是很准确的，因为斯蒂芬那时确实在那儿读了一个学期，之后才进入几英里外的拉德莱特预备学校。"

霍金在女子学校读了一个学期后，他的父亲弗兰克又要到非洲去，而且大约要去 4 个月的时间。父亲走后，他的母亲带着三个孩子到西班牙的马约嘉岛，去看望老同学兼闺蜜贝瑞尔。贝瑞尔的丈夫是一位诗人，名字叫罗伯特·格雷夫斯。在这段快乐的时光里，霍金和罗伯特的儿子威廉在一起上学，他们由罗伯特的一个学生指导学习。平时，这位学生给一个戏剧节目写剧本，也没有太多的时间管他们，每天只简单地让他们两个读一章《圣经》，并写一篇读后感或者日记之类的文章。很快，4 个月的时间就过去了，霍金发觉自己读完了《创世记》和《出埃及记》之后，造句大有进步，他甚至发现《圣经》中多数文章都以“还有”二字起头。

在霍金的眼里，这 4 个月是一段美好的时光。他的母亲，在他的父亲不在她身边的时候，独自带着三个年幼的孩子，来到了国外，把日子过成了诗和远方，是何等自由和潇洒！

从马约嘉岛回到圣奥尔本斯以后，霍金就到拉德莱特的预备学校上了一年学，然后参加了“十一加”考试。这是一种为儿童划分等级的智力测验，测验结果会把学生分成 ABC 三个等级。这个考试，相当于中国的小升初考试，是通向英国中学，尤其是英国顶尖私立学校的必经之路。

这次考试，霍金考得很好，考试结果是 A 等。他的父亲希望他能进入威斯敏斯特学校。弗兰克有一个坚定不移的想法，那就是孩子们必须到私立学校受教育，这是他们今后事业成功和担任高级职位不可缺少的一环。弗兰克曾经也是在私立学校读的书，可那是一所没有名气的小型私立学校。对于这一不算出色的学历背景，他一直感到自卑，感觉自己在事业上因此而受到歧视，也妨碍了他取得更大的成就。他还认为，一些能力比他差的人，仅仅是因为有良好的学历背景，而在职位上超过了他。他不甘心儿子重蹈覆辙。因此，他决心要将儿子送进威斯敏斯特学校，这是当时英国最好的私立学校之一。但是，靠一位科学家的收入，是读不起这所学校的，它的学费太昂贵。这就要求霍金在进校考试时，必须成绩优秀，获得奖学金，才可以全部或部分免去学费。弗兰克认为，霍金天资不错，获得奖学金的机会很大。

可惜弗兰克失望了。失望不是因为霍金考得不好，而是进行奖学金考试那几天霍金生病了，根本没能应考。弗兰克只好把霍金送到圣奥尔本斯当地的圣奥尔本斯学校，一所著名的私立教会学校。进这所学校，也不那么容易，必须通过严格的考试后，再在 3 个学生中选上 1 个，可见竞争还是很激烈的。不过，对于霍金来说，这种考试还是不在话下的，他很容易就通过了。那年，包括霍金在内，一共有 90 名男孩通过考试顺利入学。

1952 年 9 月 23 日，已经满 10 岁的霍金，成为了圣奥尔本斯学校的一名学生，他至少要在这里就读 5 年。5 年级结束时，如果他通过了各门学科的普通水平考试，就继续再读两年，参加高级水平考试，然后准备进大学。

开始，弗兰克还为儿子没能考进威斯敏斯特学校而懊恼，但后来他发现，这个学校的教学很有效，加上霍金在第三学期考到全校第 18 名，保住了 A 等，这使得他又对儿子恢复了信心。

可是，霍金却在课堂上常常遇到一些让他痛苦难过的事情。

习字课上，每名同学都在认认真真地练习写字。写字时，霍金无论怎么用力，握在手里的笔就是不听使唤。在他又急又气时，一位同学看到了他写的字，就像发现了新大陆一般忍不住大声喊起来："大家快来看，斯蒂芬写的字就像一条条蚯蚓。"

“是啊，我还从来没看见过这么难看的字。”有的同学赶紧凑过来跟着附和。

这些嘲讽，像一把把冷箭刺到了霍金的心上。他像一个做错事的孩子，把头埋在桌子底下。

听见吵闹声，他们的老师走了过来。当她看到霍金写的字时，不禁皱了下眉头，然后和颜悦色地问道：“斯蒂芬，这些字是你认真写的吗？”

霍金点了点头，有些嗫嚅地回答：“是的，老师。”

老师温和地摸了摸霍金的头：“不要紧的，斯蒂芬，只要你努力练习，一定可以把字写好的，要相信自己。”看着老师慈爱的目光，霍金又点了点头。

可是，尽管霍金一直在很努力地练习写字，他的字迹依然没有什么进步。到最后，甚至连他的老师也失去了耐性。

有一天放学，老师单独把霍金留下来，指着他的作业语重心长地说：“斯蒂芬，告诉老师，你是在认真写作业吗？”

看着老师严肃的样子，霍金紧张得一时说不出话来，只是轻轻地点了点头，然后把头埋得很低很低。他知道老师生气了，可是自己确确实实是认真写的，霍金委屈得差点掉下眼泪。

老师看见霍金委屈难过的样子，也明白这个孩子确实是努力了，只好无奈地说：“好了，没事了，斯蒂芬，你先回去吧，以后还要加油！”

看着霍金幼小的、失落的背影，老师心里想：这孩子其实挺努力的，大概是因为他比较笨吧。

事实上，不论课上还是课下，霍金的表现都显得相当笨拙。他也越来越不喜欢学校，每天一上学，就盼着早点放学。对霍金来说，在学校的时光几乎成了一种煎熬。

“我们的儿子总是闷闷不乐，他好像都没有可以好好在一起交流和玩耍的朋友。”霍金的母亲伊莎贝尔有些担忧地对丈夫弗兰克说。

霍金的父母开始对霍金的情况有些担心了。他的母亲甚至提议要和霍金的同学们谈一谈，让他们更加了解霍金，多跟他交流。但是，他的父亲不赞同这么做。他认为，自己和妻子都是不善言谈之人，每个人都有自己的性格特点，又何必要去刻意改变孩子的人生呢？

弗兰克发现，霍金总是喜欢自己待在一旁思考，而且他思考起来特别专注，任何外界的干扰都影响不到他，这让弗兰克感到非常欣慰。

伊莎贝尔虽然也注意到了儿子爱思考的特点，但她仍然不无担心地说：“可他毕竟还是个孩子，他需要和外界交流，如果一直这么孤僻下去的话，恐怕对他的成长不利。”

弗兰克说：“或许，我们可以改变一下对孩子的教育方式，看看他喜欢什么，然后尽量让他去接触自己喜欢的东西，这样或许会令他心情舒畅，进而改善他的性格。”

伊莎贝尔虽然表示赞同，可还是有些担心地说：“他现在既不喜欢学习也不喜欢学校，我们又怎么会知道他喜欢什么呢？”

弗兰克满怀信心地说：“他不喜欢，证明那些不是他想要的，你放心吧，我们的儿子一定可以找到他喜欢的、热衷的东西，并且在这方面取得无可限量的成就的，我们应该对他有信心。”

“对，我们应该对我们的儿子有信心。”伊莎贝尔也坚定地说。

就这样，从此以后，霍金的父母不再干涉他的生活，也不去试图帮助他解决遇到的难题，而是通过一些方式，来鼓励他形成自己的想法，并自己寻找解决问题的途径。

伊莎贝尔总是抽出更多的时间跟儿子交流，了解儿子的喜好，常常在睡前，让儿子讲讲学校里发生了一些什么事情。

但霍金总是想方设法避开学校里的事情，会跟母亲聊起在放学路上遇到的一群蚂蚁，或者是在池塘边看到的飞得很低的蜻蜓。

“你看见蚂蚁在做什么？”母亲开始循循善诱。

霍金说：“妈妈，你不知道，很神奇的！”霍金开始给母亲讲述蚂蚁如何排着整齐的队伍，来来回回地运送比自己身体大很多倍的食物，而且特别有秩序。他还告诉母亲，蜻蜓如何在水面上飞得很低很低，还时不时地用尾巴点一下水……

霍金津津有味地讲着，母亲耐心地听着，她惊喜地发现，儿子表达得通畅流利，讲述得绘声绘色，既不结巴又充满自信。她终于发现，原来儿子最喜爱的东西是大自然，她因为这一发现而感到欣慰。

“妈妈，蚂蚁和蜻蜓为什么要那样做呢？”讲到最后，霍金终于说出了自己的疑惑。

“想知道答案吗？不如去看看书吧，大自然中很多神奇的事情，在书中都能找到答案。”看到儿子不仅热爱自然，还通过仔细观察发现了问题，伊莎贝尔表面波澜不惊，内心却对儿子的好奇心和求知欲感到特别开心和欣慰。她没有像一般的母亲那样，在面对儿子的无数个为什么时，只是给予肤浅的答案或者不负责任的敷衍，而是及时地对儿子加以正确的引导。

霍金兴奋地瞪大了双眼说：“这是真的吗？书里真的有那么多能解答我疑问的答案吗？这真是太好了！我一定要把这些问题一个个全都弄明白！”伊莎贝尔发现，霍金从来没有像现在这样开心过。

从此以后，霍金的父母便对霍金的教育采取“放养”的方式，不会过多去干涉霍金的生活，给他充分的自由，让他由着性子折腾。他可以什么事情都不干，尽情地沉浸在书海里一整天；也可以脱掉鞋子，在田地里撒野；也可以躺在草地上跟父母一起看星星。他喜欢拆掉家里的各种物件，尽管他不一定能把它们完全复原，他的父母也从不责骂他。

04 天才初显，制造逻辑单选择计算机

霍金 3 岁时，曾在报纸上看到过一些火车的图片。每当看到这些图片，霍金总是兴奋不已。他的父亲也察觉到霍金对火车特别感兴趣，可是，二战期间的英国，所有工厂都已停止生产，玩具厂也不例外。于是，弗兰克就想自己用木头为儿子造一列火车。当他辛苦忙碌了好几天后，才发现造火车并不像想象中那么简单。他知道，木制火车造出来后，也只是一个不会动的模型，而儿子想要的是一列能跑起来的火车。想到这，弗兰克只好作罢，可他的心里时刻也没有忘记霍金梦寐以求的小火车。

临近圣诞节的一次偶然机会，弗兰克得到了一列二手的发条火车，火车的车头和车身连接处，已经断裂了一半。弗兰克精心地用烙铁将它修好，然后作为圣诞礼物送给了霍金。收到发条火车的霍金开心极了！可没多久，这列旧火车就坏掉了，霍金开始渴望得到一列新的发条火车。

二战结束后，霍金的父亲因为工作的原因出差去了美国。刚刚经历了英国战后的百废待兴，走出国门的弗兰克立刻被美国琳琅满目的商品吸引住了。他像是发现了神奇的宝藏，回国的时候，行李袋里装满了各式各样的礼物。

送给妻子的是尼龙，送给女儿玛丽的是一个可爱的布娃娃，而送给霍金的正是他朝思暮想的一列全新的发条火车。霍金激动地打开盒子，对父亲带回来的珍贵礼物爱不释手。

可是，再珍贵的玩具也有玩腻的时候。不久，这列发条火车就已经满足不了霍金的好奇心了，他开始渴望拥有一列不用上发条的电动火车。

因为知道儿子喜欢火车，霍金的母亲偶尔也会带他去一个火车模型俱乐部。俱乐部就在海格特附近，跟母亲去过几次后，霍金就开始自己往那里跑，有时，他在那里一待就是好几个小时。他盯着那些正在运动的火车，心里琢磨着火车是靠什么原理动起来的。

霍金经常从父母那里得到一些零花钱，可他从来不用这些零花钱买吃的，而是把它攒起来，准备买一列电动火车。火车买到手后，霍金总感觉这列火车不是太好，因为它跑得太慢了。

霍金试图到商店重新换一辆新的，但是遭到了店员的拒绝。于是，他决定到维修玩具的修理店碰碰运气。当霍金抱着电动火车吃力地来到修理店时，修理店的老板没让他失望，给他的电动火车更换了一个马达。

从那以后，霍金开始自己研究飞机、轮船和火车等各种模型。他还自己画出模型的图纸，并按照图纸制造出了一些简单的模型。他一直在心里发誓，一定要制造出一列令自己满意的火车模型来。

1952 年 9 月，10 岁的霍金进入圣奥尔本斯中学学习。这是圣奥尔本斯当地一所著名的私立教会学校。在一个优秀学生云集的班级里，霍金的考试排名并不靠前，再加上他的字写得实在糟糕，作业看起来非常不整洁。最后，连老师都对他的书写感到苦恼。霍金为了练习书写，曾经使用一本铜版的字帖，这本字帖上面是一些句子，下面往往要临摹五六行。虽然霍金坚持练了很长时间，但是并没有什么效果。

当时，唯一让他的父亲感到欣慰的是，霍金的学习成绩还不算太差，考进了学校前 20 名，排名第 18，从而获得了继续留在 A 等班的资格。圣奥尔本斯中学学校教育的高超之处，在于它不仅完成了对学生的文化教育，而且还有力地培养了学生的智力和动手能力。

事实上，霍金虽然在全校是第 18 名，但他在班级里排名并不靠前。加上他有些口吃的表达以及潦草得几乎无法辨认的字迹，当时的老师并没有对他抱有太高的期望，甚至一度认为他难成大器。但是，让老师和同学们不得不承认的是，霍金确实很聪明，或许可以称得上天才，在同学们中间还获得了一个“爱因斯坦”的称号。

在圣奥尔本斯中学，霍金的学习生活并不轻松，但学校的一个规定让霍金十分开心，那就是每个星期六下午是运动和游戏时间，而且规定每一个学生必须参加其中的某一项。霍金喜欢划船、骑自行车和骑马。虽然他动作笨拙，说话还有些结巴，对于同学们来说并不是理想的游戏伙伴，但他在游戏中所表现出来的专心和热忱，总是让伙伴们非常感动。

每当到了星期六下午，霍金参加完自己喜欢的那项运动后，就会坐下来，与几位要好的同学一起设计和发明各种棋盘游戏，而这时，无疑是他最快乐也是最自信的时候，因为此时的他成了伙伴中的首领，伙伴们都因为佩服他的才能而对他言听计从。

一个叫约翰的同学这样赞叹道：“斯蒂芬对发明复杂游戏非常在行。”还有一位叫迈克的同学这样说：“他喜欢设计规则。他最大的成就是一种费时的游戏，大家围着桌子投骰子，要花整个晚上才能得到结果。这是一种迷宫游戏。他喜欢创造一个世界，然后又创造统治这个世界的定律。他喜欢我们服从那些他制定的定律，并对此扬扬得意。”

1954 年，12 岁的霍金开始对宗教产生了浓厚兴趣，宗教那些充满神幻色彩的东西让他感到非常好奇，激发了他探究的欲望，他甚至因此获得了学校的“神学奖”。但他并没有过分痴迷于宗教，他那从小被家庭环境熏陶出来的理性意识，使他即使处在这种巅峰状态下，也仍然保持着理智。

接着，霍金与几位同学又对所谓的“超感知觉”等神秘主义产生了极大的兴趣。放学后，霍金都要和这几位同学一起，在教堂附近讨论一番。

对所谓的“超感知觉”，霍金一开始认为这比宗教要科学一些，因为“超感知觉”似乎可以用实验来验证。但是，当他参加完一次关于“超感知觉”的讲座活动后，便立即看穿了某些大师对“超感知觉”的表演，完全不符合科学实验的设计原则。而据他推测，一旦这些表演采用了严格的科学方法，结果就一定会失败。自那以后，霍金对这种“超感知觉”表示了极大的轻蔑。他认为，只有那些分析能力很差的人，才会相信什么“超感知觉”之类的玩艺儿。

可见，霍金那颗讲究逻辑的心灵所追求的，是理性和智慧，而这些都不是宗教和“超感知觉”所能够提供的。

有一次，霍金与同学在谈论宇宙的起源时说：“有一本书在介绍‘光谱红移’时这样解释道：‘遥远星球的光线到达地球时，在光谱上会向红的一端移动，正是这种红移，证明了宇宙正在膨胀。’”霍金觉得这种解释有问题，他认为，红移一定是由其他原因引起的，也许是光线在传播了如此遥远的路途后累了，因此变红。宇宙应该是永恒不变的，一定是书上讲错了。直到后来，霍金在攻读博士学位期间才意识到原来是自己错了，“宇宙果然在膨胀”。

后来，人们常常把霍金称为“现代的爱因斯坦”。霍金不仅在科学事业的贡献上与爱因斯坦齐名，在青少年时期的许多问题上，他们也有着非常相似的经历。对于宗教和服兵役的态度，两人几乎相同。

圣奥尔本斯中学也跟其他私立学校一样，每星期都组织军训，为学生服兵役做准备。每个星期五，除了极少数身体有问题的学生外，大多数学生们都要穿上军装，进行站军姿和队列的演练。那些热情的同学兴高采烈，大声喊着口令。而这些，却让霍金感到非常不理解，他心里也特别难受。虽然霍金被编到训练强度很低的通信队，但他仍然感到无法忍受一天的军训。后来，霍金由于身体的原因没有服兵役。

霍金和伙伴们热衷设计游戏的同时，还喜欢设计和制作飞机、轮船和火车的模型，他总是希望做出一个由他自己控制的运动玩具。但因为他的双手始终没有大脑灵活，在电子机器的制作上始终不那么得心应手。有一次，他想把一台旧电视改装成放大器，却因为在拧螺丝的时候被500伏的高压电击中了一下，身体僵硬了好几分钟才慢慢恢复。

1958年，16岁的霍金凭借自己的努力，通过了圣奥尔本斯中学的普通班考试，升入了高级班。至此，再学习两年的中学课程，他就可以考大学了。

最后两年的学习有较大的自由度，霍金和他的伙伴们便有了足够多的时间从事自己喜欢的研究设计。在这两年时间里，霍金和几位伙伴，居然用一些旧机器上的零部件，制造出了一台非常原始的逻辑计算机。他们将它取名为“逻辑单选择计算机”。这项伟大的工程，得到了他们的数学老师芬莱先生的帮助。虽然霍金手脚笨拙，但他总能善于用自己聪明过人的头脑，研究设计出最佳的组装方案。

这台计算机的问世，在当时的圣奥尔本斯引起了不小的轰动，当地的《奥尔本斯人》杂志对这件事情是这样报道的：“我们有了圣奥尔本斯学生制造的逻辑单选择计算机，虽然它只能回答一些无用的、但又相当复杂的逻辑问题。一期数学学会会议的主要内容就是讨论这台计算机，与会人员有很多，会议气氛相当活跃。取得了这些经验后，设计者们要继续努力去制造数字式计算机，这种未来的计算机虽然还没有命名，但将能真正‘做计算’。”

此后，当地的《赫特福德广告报》还对霍金和他的伙伴们进行了一次专题报道，讲述了这台逻辑单选择计算机的诞生过程。一时间，霍金和他的伙伴们成了圣奥尔本斯的风云人物。

如果这台机器被完整保存下来，将是科学博物馆很有价值的收藏品。遗憾的是，它最终被遗失了。事情是这样的：当这台逻辑单选择计算机与公众见过面后，就被放进学生活动室的一个箱子里，塞在一张桌子下面。时间久了，就成了尘封的往事而逐渐被人们淡忘了。直到有一天，一位新来的计算机教师偶然打开了这个尘封已久的箱子，他看见的是一些陈旧的晶体管、继电器之类的组合体，上面还有一个标签：“逻辑单选择计算机”。但他并不清楚这就是霍金和他的伙伴们当年曾轰动一时的作品，因此，他把它们扔进了垃圾堆。

直到许多年后霍金成名了，这位老师才意识到自己当初扔掉的，是多么珍贵而有价值的历史文物，并为此懊悔不已。

第二章

青葱岁月：轻松完成牛津大学学业

01 如愿以偿，考入牛津又获奖学金

1958 年，对即将面临高考的霍金，他的父亲弗兰克发表了自己的看法。弗兰克希望霍金能以优异的成绩考入牛津大学或者剑桥大学。弗兰克自己毕业于牛津大学，对于母校，他有着深厚的感情，所以，他更希望自己的儿子也去牛津大学读书。

关于选择什么专业，父子俩曾进行过讨论。霍金从小就对科学研究有着浓厚的兴趣，所以，他觉得自己以后是要做科学研究的，希望报考物理和数学专业。可他的父亲认为，若是学习数学，学成之后也许只能从事教育工作，没有多大前途，所以，他更希望子承父业，让霍金将来跟他一起研究医学。可霍金一点也不喜欢医学，在他看来，生物学或者医学都太偏重理论，严谨而死板，不像数学和物理那样充满无穷无尽的神秘感。

在 20 世纪 40 年代以前，几乎在所有想学习数学、物理专业的年轻

人身上，都发生过类似这样的家庭争论。19 世纪 90 年代，爱因斯坦在选择物理专业时，他的父亲也曾以同样的理由激烈地反对这一选择。20 世纪 30 年代，当美国物理奇才理查德·费曼决定研究物理时，同样也遭到了他父亲的质疑和反对。费曼的父亲曾经写信询问他的导师："我的儿子理查德明年春天就要大学毕业，现在他又说要继续做更多的研究，拿另一个学位。在经济上，我再供他个三四年倒是没问题，但我想知道的是，这对他是不是值得呢？"

其实，霍金的父亲反对霍金学习数学还有一个原因，那就是，他希望儿子考进牛津大学的大学学院。大学学院是弗兰克的母校，他曾经在这所学院获得了博士学位，而且大学学院还是牛津大学最古老的学院，它创办于 1249 年，曾经有许多著名的学者、作家和政治家，都是从这里开始走上自己的人生舞台的。而恰好这所学院没有数学专业。最后的讨论结果是，双方各让一步：霍金还是报考牛津大学的大学学院，不学数学，而学习物理和化学，只附带学一点点数学。霍金对这一结果十分满意，他认为，物理研究的是整个宇宙的奥秘，从最微小的原子、质子、中子和电子，到最宏观的太阳系、银河系、星系和整个浩瀚的宇宙，这一切的一切都在它的研究范围之内，这是何等宏伟壮丽而又神秘的事业！至于数学，霍金认为，它不过是用来研究物理的一种工具而已，少学一点也没有什么关系。事实上，对待数学的这种态度是错误的。当年爱因斯坦读大学时，就是因为轻视了数学对物理的重大作用，而延误了广义相对论的研究。后来，霍金也为他对数学价值的忽视而付出了代价。

就在霍金临近高考的关键时期，他的父亲弗兰克，当时在一个叫"科伦坡计划"的研究组织中工作，由于工作需要，必须远赴印度进行为期一年的工作。经过一番考虑，霍金的父母最后决定：把霍金一人留在圣奥尔本斯读完中学，全家都到印度去。

当时，要想进入牛津大学读书有两条渠道：一条渠道是在中学六年级的时候就可以报考，如果有足够的能力通过考试，那么过完暑假就可以直接升入牛津大学；而另一条渠道则是，在中学时身在高级班，并且以优异的成绩在中学读完七年然后再进行升学考试。很多家长为了孩子的未来，一般不会选择第二条渠道，都想尽快让孩子入读牛津。霍金的父母也一样，霍金自己也想尽快进入牛津大学。于是，他们便同大多数人一样选择了第一条路。所以，霍金不能休学，也就意味着他将要自己留在圣奥尔本斯中学完成学业。

于是，弗兰克夫妇把霍金托付给他们最信赖的同事和朋友约翰·汉弗莱，而且约翰·汉弗莱的儿子西蒙·汉弗莱又正好和霍金在海格特一起上过学，相互十分熟悉。这样，霍金的父母才放心地出发了。约翰的女儿珍娜在成年后回忆说："当弗兰克一家去印度时，决定把斯蒂芬留下和我们生活一年，我们有一栋大房子和一个大家庭，况且那时斯蒂芬也不应该离开，不能说休学就休学，休学一年事关重大。他和我们住在一起，当然可以让他父母放心。"

按照父母的安排，霍金便来到了约翰·汉弗莱这个新的家庭。这是一个很大的家庭，房子也很大，霍金不会感到孤单。但是，面对父母的离开，霍金还是有些许失落。约翰·汉弗莱的家人对霍金这个新来的成员，除了友好之外，还充满了好奇，他们以全新的眼光，来打量、审视这位新来的客人。在他们的印象中，霍金不仅说话口齿不清，而且动作也相当笨拙。不过，霍金是一个勤劳的孩子，经常帮着做家务。有一次，他在擦净桌子后，推着一整车餐具进厨房，在转弯的时候不小心撞上了另一侧的楼梯扶手，整车餐具都掉到了地上。霍金也险些摔倒，整个过程看起来有些滑稽，所有人都忍不住大笑起来。霍金一开始显得慌乱又尴尬，但是听到大伙的笑声，并没有责备他的意思，他也大笑起来，而且声音非常洪亮。

为了让这几个孩子相处得更加融洽，汉弗莱买来一些唱片，还买了一本教初学者如何跳舞的书，让孩子们学习跳舞。因为霍金的年纪是几个孩子当中最大的，所以决定由他负责教孩子们。霍金在教大家跳舞时，也不知是什么原因，坚持要求大家必须穿西装并打领带。

约翰的女儿珍娜在成年以后回忆说："我不记得我们隔多久跳一次舞，但大家的确跳得十分快乐。斯蒂芬在教大家的时候非常认真，而且那时他很喜欢跳舞。"

当霍金的父母回到圣奥尔本斯时，霍金已经通过了牛津大学的考试，还得到了奖学金。

霍金的父亲弗兰克在去印度之前，曾经带着霍金拜见了大学学院物理系的罗伯特·伯曼教授。他这么做，原因很明确，就是希望儿子能得到教授的关照。他相信儿子考取大学学院是没什么问题的，至于能不能拿到奖学金则没有什么把握，于是，他想以自己大学学院老学员的身份，请伯曼教授对霍金有所照顾。然而，让弗兰克没想到的是，正是这种不恰当的行为，差一点害了霍金。因为伯曼教授对霍金父亲所采取的这种行为颇为不满，在他看来，这种走后门的行为不够光明正大，是在向他施加压力，所以，伯曼教授对此有些不以为然，甚至是极度反感。许多年以后，伯曼教授回忆这件事时说："我第一次见到斯蒂芬时，他大约不到 17 岁。他的父亲是学院的老学员，他把斯蒂芬带来见我，我们泛泛地谈论进学院和读物理等等。事实上，就我所记忆的，多半是他父亲讲话，斯蒂芬并没有给我留下深刻的印象。"

看来，霍金父亲的这种意在投机取巧的小动作，确实是成事不足败事有余，甚至让伯曼教授认为霍金没有真才实学，而几乎要取消霍金的入学资格。幸亏霍金在总共 12 个半小时的笔试中，发挥得太出色了，这才使得伯曼教授扭转了对霍金的看法，而没有把对他父亲的不适当行为的不满，转移发泄在霍金的身上。伯曼教授后来说："斯蒂芬的入学考试很出色，尤其是物理。"

牛津大学的入学考试并不简单。虽然只有五个科目，但每一科的考试时间都是两个半小时，加在一起就是 12 个半小时，需要两天时间才能考完。这两天时间对于霍金来说，简直就是煎熬加折磨，因为他对自己能否通过这次考试一点把握都没有，他感觉自己考得有些糟糕。

等待考试结果的过程是漫长的，完全可以用度日如年来形容。在这期间，霍金每天都会来到圣奥尔本斯中学等待结果公布。10 天后，一个振奋人心的消息，终于在圣奥尔本斯中学公布了：牛津大学通知霍金前去参加面试！霍金激动万分，因为这就意味着霍金通过了笔试，很有可能会被牛津大学录取了。霍金怀着忐忑不安的心情去参加面试。在面试过程中，主考官一直与别的考生交流，似乎没有理会霍金的存在，这让霍金感到非常沮丧，他以为一定是自己考得很糟糕，甚至感觉自己没有被录取的希望了。

1959 年 10 月，霍金接到了牛津大学的录取通知书，而且被告知已经获得了奖学金。这对霍金来说，简直是一个天大的惊喜，连日来的焦虑、失望和不安被这个好消息一扫而光。其实，他有所不知的是，伯曼教授因为霍金父亲弗兰克的行为，曾经打算取消霍金获得奖学金的资格，但是霍金这次入学考试发挥得非常好，几门考试分数都很高，尤其是物理，考了 95 分的高分。

02 入读牛津，体验名校的古老沧桑

1959 年 10 月 1 日，霍金正式到牛津大学的大学学院报到，成为牛津大学这所英国著名大学的学生。

牛津大学成立于 1167 年，是英语世界中最古老的大学，也是世界上现存第二古老的高等教育机构。牛津大学成立之前，英国是没有大学的，当时的英国人，都是去法国或其他欧陆国家求学。1167 年，英格兰国王同法兰西国王发生矛盾，最后演变为激烈的争吵。结果，英格兰国王一怒之下，把在巴黎大学寄读的英国学生全部召回，并禁止他们再去巴黎大学求学。为了安置被召回来的大学生，英格兰国王在牛津这个地方成立了自己的大学。由此可见，牛津大学的建立，实际是为了解决早期英国人才严重外流的问题。从此，除了皇宫和教堂之外，帝王们将最好的房子用作了学校。经过多年的努力，牛津就成了英国的学术重镇。不管朝代更迭还是皇权易位，不管争权夺利的政治斗争如何残酷，牛津大学都始终在皇室的庇护下，得到了不断的扩展。

1209年，由于牛津大学的一名学生在练习射箭时，误杀了一名当地的妇女，从而引起了一场学生与镇民的冲突事件，在这场冲突中，多名学生被镇民用乱箭射死。于是，学校被迫停课，学者纷纷外逃，其中，有一些学者来到剑桥。这些学者来到剑桥后发现，原来在剑桥的3座教堂，已经吸引来了一些学者，于是，在教会和皇室的帮助下，这些学者成立了剑桥大学。在接下来的日子里，剑桥大学在皇室和教会的庇护和支持下，规模不断扩大。就这样，牛津与剑桥这两所大学以伦敦为轴心，一个在伦敦的西北，一个在伦敦的东北，形成双星并峙，并相继建立起了一个又一个学院，培养了一批又一批的社会精英和科技奇才。由此，大英帝国最早走出了愚昧和荒蛮，走上了富国强邦之路。

在英国历史上，一共产生了五十几位首相，这些首相中，大约50%都毕业于牛津大学。仅牛津大学的基督教学院，就在近100年的时间里，培养出了五位英国首相。丘吉尔、撒切尔夫人、布莱尔等，都是牛津大学的骄傲。美国前总统克林顿，也曾就读于牛津大学。由此可见，牛津大学是知识的渊薮、智慧的殿堂、群英荟萃之地。

牛津大学不仅是学子的梦想、智慧的摇篮，更是闻名世界的旅游胜地。牛津离伦敦有三四十公里的路程，游客只要到了伦敦，也许谁也不会错过牛津这个文化重镇。除了感受这里的学术氛围外，牛津最吸引人的地方，就是有中世纪的古老建筑。英国皇室和教会不惜花费巨资，建造了许许多多具有丰富艺术内涵的精美建筑。这些建筑，大多以国王和主教的名字命名，也成为学校的一种特色和标志。英国的皇帝和世界上的所有统治者一样，喜欢用标志性的建筑标榜自己的功绩。但是，与其他统治者不同的是，他们以投入巨资建造学堂作为炫耀的资本，而这既是名利双收的聪明做法，也是功德无量的善举。

毋庸置疑，英国人一直骄傲他们有牛津和剑桥这两座古城。虽然这两座古城出名的不过是两所大学，但正是因为这两所学校八百多年来书写着英国的历史，才让世人知道了英国的强大。

今天的牛津早已发展成为一座大城市，但人们到牛津来，大多还是慕名于牛津大学，想看看这所世界著名的学府究竟有什么样的魅力，以至于数百年来声名远播，人才辈出。这样的好奇心，也正是全世界成千上万的游客纷纷涌向这里的主要原因之一。

牛津大学与其他大学不同的是，城市与大学融为了一体。街道从校园穿过，大学不仅没有校门和围墙，而且连正式的招牌也没有。乘车从圣奥尔本斯向北走，过了马格达伦桥就进入了一个美丽的绿色花园。道路两旁树木繁茂，浓荫覆盖，大片大片绿茵茵的草地包围着鲜花的海洋，美到让你忍不住屏息驻足。远处学院的钟楼告诉你：这就是牛津大学。

过了桥，就是高街。高街是横贯牛津城的东西主干道，路旁的一座座建筑，很多都是牛津大学的学院。从圣迈克尔教堂的撒克逊塔楼俯瞰高街，一幅英国小城风情画跃然眼前：楼房的尖塔在烟雨蒙蒙中若隐若现，高高的石墙上爬满老藤，稀疏的绿叶中绽放着红红的花朵，小城显得古朴素雅。

牛津城古色古香的建筑，分属于不同历史年代的不同建筑流派。因此，当牛津大学的新生霍金行走在高街上时，他感觉仿佛从古老悠远的历史长廊里，迎面走来一位神秘的历史老人。牛津以它那古色古香的楼堂殿塔和那800年来栉风沐雨的沧桑，向霍金展露出独特而璀璨的魅力。

的确，在牛津街道上散步，就像回到了历史之中。这风情万种的建筑，这云飞浪卷的校园，这几百年积淀的斑斓文化，一切都让霍金惊叹不已。霍金不禁觉得，有这样一个历史符号，难怪英国人把牛津当作一种传统，一种象征，一种怀恋和一种追寻。在这里，可以回忆过去的美好时光，可以重温昔日的辉煌。市内圣迈克尔教堂的撒克逊塔楼，诺曼人碉堡和城墙遗址，等等，处处给人以历史的纵深感。因此，英国有一句民谚："穿过牛津城，犹如进入历史。"

牛津大学是一所独立自治的学府。英国政府虽然给予了大量的资金补助，却从来不干预大学内部的管理事务。牛津大学的徽记上面写着大学的箴言："主照亮我。"大学的最高决策权，属于高级教职员全体会议，总人数现约 2400 人。他们在处理一些重大的事项时，要用通信表决，很少当面开会，也没有任何外界的参与。校长以及诗学教授，通过召开大会从所有持牛津硕士以上学位的人当中选出，有资格出席大会的大概有 35000 人。校长只不过是一个荣誉终身职位，是个虚衔，实际执行权力的人是副校长，他由全体会议从各个学院的院长中选出，每届任期 4 年。

霍金进入的大学学院，是牛津大学历史最悠久的学院，英国历史上许多有名的人物都出自这个学院。大学学院的徽记中间，是一个十字架，四周有 5 只小鸟。

牛津大学的大学学院建于 13 世纪中叶，但它的建筑风格却是 13 世纪以后的风格。牛津的学院建筑中，有许多中世纪的建筑瑰宝，群聚在市中心周围。街道两旁布满了中世纪的四合院，每个四合院就是一所学院。由于在当时，学术是教会的专利，因此，学院都以修道院式建筑来设计，不过四周往往围绕着美丽的庭园。大多数的学院尽管后来多有改变，但是依然融合了许多原有特色。每所学院均有其辉煌的历史、神话般的建筑遗迹，可以描画出各种有趣的史实。城内多塔状建筑，故又得名"塔城"。中世纪的塔楼古色古香，文艺复兴风格的建筑弥漫着浪漫气息。位于民众方庭的图书馆，建于 1371 年，是英格兰最古老的图书馆。大学植物园建于 1621 年，是英国最早的教学植物园。蜿蜒曲折、幽深绵长的皇后小巷，已经有 700 年历史了。路边的石凳长满了青苔，让人回忆起牛津的起始。

大学学院第一个四方院的西北角，有诗人雪莱的雕像。雪莱于 1810 年考入大学学院读书，一年后因写了《无神论的必然性》而被学校开除。1822 年 7 月，在意大利比萨，雪莱驾驶一条小船在一个暴风雨的夜里去接人，以致船沉人亡，死时他还不到 30 岁。雕塑大师为了再现他在暴风雨中与风浪搏击的场景，在海滩上塑起了雪莱的大理石雕像。那是一座与真人一般大小的裸体雕像，被两只长有翅膀的青铜狮子驮着，侧卧于海滩之中。雪莱雕像的下面，是诗歌女神缪斯的雕像。观看雪莱雕像的人，无不为之哀痛。雪莱作为被开除的学生而被立雕像于学院之中，似有无声的嘲讽意味，但也正说明，学院当局有改正前人所犯错误的胆量。这种强烈的人文精神，也许正是牛津大学一直立于不败之地的根本原因。

牛津大学由 35 所学院和由教会设立的 5 所永久私人学院组合而成。其中，有 7 所学院只招收研究生，其他学院大多是本科生和研究生兼招。各个学院有相当独立自主的管理权力，它们可以制定自己的院规，筹募资金，并且按自己的标准录取学生。不过，学生要想到牛津各个学院上学，必须同时获得牛津大学的同意，才能被正式许可入学。牛津大学与各个学院的功能既相互联系，又有区别。学校主要负责课程审定、组织学术讲座、提供研究性资源和设施、招收学生、出考题、评考卷、审核学术论文以及颁发学位证书等。各个学院为牛津大学实实在在的学术机构，主要精力是抓学科建设、为学生提供各种服务设施、配备学习导师、组织日常教学和学术研究等。各个学院除了各自有不同的建筑特色之外，每个学院都是独立自主的教学机构，提供学生课业及生活上的指导。

牛津大学以其深厚的文化、悠久的历史及卓越的人才培养而享誉世界，众多世界一流的科学研究成果在此问世，并大量应用于科学、社会发展的各个领域，这里培养的一批批科学大师、治国栋梁活跃在世界各地，为英格兰和世界的发展进步做出了重要贡献。这一切的背后，与其优秀的办学传统和宽松而自由的学术研究环境有着极为密切的关系。尤其是其坚持了 700 多年的学生导师制，为牛津大学的人才培养起到了决定性的作用。牛津大学的导师制最初产生于 14 世纪，当时，威廉·威克姆主教在他建立的新学院中，首次实行付薪的导师制。当时的制度，是从学院的基金中留出 100 先令作为导师的报酬。当时的导师，主要是学生在道德和经济方面的保护人。威廉·威克姆实施导师制的努力，标志着制度化的导师制在牛津大学的最初确立。在宗教改革时期，随着牛津大学各学院成为以本科为主的教学机构，导师制也在各学院普遍建立起来。

牛津大学的导师制，不仅是一种教学方法和培养模式，更重要的是它给学生创造了一种宽松自由的学习环境和生活环境，锻炼和培养了学生优秀的思维方式和思维习惯。在这种培养模式下，学生所知道的一切，都是从导师那里或是和导师一起学习研究而得到的。在牛津大学的导师制中，学生不是被动的接受者，而是积极的参与者。师生双方的协作和互动，对于导师教学的成功至关重要。导师教学过程的核心，是师生对于学习观念的不同理解之间的相互影响和作用。

牛津大学狠抓学生的道德教育。学校觉得，学生离开父母后，缺乏道德约束，学校应该承担起教育学生的重任。在男女生的交往方面，学校有着严格的要求，在同一所学院读书的学生，性别必须是一样的，禁止男女同窗。到了半夜十二点，学院大门紧闭，所有的异性要赶快离开学院。只要发现男生女生同居一室，学院就会马上开除他们。

当回忆牛津大学的校规时，霍金在自传里写道：“那个时候的学院，自认为负有学生父母的责任，这意味着他们要管教学生的道德。所以，同一学院里的学生都是同一性别的，大门在午夜都要上锁，到时所有访问者，特别是异性都必须离开。午夜过后，如果想离开，就必须攀越有铁尖的高墙。我的学院不想让学生受伤，所以在铁尖间留下空隙，因此很容易攀越出去。”

牛津大学的严格管理，培养了大批的高级知识分子、社会精英。霍金的成功，虽有自身的原因，但也肯定与当年牛津大学的良好学校环境分不开。如果他当年的学校是乱糟糟的，即使自身再优秀，恐怕也难以抵挡大环境的影响。

03 赛艇运动，苦闷的一种释放

霍金入读牛津大学的大学学院后，先后有过两位导师，一位是大学学院物理系的教授罗伯特·伯曼，另一位是大学学院的研究员派却克·沈德斯。

霍金进入牛津大学时，刚刚17岁，比同年级的一般同学要小一两岁。由于其他很多同学都已经服过兵役，因此，在班级里，霍金似乎没有谈得来的同学。尽管有导师的帮助，但年龄的差异仍然让他无法融入学生当中。

牛津大学作为英国的最高文化学府，虽说在20世纪50年代已经开始走向平民，来自中产阶级和工人阶级家庭的学生逐渐增多，但进入牛津大学的学生，大部分依然来自全国各地的著名私立学校，如伊顿公学、哈罗公学和威斯敏斯特学校等。从这些学校来的学生，大多是特权阶层的子女，他们的社会背景和家庭出身，都弥漫着一种贵族特色。他们的口袋里，总有大把大把的零花钱，他们对吃穿住行也很是讲究，根本瞧不起像来自圣奥尔本斯中学这样的不知名学校的学生，他们甚至把这些学生轻蔑地称为“乡巴佬”。霍金虽然出身于知识分子家庭，但是却没有任何社会背景或资金支持，因此，他感觉与这些人有些格格不入。

实际上，在霍金进入牛津大学上学时，随着工党声望的不断上升，加之复员军人重返大学，这些学生在战时养成的习惯和作风，使这种无形的界限正在悄然发生改变。尽管如此，霍金还是在很长一段时间里，无法适应大学的生活和学习节奏，这使他非常怀念在圣奥尔本斯上中学时自由自在的时光，以及那些志同道合的伙伴。因此，他越发感到孤独难耐和百无聊赖。

好在霍金在大学学院学习的是物理专业，自动地就将他与那些贵族子弟隔离开来了。跟他一起学习物理专业的一共有 4 个人，其他 3 人分别是德瑞克・波内伊、高登・贝利和理查德・布莱恩。物理专业这个小小的圈子，把他们 4 个人紧密地团结起来，4 个人建立了深厚的友谊。他们一起吃一起住、一起学习一起玩，几乎形影不离，彼此相互关照，成为校园里的一道独特风景。

有一天，德瑞克和高登晚饭后到宿舍去找霍金，他们惊奇地发现霍金一个人在喝啤酒。只见他坐在啤酒箱子旁边，好像要把整箱啤酒喝光才肯罢休一样。他们两人颇感意外，因为霍金才刚刚 17 岁，还没到法定可以饮酒的年龄。英国法律规定，18 岁为最低法定饮酒年龄。2003 年，英国颁布法令规定，16 岁至 17 岁的青少年，只有在与 18 岁以上的成年人吃饭时，才能饮用啤酒、葡萄酒或果酒，但不允许饮用白酒。显然，这是对青少年的一种强制保护。

面对在大学学院的孤独寂寞和百无聊赖，霍金决定要努力改变现状。他想给自己找一些事情做，以扩大自己的生活圈子和交际圈子，这样，才不枉是牛津大学的学生。于是，二年级刚过一半时，霍金对赛艇运动产生了浓厚的兴趣，并很快被这项运动完全吸引住了。他申请加入牛津大学的赛艇俱乐部，而且还当上了舵手。

赛艇运动在牛津大学有着古老的传统。牛津大学的赛艇队成立于19世纪20年代，经过100多年的传承与发展，早已扬名全世界，并成为名校之间进行往来交流的桥梁。牛津大学赛艇队成立之初，主要在本校各个学院之间开展比赛。1829年，英国著名诗人威廉·沃兹沃斯突发奇想，以身在牛津读书的侄子查尔斯·沃兹沃斯的名义，给自己在剑桥的学生查尔斯·梅里瓦勒下了一封8人赛艇挑战书，比赛地点是泰晤士河。从此之后，每年三四月份，牛津大学和剑桥大学都要进行激烈而友好的比赛。比赛起点是伦敦的普特尼桥，终点是西面的摩特雷克镇，全程4.5英里。后来，牛津·剑桥赛艇8人对抗赛便成为一项传统赛事。两校之间的赛艇对抗赛除了两次世界大战期间，一直没有间断过。对抗赛的目的不是输赢，而是锻炼学生的体能和团队精神。

赛艇形似一只织布用的梭子，两头尖而狭长，赛艇上有桨架，艇内有可前后滑动的座位。划桨手为8人，配有一个舵手。舵手坐在船尾，面向船头。舵手的任务是发口令，让全体运动员划桨动作协调一致。

霍金加入牛津大学赛艇俱乐部后，由于他个头矮小，又不太粗壮，再加上他声音洪亮，因此，被认为是理想的舵手。赛艇俱乐部的大学生都是四肢发达、爱喝啤酒并纵情享受快乐生活的人。而在进入俱乐部以前，霍金一直是一个郁郁寡欢、笨手笨脚和极不合群的书呆子。但他加入赛艇俱乐部后，居然与这帮爱喝爱闹的大汉们相处得非常融洽。

当霍金加入大学学院的“拉戈比”赛艇队时，遇到了一个叫戴维

·费尔津的队友，两个人之间的关系也越来越密切。这位队友在回忆当年与霍金一起参加赛艇队的情景时说：“有一天，我忽然发现在我们队员旁边站着一个有些特别的人，这个人的个子稍显矮小，也没有穿统一的队服，戴一副深色的牛角框眼镜和一顶干净的麦秸编的草帽。于是，我就问旁边的人：‘这个人是谁？’旁边的一个队友告诉我：‘斯蒂芬·霍金，我们新来的舵手。’另外一个队员也说：‘看起来是个聪明的学生，听说是物理系的高才生，正在读大学二年级，感觉像个花花公子，你觉得呢？’”

后来，戴维成为一名记者和科普作家，并与霍金合作制作了一部与《时间简史》类似的系列电视片，还写了一本《霍金的宇宙》。他在《霍金的宇宙》这本书的导语中写道：“牛津大学的赛艇队由8个划手组成，其中一个就是我。我们都紧张地坐在一只虽然有些旧但仍然漂亮的赛艇上，等待着参加我们的第一次比赛。这支队伍，是一个不同类型学生的奇怪组合，唯一相同之处，是每个队员都身着蓝色与金色搭配的运动衫。不知为什么，我们幻想着，一定有人会帮助我们成为一支大获全胜的金牌队。”

据戴维回忆，在首场正式比赛之前，他们训练过三次。每一次训练，队员们都学会了很多东西，教练教得也非常卖力。不过，每一名队员心里都明白，他们这个队伍不占优势。但戴维发现，他们当中只有斯蒂芬·霍金信心十足。他在掌舵时，大声喊叫着鼓励队员，不让划手放弃任何努力。在比赛之前，霍金让全队相信：“我们这个队，还是大有希望的！”

比赛时，在河道的狭窄处，没有足够的宽度让参加比赛的赛艇并肩前进，自然就变成了追撞式的比赛。每一只赛艇都努力追赶前面的赛艇，同时又被后面的赛艇追赶。担当舵手的人，要敏捷地引导自己的赛艇躲避后面赛艇的追撞，而且还要尽量不要撞上前面的赛艇。一旦出现被别的赛艇撞上或者撞上别的赛艇的情况，两只赛艇就要同时靠向河边，结束当天的比赛。第二天，两只赛艇在停泊处交换位置后，开始新一天的比赛。比赛共进行 4 天。在 4 天的比赛中，一马当先的那只赛艇才可以晋级。

在发令员枪响以后，霍金指挥全队以极快的速度出发，这使得后面的赛艇根本无法追上他们。霍金巧妙地掌舵，避免被撞，也避免撞上别的赛艇。结果，在霍金的指挥下，他们的“拉戈比”赛艇队躲过前堵后追全速前进，顺利到达终点，一个个队员都累得筋疲力尽。第二天，他们得以在比较优先的位置继续这场比赛。

可没想到的是，划手们为了避免被累得精疲力竭，便开始联手“偷懒”。在后来的 3 天里，划手们故意不听霍金的指挥，让他们的船早早地被别的船撞上，然后轻松地结束当天的比赛。

后来，戴维在《霍金的宇宙》这本书中写道：“想到斯蒂芬为我们的目标所做出的努力，我曾为此感到有些内疚。可我的负疚感后来在校园生活中很快地又消失了。令我难以忘却的是，那在草帽和眼镜之下的年轻人的坚毅的性格，以及他在比赛中表现出来的必胜信念。”

那一年的比赛，“拉戈比”赛艇队虽然没能晋级，但作为舵手的霍金，因此而结交了很多朋友。他不再感到孤单寂寞，心情也快乐起来。后来，霍金自己也说：“尽管我作为舵手不成功，但那一年，我结识了更多朋友，因此感到非常快乐。”

自从加入赛艇俱乐部以后，霍金的性格确实发生了很大转变，他变得开朗而热情。其实，每个人在参加体育运动的时候，并不是为了某种荣誉。霍金就是抱着一种寻找朋友、寻找快乐的心态去参加赛艇运动，他也因此收获很多喜悦，而喜悦和快乐都是金钱所买不到的。

为了做一个优秀的赛艇舵手，霍金和同是舵手的高登·贝利，每周有六个下午都在河上练习。这样，霍金就无法兼顾大学学院每周三天的物理实验。这三天的物理实验，要求学生从上午 9 点到下午 3 点必须待在实验室里，完成基本的物理实验训练。由于霍金和高登过于迷恋赛艇，在下午的实验室里，根本看不到他们的踪影。后来，高登在回忆那段往事时说："斯蒂芬和我一周有六个下午要待在河上划船，这样，我们就得牺牲一些课程，于是，物理实验就被我们放弃了。"

而实际上，物理实验是不允许他们放弃的，他们也没有这么大的胆子。他们想出了一个办法，既能让他们的实验报告蒙混过关，又不至于耽搁赛艇训练。而他们所谓的办法，就是上午进实验室，利用有限的时间，尽快搜集一些实验数据。哪怕只是搜集到一点点的实验数据，他们也可以利用这些数据大做文章，写出很长篇幅的实验报告。批改实验报告的教师面对他们的大量数据分析，尽管将信将疑，却也抓不到什么把柄。高登说："这么做，要颇费一番脑筋的。我们必须使那些批改实验报告的教师相信，我们是按部就班地做过了。我们必须非常小心地完成实验报告。"

霍金在牛津大学时，还做了一件令人啼笑皆非的事，这件事足以体现他大学生活的浪漫色彩。

有一次，霍金突发奇想，想让自己冒一下险，显示一下自己的男子汉气魄，结果，就是这一突发奇想差一点出事。霍金自从加入赛艇俱乐部后，终于从自我封闭的狭小圈子融入到大学同学的群体中。以往的朋友再次见到他时，几乎难以相信，这个脖子上围着一条俱乐部的粉红色围巾的满脸阳光的年轻人，就是以前那个沉默寡言的霍金。这个充满阳光、活力四射的霍金，似乎更想向人们展示他身上日益勃发的男子气概。于是，他想做一个惊人之举。

一天晚上，他和一个朋友喝了一点啤酒。借着酒劲，他和那位朋友决定做一件有轰动效应的事情，觉得这样才足够刺激。他们找来一罐油漆和几把刷子藏在书包里，走到一座人行桥上，观察四下无人，就把一块木板绑在桥栏杆下面几英尺的地方，霍金小心地站在木板上，在黑暗中用油漆在桥栏杆外侧刷上了“投自由党人的票”几个大字。

正当霍金为即将刷完最后一个字母而兴奋不已时，一道手电光射到他们身上，随之，一个警察大声怒喝道：“自由党人上台后，你们想干什么？”

他们两人大概是因为精力全都集中在写字和平衡身体上了，所以根本就没发觉警察已经走到跟前。因此，两人被警察的一声怒喝吓了一大跳。那位同伙反应极其灵敏，迅速地跑掉了，而霍金却被逮了个正着。幸亏警察看出这是大学生的恶作剧，只严厉责备了霍金一顿，就让他回学校去了。这件事，可把霍金吓坏了。打那以后，霍金就把这种旺盛的冒险精力，全部发泄在赛艇上，再也不敢做这种欠妥当的事情。赛艇俱乐部当时的一位负责人回忆说：“斯蒂芬属于冒险型的舵手，你永远不知道他和这些划手出去以后，究竟会闯出什么祸。”

大概到了大学三年级，霍金就发现他的手脚不像过去那么灵活。虽然他没有把这事告诉他的母亲，但他敏感的母亲已经发觉了这一点。不过，她并没有意识到它的严重性，而是把这种失常看成了霍金考试压力太大的结果。

04 非常聪明，轻松完成毕业考试

霍金入读牛津大学时，厌学的风气像瘟疫一样弥漫了整个学校，这似乎是学生因对社会不满而采取的一种消极抵制态度。除非你天赋极高，毫不费力就能得到优秀的成绩，否则就干脆承认自己能力太差，直接拿一个最差的成绩。如果你通过努力好学而得到好成绩，就会遭到同学们的讽刺和挖苦。

其实，霍金向来就不喜欢学习。在他眼里，大学课程太简单，根本用不着坐在那里死抠。而且，大学没有老师监督，主要靠自觉，逃课是很容易的事情。可事实是，霍金总是能轻松取得优秀的成绩。

霍金似乎天生就是物理奇才。对他来说，大学学习的内容，就好像是在中学已经学过了一样，根本无须在课堂之外的时间学习，有时甚至连课也懒得上。他觉得，只需一周上一两次辅导课，记住几个公式，就完全可以通过考试。

这种懒散的状态，一直持续到霍金成功考上了剑桥大学的研究生。但随之而来的一场变故，彻底摧毁了他对未来的美好希望和憧憬，也彻底改变了他的生活方式。霍金在他的自传中写道："我的疾病带来的一个结果，就是把这一切都改变了。当你面临着生命随时可能终结的境遇时，你就会意识到，生命是如此宝贵，你还有很多的事情没有完成。"

虽然霍金在学习上从来都是漫不经心，但他总能轻松地驾驭所有的课程，哪一门课程也难不倒他。在他的同学和老师的记忆里，有两件事足以证明霍金有着非同一般的智慧。

一次上物理课，罗伯特·伯曼教授给霍金等 4 人留了 13 道有关电磁力学的课后习题。因为这 13 道习题的难度非常大，伯曼教授给他们一周的时间让他们来完成。伯曼教授还把他们分成两个小组，霍金和高登·贝利一组，德瑞克·波内伊和理查德·布莱恩在另一组，意在让他们协商探讨。

理查德和德瑞克绞尽脑汁，在一周内完成了一道半题，为此，他们还有点得意忘形。高登拒绝霍金的帮助，使出浑身解数，在一周内只完成了一道题。而霍金像以往一样，根本没把作业放在心上，13 个习题连看都没看一眼。

一周以后，又到了伯曼教授的物理课时，德瑞克就问霍金："你觉得这些题怎么样？够难吧？"

霍金回答说："噢，我还没有做呢。"

德瑞克说："你还是好好做一下吧，挺难的呢。今天不去上课吗？"

霍金说："今天就不去了，你们去吧。"

当其他三位同学一起去上课时，霍金才埋下头来做那 13 道习题。等三位同学上课回来，看见霍金正在做题，便问道："喂，斯蒂芬，你做出了几道题？伯曼教授今天把电磁力学剩下的部分讲完了，下节课就要讲这 13 道习题了。"

霍金说："噢，是这样啊！我只把前面的 10 道题做完了。"

三位同学开始以为自己听错了，随后就哄堂大笑起来，以为霍金在吹牛。因为他们三个人一个星期才做完两个半题，这么短的时间，霍金怎么可能做完 10 道题？但是，他们看见霍金一脸认真的神态，都惊呆了。这时，他们才突然发现，霍金的确做完了前面的 10 道题。德瑞克后来回忆说："我想，这时我们才意识到，我们和霍金不仅不在同一个层次上，而且有着天壤之别。"

其实，伯曼教授早就注意到霍金在学习上很懒散，不过，他并没有因此责怪霍金，因为他同时也看到了霍金的绝顶聪明。他说："我那时候教过大约 30 个学生，斯蒂芬显然是我所教过的学生当中最聪明的。当然，他最后的考试成绩并不比其他学生好，因为考得好的学生不仅聪明而且非常用功。而霍金不仅聪明，而且不应该用'聪明'二字来衡量他。按照正常的学习标准，不能说他非常用功，因为用功对他来说实在没有必要。我想，我真正的作用，只是监督他学习物理的进度。我不能自夸曾经教过他任何东西。"

伯曼教授不愧是一位德高望重的教授。他不仅宽容，而且不往自己身上揽功。如果霍金在一所过于强调纪律的学校里学习，天才也许会就此夭折。

事实上，霍金学习物理的进度，已经远远领先于他接受的教育水平。霍金看了太多的参考书，以至于对这些参考书内容的有效性和正确性产生了怀疑。当时，霍金有两位导师，除了伯曼教授外，另外一位就是大学学院的研究员派却克·沈德斯。有一次，沈德斯研究员讲完统计物理第一章后，告诉学生要认真看一下指定的教材。沈德斯知道霍金对布置的作业兴趣不大，但他仍然坚持要霍金完成指定的两个问题。

当到了下一次上课时，霍金便对沈德斯研究员说："我没有办法完成您指定的问题。"

沈德斯知道霍金是一个有想法的学生，就让霍金说说他不解答问题的想法。霍金打开教科书，用了 20 分钟的时间，逐一陈述了书中出现的错误，并与沈德斯研究员一起讨论了这些错误。

后来，沈德斯成为牛津大学克拉顿实验室的实验物理教授时，曾对人感叹道："我在那时就很清楚，斯蒂芬对课程比我了解的还多。"

由此来看，难怪伯曼教授这样评价霍金："大学物理课程对霍金来说，根本不算一回事。"

大学物理课程虽说不算一回事，但是随之而来的毕业考试也着实让霍金紧张和发愤了一阵子。他的一位同学后来回忆说："临近大学学习结束时，他每天学习多达三个小时。"

对一般学生来说，每天学习三个小时实在不多，但对于像霍金这样三年里平均每天只学一个小时的学生来说，实在是一种超常现象。

在长达 4 天的毕业考试中，平时比较懒散的霍金，难得紧张了一阵子。但他毕竟聪明，聪明人总有聪明的办法。他在答卷时，尽量选择那些靠他的直觉就能回答的理论性较强的题目，而避开那些靠死记硬背才能回答的题目，争取获得"一等荣誉学位"。在此之前，他已经获准到剑桥大学攻读宇宙学博士学位，并一心想在弗雷德·霍伊尔的指导下做研究。但进入剑桥大学深造还有一个前提条件，就是霍金在毕业考试中，必须拿下“一等荣誉学位”。而“一等荣誉学位”是牛津大学的最高资格证书，想获得这一证书实在不太容易。

毕业考试的结果，终于在一段焦急难熬的等待中揭晓。参加大学学院物理系毕业考试的斯蒂芬·霍金、德瑞克·波内伊、高登·贝利和理查德·布莱恩 4 名同学中，霍金得了“一等荣誉学位”，德瑞克和高登得了“二等荣誉学位”，理查德得了“三等荣誉学位”。

霍金这个“一等荣誉学位”确实来之不易。因为他考试的成绩只在一等和二等之间，还需要参加一个面试才能决定划分到哪一等。

面试前，霍金做了精心的准备。他给自己的未来做了一个规划：如果不能去剑桥大学做研究工作，那就去申请当公务员，但他讨厌核武器，不想去国防部门当公务员，而是想去公务部门做事或者是去下议院担任书记员。

霍金一向是想做什么就去做。他马上去应聘下议院的书记员，而且很顺利地通过了面试，下一步就可以参加笔试。然而，令人不可思议的是，霍金竟然把要参加笔试的事情忘得一干二净。不久，霍金收到了公务员遴选委员会寄来的一封信，说他们不会因为霍金没有参加笔试而对他有任何的成见，并且鼓励霍金明年再考。

就在霍金参加大学学院毕业考试结束后的一天，霍金在学院准备下楼回家时，从楼梯口顶层摔到了最底层，而且一下子什么都不知道了。同学们把他抬到高登的房间，让他靠在沙发上。可当他睁开眼睛时，说的第一句话竟然是：“我是谁？”这下可把同学们吓坏了，以为霍金被摔失忆了。大约过了两个多小时，霍金才记起从楼梯上摔倒的事情。

霍金很担心这次摔倒会影响他的智力，所幸智力测试的结果很好，没有什么后遗症。但他的父母意识到了事情的严重性，希望他做进一步的检查。但因为霍金忙于去伊朗旅行和上剑桥大学读书，一直拖到1963年才到医院做了认真的检查。

当时，牛津大学大学学院的毕业生，都有一个福利待遇，就是学院会对他们的出国旅游进行资助，也可以称之为小额旅行资助。霍金认为，选择去的地方越远，学院提供旅行资助的额度就会越高，于是，他最终选择去伊朗旅行。

霍金获得旅行资助资金后，便和几个同学结伴开始了伊朗之旅。他和同学们坐着火车首先游览了伊斯坦布尔，然后又游览了东土耳其附近的亚拉腊山的埃尔祖鲁姆、伊朗的大不里士和德黑兰。

结束旅行返回时，他们赶上了伊朗发生的大地震。当时，地震破坏力很强，造成12000多人遇难。但不知为什么，处于震中附近的霍金对此一无所知。也许是因为霍金生病了，也许是因为他们不懂当地语言。当霍金和同伴们到达土耳其的伊斯坦布尔时，才知道伊朗发生过地震。

霍金在他的自传中回忆说："这是一场7.1级的地震，超过12000死亡。我肯定是在靠近震中的地方，但是由于生病又坐在伊朗公路颠簸的汽车上，所以我对此一无所知。因为我们不通晓当地语言，在大不里士的几天，我们甚至都不知道有这次灾难。那时，我正在从严重的腹泻和被甩到汽车前座而导致的肋骨断裂中康复。直到到达伊斯坦布尔，我们才知道发生了什么。"

旅行途中，一向孝顺的霍金知道父母一直在等待他的消息，就赶忙给父母寄了明信片。为了不让父母担心，霍金谎称他没有遭遇那场地震。虽然在旅途中发生了腹泻和肋骨断裂，但他并没把这些告诉父母。

他在自传里这样写道："我给父母寄了明信片，他们急切地等待我的只言片语已经有十天了。他们上一次得到的消息，是在我离开德黑兰向灾区出发的时候，那是地震发生的当天。"

那次旅行，不仅让霍金增长了见识，也让他的身体饱受了一番折磨。腹泻、骨折对他来说，都是一次不小的考验。不过，那时的他还没意识到，等待着他的还有一场更大的打击。

在经历地震和腹泻等疾病的考验后，霍金很快回到了家中。此后，虽然霍金一直没有间断过旅行，但他都是坐在轮椅上完成的，而自由自在地步行去旅行将永远不能实现了。

青春永远都是一场最美好的盛宴，而燃放青春的大学时光，更是让人留恋与怀念。当时光流逝，一个人从青春步入中年、老年时，不论你是普通平凡、还是名扬四海，心中时时怀念的，一定还是那段魂牵梦萦的青春记忆。

第三章

剑桥博士：病痛中探索宇宙奥秘

01 剑桥读博，社会精英的成长摇篮

霍金在牛津大学大学学院的毕业考试中，一举获得了“一等荣誉学位”，然后，便顺利地拿到了进入剑桥大学攻读博士学位的资格。1962 年 10 月，霍金正式到剑桥大学报到，开始了新的学习生活。

从伦敦出发，乘火车向东北方向行驶大约 51 英里，便来到了驰名世界的剑桥。剑桥因为具有融大学城和科技城为一体的独特优势，早已从 13 世纪的一个乡间小镇，发展成为环境幽美、绿草如茵，而且闻名世界的大城市。与牛津大学一样，剑桥大学也是英国人心目中永恒的骄傲。牛津和剑桥这两所大学，为世界科学，尤其是世界近现代科学做出了巨大的贡献。只要随便说出几位直接参与了现代科学建设，并做出巨大贡献的世界大师级人物，你就会发现，他们几乎都出自这两所学校，其中就包括牛顿、达尔文这样的开创了科学新纪元的科学大师。人们常把这两所学校相提并论，甚至还将牛津和剑桥组合成了“牛桥（oxbridge）”这个专有名词。

剑桥是音译与意译合成的地名。剑桥的英文 Cambridge 发音“坎布里奇”，Cam 在闽粤方言中音如“剑”，bridge 是桥的意思。剑桥也称康桥。剑桥有一条剑河，这条河在市内兜了一个弧形大圈并向东北流去。在古代，为了便于联络和调动剑河两岸的几个驻地部队，政府在剑河上修了许多木桥，剑桥因此成了一个镇名。

到了 1209 年，一些从四面八方赶来的学者集结在这里，并在这里开始传道讲学，讲学的规模逐渐扩大。后来，又根据讲学的科目不同，组成了一个又一个不同的学院。这些学院，沿着学院街连成一片，蜿蜒排列于剑河两边。这些学院所组成的群体，就是剑桥大学，剑桥大学的各类学院，后来多达 31 个。与牛津大学一样，剑桥大学的校园也是没有围墙的，校舍散布在剑桥全城的各个地方。建校初期，剑桥大学根本没有校舍，学生都寄宿在市民家里。直到 1284 年，剑桥大学建立了彼得学院后，才开始有了第一批真正意义上的校舍。

剑桥城市的风格，与牛津城市的风格截然不同。在许多人的眼里，剑桥幽雅洒脱，像是一位浪漫儒雅的诗人。如果你在一个细雨霏霏的秋晨，漫步于剑桥精雕细绘、线条秀美的建筑群中，眼前就会呈现出一幅西洋水彩画来，你会感受到一种清雅脱俗的韵味。那大片大片的草坪、盈满双目的绿荫，会使你感受到大自然的无限魅力。最令人陶醉的，莫过于横贯整个剑桥大学的剑河两岸风光。那清澈的河水缓缓流淌，一叶扁舟斜插长篙，停靠在草地入水的岸边。高大的垂柳把柔软的枝条撒向河面，在水上拂起微微的涟漪，像一个婀娜的女子，舞动着曼妙的身姿……这一切，都似乎被雨幕笼罩着，一切色泽都像水彩一般淡淡地化开。

1920 年 10 月至 1922 年 8 月，中国著名诗人徐志摩就曾留学于剑桥大学，研究政治经济学。在剑桥大学留学的两年，徐志摩深受西方教育的熏陶以及欧美浪漫主义和唯美派诗人的影响。由此，他写出了那首广为流传的诗歌《再别康桥》。

再别康桥

轻轻的我走了，
正如我轻轻的来；
我轻轻的招手，
作别西天的云彩。

那河畔的金柳，
是夕阳中的新娘；
波光里的艳影，
在我的心头荡漾。

软泥上的青荇，
油油的在水底招摇；
在康河的柔波里，
我甘心做一条水草！

那榆荫下的一潭，
不是清泉，是天上虹；
揉碎在浮藻间，
沉淀着彩虹似的梦。

寻梦？撑一支长篙，
向青草更青处漫溯；
满载一船星辉，
在星辉斑斓里放歌。

但我不能放歌，
悄悄是别离的笙箫；
夏虫也为我沉默，
沉默是今晚的康桥！

悄悄的我走了，
正如我悄悄的来；
我挥一挥衣袖，
不带走一片云彩。

在剑桥大学，最有名的就是那座数学桥，也叫牛顿桥，它是横跨在剑河上的一座用原木搭建的小木桥。这座小木桥建于 1749 年，它巧妙地运用了力学原理，建造的过程中没使用一颗钉子。数学桥经历了几百年风雨后，于 1905 年进行了重新建造。今天人们所看见的数学桥，虽形似当年，但它并不是运用力学原理修建的，而是使用了钉子。

由于剑桥大学的宿舍多是在不同世纪修建的，所以风格各不相同。建于 15 世纪的国王学院，是哥特式的建筑风格；建于 19 世纪的纽纳姆学院，则是维多利亚时代的建筑风格……走进剑桥大学，就像是在参观一座无所不有的建筑博物馆。在剑桥大学，有着许多值得欣赏的楼馆、庭院和桥廊。由英国著名建筑设计师克里斯托弗·雷恩爵士设计的，并以他名字命名的雷恩图书馆，更是让人赏心悦目，被后人称为建筑设计界的杰出作品。

最令参观者叹为观止的，是国王学院礼拜堂。它是剑桥大学建筑群中最宏伟的一座建筑，也是中世纪晚期英国建筑的重要典范。国王学院礼拜堂由亨利六世在 1446 年下令建造，历时 80 年才完成。它庄严肃穆的扇形穹窿和记述圣经故事的彩绘玻璃，看起来不只是富丽堂皇，更是一种震撼。幽暗柔和的光线透过那些彩绘玻璃射进教堂，更增加了它的高贵和神秘……

创立于 1511 年的剑桥大学圣约翰学院，建筑规模也是十分宏伟壮观。学院拥有五个庭院，其中以 1589 年始建的第二庭院最为闻名，被誉为是“英格兰最漂亮的都铎式庭院”。圣约翰学院是 17 世纪英格兰与法国签署和平条约的地方，也是促成查尔斯一世与他的法国王后联姻的地方。圣约翰学院最著名的景观，是一座连接第三庭院与新庭院的廊桥，名曰“叹息桥”，一个富有诗意的名字。据说，这座桥是因其造型与威尼斯的叹息桥相似而得名。

1962 年 10 月，当伦敦进入收获的季节时，霍金成为了剑桥大学三一学院的一名研究生。三一学院是剑桥大学中规模最大、财力最雄厚、名声最响亮的学院之一，拥有全剑桥大学中最优美的建筑与庭院。三一学院是由英国国王亨利八世于 1546 年所建，其前身是 1324 年建立的米迦勒学院以及 1317 年建立的国王学堂。也许，很多中国人没听说过三一学院，但如果提到牛顿的名字，便无人不知无人不晓了，因为牛顿发现万有引力的传奇故事，是许多人从小听到大的。而牛顿就毕业剑桥大学的三一学院。

霍金曾经就读的牛津大学也是英国的名校，但剑桥大学的学风与牛津大学完全不同。剑桥最独特之处是“学院制”和“导师制”，学院下辖几个相关的系、所。剑桥的学院决不是介于大学和系、所之间的一层机构，而是一个独立的实体。大学直接管理教学、考试并授予学位，在教学方面则实行导师制。导师制就是导师可以挑选学生，学生主要靠自己学习。学院负责学生的住宿、膳食、文娱活动以及对学生的个别辅导。

剑桥大学的学院制，造就了剑桥教育的个别辅导特色。学生除了到系里去听课外，学院还给学生安排一位指导老师和一位主任教师。指导老师负责学生的一般学习方法和生活上的问题，例如怎样选课、转系或申请补助等；主任老师则负责学生的专业课总体进展。学生通常还有一些辅导员，具体辅导学生学习每一门课。辅导员可由其他学院的教授或者研究生担任。这类辅导，占了学生学习时刻表的很大一部分。几乎每门功课，每周都至少有一次个别辅导，来讨论上周布置的阅读心得，或布置下周的阅读计划。学生上课时可以不去，但辅导时却不允许不去。学生对课程懂不懂，辅导员一见面就一目了然。所以，任何学生见了辅导员都不敢马虎。

剑桥大学不只是培养了很多浪漫的诗人、文学家，如邓恩、拜伦、丁尼生、徐志摩、华兹华斯等，更是培养了很多著名的科学家，堪称是世界科学家的摇篮。剑桥大学的卡文迪什实验室，就是世界上最有名的实验室之一，有 20 多位诺贝尔奖获得者曾经在这个实验室从事过物理研究，因此人们把它称为“诺贝尔奖的摇篮”。

02 突发疾病，不幸的事情发生了

霍金在萌生进入剑桥大学攻读博士学位的想法时，最让他动心的两个物理领域，就是宇宙学和基本粒子物理。由于很多优秀学者的加入，基本粒子物理得到了快速的发展。但令人遗憾的是，20 世纪 60 年代的宇宙学，与其 30 年前相比却没有多大的进步，或者说几乎就是停滞不前。

于是，霍金在进入剑桥大学之前，就已经决定以宇宙学作为自己将来的研究对象。他认为，宇宙学虽然发展缓慢，但已经有了一个明确的理论框架，那就是爱因斯坦的广义相对论。而基本粒子物理虽然得到了迅速的发展，但是还缺乏一个合适的理论框架。物理学家除了发现更多的粒子，并将它们进行分类，其他研究工作就没有什么进展了。因此，霍金毫不犹豫地选择了宇宙学。

被剑桥大学录取后，霍金就曾经申请让弗雷德·霍伊尔做自己攻读博士学位的指导老师。因为当时霍伊尔是国际知名的天文学家，曾经在 20 世纪 60 年代前后，与美国天文学家拉尔夫·福勒一起提出了恒星内部元素起源的理论，这让霍金非常崇拜。

可是，到了剑桥大学以后，学校给霍金安排的导师不是霍伊尔，却是一位他以前从来没有听说过的天体物理学家西阿马。为此，在开始的一段时间里，霍金感到非常苦恼。一方面是因为他所喜欢的宇宙学在当时是不被承认的；另一方面是因为他没能成为霍伊尔的学生。可是，他很快就发觉他想错了。霍伊尔常常要外出讲课，根本没有太多的时间关注他的学生。而西阿马不仅是一位很优秀的科学家，而且他从来不外出，并把主要精力全部用在他的学生身上。他不但可以随时帮助霍金解决疑难，而且对霍金有很大的激励，使他渡过了人生中最可怕的难关。

霍金在剑桥大学读博的第一学期，情况很糟糕。因为在学习广义相对论时，他发觉自己由于在牛津大学时不用功，数学基础没打好，而感觉非常吃力。而且剑桥大学研究生的课业，远比他在牛津读大学时要繁重。因此，霍金常常感到跟不上学习进度。不仅如此，霍金很长时间都找不到一个合适的博士研究课题。诸多的困难和不顺，让他感到异常的烦躁和沮丧。他的导师西阿马看在眼里，感觉到他已经迷失了方向。西阿马觉得，要想使霍金走出困境，关键是要为他找到一个合适的研究课题，这样才可以激发他的积极性和巨大的潜力。可这真不是一件容易做到的事情，因为当时广义相对论对于物理学家来说，还是一门十分生疏而且深奥的理论，能充分理解它已属不易，要想再找到一个研究的课题，更是非常困难。

其实，最令霍金感到烦躁和担忧的是，自从到了剑桥大学，霍金觉得自己的手脚越来越没有以前灵活，就连走路时，也像喝醉了酒一样东倒西歪，不能走直线。甚至鞋带松了想把它系上，他都无法做到。往酒杯里倒酒时，几乎每次都倒到酒杯外面，洒得到处都是。总之，霍金的神经和意志，已经控制不了他的四肢。一开始，西阿马并没有觉察到霍金这些严重的情况，只发觉这个很聪明的学生有些口吃，他认为这没什么大不了的，就没太在意。

在霍金寒假回家期间，他的父母察觉到霍金的身体状况出了问题。一次，他与母亲一起滑冰时，竟然无缘无故地摔倒了，而且无论怎样努力也没办法爬起来。这把他的母亲吓坏了。她首先向他们的家庭医生咨询了一下，家庭医生又给她介绍了一位专家。

1963 年 1 月中旬，霍金刚刚过完 21 岁生日，就来到一家大型综合医院进行了全面的身体检查。由于检查需要花费比较多的时间，所以一直到 1 月下旬剑桥大学开学时，霍金仍然住在医院里。当时，霍金完全可以住一个单间病房，但从小受母亲社会主义思想影响的他，却住着普通病房。病房里除了他之外，另一个病友是一个患有白血病的小男孩。

各种各样的检查一共持续了两个星期。检查结束后，医生给他开了一点维生素，告诉他最后的诊断结果还要等一段时间才能出来，医生建议他先回到大学去继续学业。

霍金遵医嘱回到剑桥后不久，诊断结果就出来了，他被告知自己患的是一种十分罕见的病。这种病，正式学名叫“肌萎缩侧索硬化症”，简称 ALS。在英国，这种病通常被称为“运动神经细胞症”，在美国被称为“卢·格里克症（Lou Gehrig’s disease）”，因为美国著名的棒球运动员卢·格里克患这种病去世。

这样的检查结果，让霍金的父母感到非常震惊。霍金的母亲知道，儿子得了这种病，做母亲的除了面对，再没有任何办法可以帮到他。于是，伊莎贝尔反复向医生询问，作为母亲她可以为儿子做些什么。医生告诉她说，这种病会由于肌肉萎缩而引起运动功能减退，最后可能瘫痪。同时，说话也会日益感到困难，最终丧失说话能力，而且吞咽也会有困难。到后来，呼吸肌将受到侵害，从而引起肺炎和窒息，死亡就会降临了。但在整个患病过程中，大脑不受侵害，因此思维能力和记忆力不会受到影响，而且这种病没有任何疼痛的感觉。

医生甚至预测，霍金只能活两年半左右的时间。最后，医生不无遗憾地说："这是非常令人伤心的事情。这么一位优秀的青年，在他的生命巅峰期就横遭不幸，真令人惋惜。"

伊莎贝尔几乎绝望了，但她还是不甘心地问："我们还有办法吗？我们可以对他施行生理或者任何有效的治疗手段吗？"

医生无奈地摇摇头："我毫无办法。"

霍金忽然得了不治之症，这对他的父母来说是个天大的打击。作为医学研究者的父亲，内心十分焦急，他决心不惜一切代价，为儿子寻找治疗方法。他开始到处收集有关 ALS 以及可能治疗它的信息，在热带病研究所，他与同事们讨论与 ALS 相类似的疾病。他甚至联系上了美国病毒学家盖达塞克，不过，这位后来因为发现热带慢性病病毒的起源和传播途径而获得 1976 年诺贝尔生理学和医学奖的科学家，也表示无能为力。总之，所有的努力都无济于事，几乎所有的医生都说 ALS 是不治之症，所有能够用得上的治疗手段，都无法使病情缓解。

失去希望的弗兰克在停止努力后，找到了霍金的导师西阿马教授，并且对他说："我的儿子只有两年半的时间了，恐怕熬不到博士毕业，能否让我的儿子用更短的时间，完成博士学业？"

面对弗兰克近乎绝望的请求，西阿马同样感到非常痛心，但他依然遗憾地表示无能为力，他说："任何一个人也不可能在少于 3 年的时间内完成博士学业。"西阿马知道霍金有非同一般的智力，但作为导师，他既不愿意违反规定，也不愿意他的学生只是随便应付就得到博士学位。

西阿马要求他的学生无论在任何情况下，都必须拿到真材实料的学位。也许，正是有这些恪尽职守、坚守原则的教授和科学家，才造就了举世瞩目的剑桥大学。

霍金得知自己的病情并且知道自己来日无多后，更加伤心难过。他难过不全是因为自己的病，也是担心自己无法活到博士毕业的那一天，更何况，目前他的宇宙学研究课题还没有任何进展。由此，他不断地问自己：为什么这样悲惨的事情会落到自己身上？难道自己真的成为了一个悲剧人物？

此后，霍金开始厌倦生活，什么事情都不想做。刚刚出院的那段时间，他经常做噩梦，经常梦见自己被处死。后来，霍金开始做另外一个梦，他要放弃自己的生命去挽救别人。他经常会想：假如真的有面对死亡的那一天，不如就用自己的生命去挽救别人的生命，那也是做了一件天大的好事。

那段时间，霍金经常听德国音乐家瓦格纳的音乐，试图让瓦格纳那充满神秘主义的、具有超人力量的音乐拯救绝望中的自己。霍金回忆说："1963 年，我被诊断得了运动神经细胞症后，就变得喜欢瓦格纳的作品，因为他的乐曲风格和我阴暗的情绪相投。《尼伯龙根的指环》（Der Ring des Nibelungen）这个系列歌剧共分为四部，是瓦格纳最伟大的作品。1964 年，我和我的妹妹菲莉帕一起到德国的拜罗伊特剧院去看了这部歌剧。那时，我对《尼伯龙根的指环》尚不熟悉，但这个系列歌剧的第二部《女武神》（Die Walküre）给我留下了极其深刻的印象，这是瓦格纳执行制作的，舞台几乎是全暗的……”

霍金曾经还试图借酒浇愁，但也并没有像某些媒体所渲染的那样夸张。对此，霍金在 1993 年出版的《霍金讲演录——黑洞、婴儿宇宙及其他》一书中写道：“我也许活不到完成博士论文的那一刻，我感到十分晦气。于是，我就去听瓦格纳的音乐。但杂志上说我酗酒就过于夸张了。麻烦在于，一旦有一篇文章这么说，另外的文章就照抄，这样就会引起轰动效应。似乎在印刷物上出现多次的东西，都必定是真的。”

霍金得知，在医院里跟他住同一个病房的那个小男孩，因为白血病不治而死了。那是一个非常可爱的小男孩，乐观活泼，还曾经跟他一起玩耍。霍金在伤心之余，开始重新审视自己的情况。他突然领悟到，自己或许还不是最不幸的那个人，最起码自己还活着。

就这样，霍金的心理发生了微妙的变化。这种变化，让他在梦中都很恐惧。他在自传里这样描写当时的心情：“那时，我老做噩梦。在我的病情被诊断之前，我就已经对生活非常厌倦了，似乎没有任何值得做的事。我出院后不久，就做了一个自己被处死的梦。我忽然意识到，如果我被赦免的话，我还能做许多有价值的事。另一个我做了好几次的梦是，我要牺牲自己的生命去拯救他人。毕竟，如果我就要死了，做点善事也是值得的。”

霍金终究是霍金，不同于一般人。他明白，真正能够拯救他的，还是他自己。过了一段时间，他终于从绝望中振作起来。当然，这也得归功于一个非凡的女性：简・怀尔德，就是霍金未来的妻子。

03 爱情来临，彻底改变懒散作风

2013 年 4 月，霍金前妻简的自传《飞向无限——和霍金在一起的日子》在英国国内出版。简在这本书的开头写道："我和斯蒂芬的故事是从 1962 年的夏天开始的，或许还比这早十多年，不过那时我并没有意识到。"

那是 1950 年初期，7 岁的女孩简进入圣奥尔本斯女子学校读一年级。当年，圣奥尔本斯女子学校也招收男生，简比霍金低一年级。有一天，简的老师没来上课。按照学校的规定，低年级的老师没来上课，低年级的学生必须和高年级的学生在一起上课。于是，就在那天，简见到了霍金。但他们没说话，也没有打招呼。不久以后，霍金就转学了。

简和霍金真正互相认识，是在 1962 年夏天。那时，简·怀尔德刚参加完圣奥尔本斯中学的高级水平考试。她和好朋友戴安娜·金决定，一起进城去喝点茶轻松一下。她们刚刚出门，简就忽然看见街对面有一个奇特的身影。那是一个长着乱蓬蓬棕色头发的年轻人，低着头，正踉踉跄跄地朝着相反的方向走着。这个年轻人，似乎沉浸在自己的思绪中，根本没有注意到街对面的姑娘正盯着他。简觉得这是一个古怪的人，她的好友戴安娜告诉她："那是斯蒂芬·霍金。"简对刚见到的霍金有一种特殊的感觉，同时还有一种奇怪的预感：自己会很快再见到他。

1962 年暑假，简去西班牙参加暑期班。暑期班结束后，简回到英国，申请进入牛津大学或者剑桥大学，那一直是她的父母对她的期待。但非常遗憾，她并没有被这两所名校录取，这也让她倍感苦恼。简的中学校长真特女士安慰她说，不在牛津或剑桥求学的学生，不见得就不优秀。她建议简去参加伦敦大学的韦斯特菲尔德学院的面试。简听取了真特女士的意见，果真顺利通过了这所学院的面试，在这里进修法语和西班牙语。

1963 年元旦，简的好友戴安娜的哥哥巴兹尔在家中举办了一场新年派对，戴安娜邀请简去参加派对，简愉快地答应了。派对那天，她身穿一件优雅的连衣裙，有点害羞地出现在了派对现场。

令简感到惊喜的是，在这次聚会上，她再次看到了霍金。霍金依旧是那个清瘦的样子，他把身体倚靠在一张长桌上，正高兴地和朋友们交谈。站在一边的简听见了他们交谈的内容，得知霍金正在剑桥大学进行宇宙学研究，他的老师是西阿马。他说他在牛津大学读书时，没有好好学习，算不上用功的好学生。还有，他在牛津上学时，从来不去听课，经常和同学出去玩耍。他曾经把作业本撕碎了，把碎片扔到了导师的废纸箱里。霍金甚至忘记了报名参加公务员考试的事情。直到有一天早晨，霍金听完瓦格纳的《尼伯龙根的指环》后，才忽然想了起来。但可惜的是，等他想起来时，公务员考试已经结束了。

就这样，霍金趣味横生的故事和充满阳光的笑容，再一次吸引了简。简在她的自传里这样描述当时的感受："那一幕深深地印刻在了我的脑海里。在那个阶段，我完全沉迷在他的魅力之中，就像被他那清澈的蓝灰眼眸、甜甜的笑容和酒窝施了魔法一般无法自拔。"

当时，霍金并没有注意到简一直在关注着他，他和朋友聊得很起劲，直到派对快结束时，简主动走过来和霍金打招呼。这样一个美丽的女孩儿，一下子出现在霍金面前，竟让他一时不知所措，紧张得开始结巴起来，完全没有了刚才谈笑风生的潇洒姿态。他窘迫慌张的样子，一下子把简逗笑了。最后，在派对结束时，两人互留了名字和地址。

几天以后，简收到了霍金的卡片。卡片上说，1 月 8 日在他家里举行他 21 岁的生日宴会，邀请她届时光临。简欣然接受了霍金的邀请。可要去参加生日派对，总不好空着手去，还是要挑选一份礼物。但简和霍金才见过三次面，对他并不了解，怎么才能挑选一件让霍金喜欢的礼物呢？想来想去，简挑选了一份特殊的礼物：一张唱片代金券。

当时，霍金的家位于圣奥尔本斯镇希尔赛德街。来到霍金家的门前，简愣住了。霍金家的房子太简朴了，完全可以称为"节俭的典范"。简按响了门铃后等了一段时间，一位女士打开了房门。这位女士就是霍金的母亲。还有一个蓝眼睛的小男孩站在霍金母亲的身边，这个男孩就是霍金母亲收养的孩子爱德华。一会儿，霍金家的人都来到了客厅。简这才发现，霍金家的人她都认识，只不过之前并不知道他们是一家人。

在生日宴会上，霍金和同学、朋友们谈笑风生，大家都肆无忌惮地笑着。简有些胆怯地坐在稍远一点的地方，一边陪着爱德华玩，一边默默地关注着不远处的霍金。霍金被所有前来祝福的人簇拥着，简没有跟他单独说上几句话的机会。

这次宴会结束后，两人有很长一段时间没有见面，都在各自忙着各自的事情。简忙着上秘书课程，学习速记法。2 月份的一个星期六的早晨，戴安娜给简传递了一个可怕的消息。戴安娜说："斯蒂芬在巴兹医院住了两个星期，他走路经常会摔倒，连鞋带都无法系上。医生给他做了很多检查，说他患上了一种可怕的疾病。这种疾病会导致他瘫痪，医生预测他只能再活两三年了。"

听完这些话，简又马上问戴安娜："斯蒂芬现在身体怎么样？"

戴安娜说："我哥哥去看望他了，他回来告诉我，斯蒂芬的情绪很不好。医院的那些检查和预言，对他来说简直就像噩梦。而且住在他对面的那个小男孩因为白血病去世了。斯蒂芬是社会党，他只想住在集体病房里，不愿意住单人病房。"

更让戴安娜感到难过的是，虽然霍金住了很长时间的医院，却一直没找到得病的原因。

简听了大吃一惊。她简直难以相信，一个如此年轻和自信的生命，竟然面临死亡的威胁。接下来的几天，简一直心事重重，老是摆脱不了霍金的影子和自己对他的担心。简的母亲看出了女儿的心事，就平静地对她说："你为什么不为他祷告呢？这可能会对他有帮助。"

简的家族都是虔诚的基督教徒。因此，简接受了母亲的建议。她知道，除了为霍金虔诚祈祷，别的她什么也帮不上。

大约一个星期后，简在等去伦敦的火车时，竟然在火车站偶遇了霍金。对于一直为霍金忧虑担心的简来说，这无疑是一个意外的惊喜。当时，简看见霍金提着一个帆布手提箱，摇摇晃晃地从站台上走过来。更让简惊讶的是，霍金看起来似乎很阳光很快活，完全没有她想象中的沮丧与颓废。见到了简，霍金显然也十分高兴。在阳光下，他满脸阳光的微笑，清澈透明的灰色眼睛，显得特别动人。或许，就是他的这种气质深深地吸引了简。

两个人在火车上愉快地进行了交谈。简提到了霍金的病情，表示了对他的关心。但霍金似乎并不想谈论这些，只是简短回答了一下，就把话题转向别处了。简明白，既然一切都挺好的，就没有必要再谈论这些不愉快的事情。当时，霍金是为了回剑桥大学，而简是为了回伦敦上学。分手时，霍金对简说："周末我常回家，我能请你一起去看歌剧吗？"

简高兴地回答说："当然！"

后来，他们不断地约会，感情也在慢慢地升温。不知不觉到了 5 月，霍金给简打来电话，邀请她参加剑桥大学一年一度的五月舞会，这让简感到非常开心。参加剑桥大学的五月舞会，是每一个女孩儿的梦想，被邀请参加的女孩儿，都是让人十分羡慕的。

为了参加舞会，母亲为简精心挑选了一件昂贵的丝绸礼服。剑桥的五月舞会实际上是在 6 月份举行，场面热烈而疯狂。所有参加舞会的男孩儿、女孩儿，都会通宵跳舞。舞会有喝不完的香槟，吃不尽的甜点，还可以乘平底船穿越剑桥，简直就是一个童话世界。简是个喜欢跳舞的女孩，她在中学读书时，就非常想参加五月舞会。当时，学校里有个女生被邀请参加了五月舞会，让人非常羡慕。因此，简也盼望着自己有被邀请参加五月舞会的一天。如今，简终于如愿以偿，她的心里充满了期待。

不知不觉中，舞会的日期到了。那天下午，霍金来接简参加舞会。当简见到霍金时，她一下子惊呆了：霍金是那样瘦弱，与上次见面相比，身体更加虚弱。当时，霍金还开着他父亲的那辆旧福特轿车，简很担心他的身体和安全。简把霍金向自己的母亲做了介绍。她的母亲看到瘦弱的霍金，很冷静，脸上没有露出惊讶的神情。后来，简在回忆录里，把那辆旧福特车称为玻璃马车。当年，他们是那样地快乐。简形容那时的自己，就像是童话里去参加舞会的公主，把霍金称为迷人的亲王。

舞会结束后，他们去吃了午餐，还去河里划船。等到霍金要开车送简回家时，简看着霍金说："我想坐火车回家。"

霍金坚决不同意让简独自坐火车回家。无奈之下，简只好坐到了副驾驶的座位上，但她心里有种恐惧感，因为霍金开车实在太疯狂。简坐在霍金开的碰碰车上，一路摇摇摆摆地回到了家。从那一刻起，简暗下决心，以后参加舞会，再也不会坐他的车了。

那天，简的母亲又邀请霍金和她们母女一起喝茶。坐在花园门的旁边，阳光照着他们，简兴奋地向母亲讲述舞会的情形，她的母亲微笑地倾听着。霍金坐在一边，一直微笑着，看起来非常有礼貌。简心里想，她真的爱上了霍金，他开车再疯狂，她也要爱他。

简在大学里学的是西班牙文学，她需要有在西班牙城镇中的生活体验。于是，1963 年 7 月，简前往西班牙旅行，两个年轻人又开始了短暂的分别。

在国外的日子里，简无时无刻不在想着霍金，她每天都在盼望着行程早点结束。好不容易熬到回家的时间，刚一踏上国土，简就急切地想要见到霍金。可是，她去了霍金的家里，却没找到霍金。简从霍金母亲那里得知，霍金已经回剑桥学习去了，但他的身体依然不好。

这时，简也要离开家，去伦敦开始属于她的新生活。在伦敦，简参加了很多社交活动：欣赏音乐会、去剧院看歌剧以及观赏芭蕾舞表演，忙碌的生活让她暂时忘记了霍金。1963 年的 11 月，简得到了霍金的消息，说他的牙齿出现了问题，要来伦敦看看牙医。霍金还捎过话来，问简愿不愿意和他一起去看歌剧。

霍金的邀请让简感到十分开心，她决定推掉一切应酬好好陪陪霍金。当简在伦敦的街上见到正在治疗中的霍金时，觉得他的状况依旧很不好，走路摇摇晃晃的，这让简感觉心里很难过。霍金看上去非常疲倦，简走上前想扶住他，但他说："我能行，我自己走。"可两人还没走多远，在路过一个十字路口时，霍金摔倒了。幸好一位好心的过路人走过来，和简一起把霍金搀扶起来。于是，简搀扶着霍金又走了一段路。最后两人实在走不动了，只好叫来了出租车，朝着剧院的方向开去。

打那以后，简与霍金经常在一起看歌剧。但是，霍金的身体状况越来越糟，他的情绪也越来越消沉。他变得很忧郁，常常一个人坐在一边半天半天地沉默着，或者长时间听瓦格纳的歌剧，试图用瓦格纳那尖锐回旋、节节升高的夸张音符，来宣泄他内心潮涌般的骚动，或安抚他那脆弱善感的神经。霍金还常常故意抵触简的关心与照顾，似乎是在尽力阻止他们之间的进一步交往。简明白霍金的痛苦，知道他由于绝望而处于痛苦的情感纠葛中。霍金不想继续伤害年轻的简，想独自承受自己的灾难。可简明白，要与霍金分手已经太晚了，她已经深陷这段感情之中而无力自拔了。

毋庸置疑，简对霍金的爱是真诚的、纯洁的，甚至是崇高的。她认为，帮助她心爱的人摆脱绝望，是上帝交给她的任务，是上帝对她的一次考验。因此，无论霍金对她怎样粗暴无礼，简都能包容与忍受。

简的爱与温情，终于使霍金战胜了绝望和沮丧，重新树立起了对生活的信心。他在爱情的力量下，仍然继续着自己的学业，进行着自己的研究。

1964 年 10 月的一个星期六的晚上，霍金吞吞吐吐地向简求婚。简在惊喜之余，羞涩地点了点头，答应了霍金的请求。这一刻，两人都是无比幸福。

听说简答应了霍金的求婚后，她的父母终日发愁，既担心女儿受苦，又不忍心拆散他们。最后，她的父亲叹了一口气，提出了唯一的要求："你要读完大学，必须把学业完成。"

随后，霍金和简订婚了。霍金感受到了一股责任，并且也坚定了活下去的目标和勇气。他清楚地明白，一旦他和简结婚，他就必须拥有一份足以独立养家的工作。而要找工作，他就必须先完成博士毕业论文。

有了爱做动力，霍金更加努力学习。为了养活自己，霍金向龚维尔和基斯学院申请了研究奖学金，并申请了凯斯学院研究员的职位。

1965 年 2 月的一天，霍金在家里热切地期待着心上人的到来，他急切地希望简为他打出一份工作申请单。但不幸的是，简在前一天晚上跳舞时，不小心摔了一跤，因此弄伤了手腕。可当简缠着石膏绷带出现在霍金面前时，不但没有博得霍金的同情和安慰，相反，霍金却因为担心简可能打不了字，而显出一脸的震惊和失望。霍金失望的表情，似乎完全打消了简想得到一点同情的念头。

虽然简的心里很不舒服，但当得知霍金希望自己为他打一份凯斯学院研究员职位的申请书时，她不但立刻原谅了霍金不体恤她的行为，也为自己跳舞时摔伤了胳膊而深感愧疚。于是，她用没受伤的右手打出了霍金急需的申请书。

具有奉献精神的简，依靠自己的宽容和博爱，很快化解了两人之间的不愉快。而霍金为了能养家糊口，也彻底改变了以前那种懒散的生活作风，开始全力以赴投入到他的学业中。

04 无限宇宙，从大爆炸到黑洞

很多中国读者都知道，斯蒂芬·霍金所著的《时间简史》一书，探讨了“时间有没有起点？”“宇宙有没有终点？”等问题。这部书的副标题是：从大爆炸到黑洞。霍金在黑洞领域做出的杰出贡献，使科学迈向了解释宇宙之迷的终极目标。事实证明，霍金进入剑桥大学攻读宇宙学博士学位，是一个伟大的选择。

宇宙学就是从整体的角度，来研究宇宙的结构和演化的天文学分支学科。

17 世纪后，牛顿力学的建立，基本颠覆了宇宙结构的早期模型。无论是东方还是西方，其早期宇宙模型几乎都认为宇宙是有限的、有边界的。但这种模型立即引出一个令人困惑的、相互矛盾的结论：有限有界，就意味着存在“边界以外”的空间，但宇宙本身就是包括所有一切的，没有什么东西可以在宇宙之外。

在科学不发达的古代和中世纪，人们为它找到了解决办法，那就是把“边界以外”的空间划归上帝和诸神统治，不属于科学研究范围。这个解决办法，维持了长达几千年。而到了近代，这种神学的办法行不通了，于是，科学家开始殚精竭虑地思考这个古已有之的“有边有界”的难题。

牛顿认为，宇宙是无限的，星体分布在有限的空间里，而且从总体上看，宇宙是稳态的。但由于牛顿的宇宙学建立在经典力学时空观的基础上，因此有许多难题他无法解决。即使是这样，牛顿的功劳仍不可埋没，因为他开辟了以力学方法研究宇宙学的正确途径。

经典宇宙学围绕“宇宙是有限还是无限”这一问题争论了几百年，但还是谁也说不清楚。爱因斯坦曾开玩笑说：“宇宙学究竟是无限伸展、还是有限封闭的呢？海涅在一首诗中曾经给出过一个答案：‘一个白痴才期望有一个答案’。”但后来，爱因斯坦又大力研究这个问题，期望得到一个答案。当然，爱因斯坦肯定不会认为自己是个白痴。

1917 年 2 月，爱因斯坦在《根据广义相对论对宇宙学所作的考察》这篇论文中，大胆提出了一个崭新的宇宙模型：宇宙的空间是有限的，但却是没有边界的，而且在整体上宇宙是静态的。这个模型，通常被称为“爱因斯坦有限无边静态宇宙模型”。

这个问题确实比较难懂，说有限又怎么会无边呢？从一般常识来讲，一个物体的体积是有限的，那么这个物体就一定有边界，也就是说，应该是有限就一定有边。但是，广义相对论不这么认为。广义相对论中使用的几何叫“黎曼几何”，这不同于“欧几里得几何”，它的结论是空间是可以弯曲的，因而存在一个“有限无边”的体系。所谓“有限”，就是指空间的体积是有限的；所谓“无边”，指的是这个三维空间，并不是一个更大的三维空间中的一部分，它自身已经包括了全部空间。

这个“有限无边”似乎很玄奥，但它其实并不难理解。在二维空间，球面就是有限无边的。我们沿着球面走，总也遇不到边，但球面的总面积却是有限的。亚里士多德曾认为，大地并非平坦无边，而是一个有限有边的球形，他以此代替了那种大地是无限无边的平面结构的认知。如果把亚里士多德二维空间的有限有边体系，推广到三维空间的有限有边体系，就可以得到爱因斯坦的宇宙模型。也就是说，有限无边的球面，是一个二维空间的弯曲面，所以，三维空间的有限无边，也应该是一个弯曲的空间。而这个弯曲，实质上就离开了“欧几里得几何”，进入了“黎曼几何”。

当有限无边的难题解决后，摆在爱因斯坦面前的还有一个难题：按照他的引力方程，由于有引力，宇宙从整体上应该是不稳定的，它只能由于引力的作用而不断收缩。这个问题，在牛顿引力理论中也出现过。但人们从日常的常识判断，宇宙在总体上应该是静态的：宇宙既不扩大也不缩小，总是稳定的恒态。为了满足这种由常识判断得出的稳态结论，德国天文学家诺依曼和希利格，曾建议在牛顿引力公式里加上一个“宇宙项（cosmological term）”，也称为“斥力项”。这样，由于引力有斥力的平衡作用，宇宙从整体上就可以保持稳态了。

当爱因斯坦在他的模型中遇到了同样的问题时，他也相信宇宙从整体上来说是稳态的。于是他照葫芦画瓢，在他的引力公式里也引入了一个“宇宙项”。

以前，爱因斯坦对自己的理论总有十足的信心，甚至当某些实验结果对他的理论不利时，他总是放心地说：“那一定是那些实验有问题。”最有意思的是，有一次有人问他：“如果实验结果不支持你的广义相对论怎么办？”他幽默地说：“那我只好为上帝感到遗憾。”

可对这一次提出的引力理论，爱因斯坦似乎缺乏信心，以至于当论文寄走后，他颇为担心地对他的好友埃伦菲斯特说：“对引力理论，我又胡言乱语了些什么啊？它快要让我处于进疯人院的危险境地了。”

爱因斯坦的论文《根据广义相对论对宇宙学所作的考察》发表后不久，苏联数学家亚历山大·弗里德曼从纯数学角度惊讶地发现，爱因斯坦在证明宇宙模型的过程中，犯了一个错误，并立即意识到，一个全新的宇宙观正在呼叫着自己诞生的权利。

经过一番紧张的研究，弗里德曼确信爱因斯坦在1916年第一次提出的引力场公式是正确的，这个方程预言宇宙将随时间膨胀或坍缩。但爱因斯坦为了保证宇宙是静态的，而人为地加入了一个什么“宇宙项”，则是一个十足的错误。

1922年，弗里德曼在德国《物理杂志》上发表了他的论文。在论文中，他证明了爱因斯坦原来的场方程允许各向同性、均匀物质分布的非静态解对应一个膨胀的宇宙。弗里德曼的预言，可以说是科学史上最伟大的预言之一，开创了一个崭新的宇宙学纪元。一方面是因为预言的范围涉及整个宇宙空间，另一方面是因为预言第一次打破了自古以来的传统观点，即宇宙从整体上说是静态的。

直到1931年，爱因斯坦终于心甘情愿地承认：提出有限无边静态宇宙模型，是他一生中干的最大的蠢事。

而在弗里德曼预言存在一个膨胀着的宇宙之前，荷兰天文学家德西特也曾提出一个正在膨胀的宇宙模型，但他的这一模型在当时没有引起人们的注意。

1927 年，比利时天文学家乔治・勒梅特在广义相对论的基础上，再次提出了膨胀的宇宙模型，这一模型被称为“勒梅特模型”。勒梅特认为，如果我们把时间反推回去，就可以想象各个星系越来越靠近，最后整个宇宙被挤进一个“宇宙蛋”或“超原子”当中。一场“大爆炸”把它炸开以后，几十亿年过去，就留下现在我们所观测到的宇宙，而它还在继续膨胀。这种近乎疯狂的想象，当时根本没有任何人相信。后来，由于英国天文学家亚瑟・爱丁顿的支持以及美国天文学家埃德温・哈勃的观测，这个疯狂的想象，竟然被大多数天文学家接受了。

1924 年，哈勃利用有利的观测设备做了大量观测，并根据理论推算后，宣称仙女座星云距离地球约 80 万光年（后来测定为 220 万光年），而且处于银河系之外。这无疑是一件了不起的发现，因为当时人们尚不清楚，在银河系之外是否还有什么东西。后来，人们将银河外的星云称为“星系”，而我们自己所在的银河星系只不过是无数星系中的一个。

哈勃最重大的研究成果还不是这个，而是 1929 年他对星系的演化提出了一种新的理论。他发现，河外星系的光谱红移，与星系离开我们的距离大致上成正比关系。而这一结论，被称为“哈勃定律”。哈勃定律揭示，在宇宙整体的大尺度上，星际是在向后退行，距离越远，退行越快。

哈勃定律第一次揭示了天体体系在大尺度上所显示的物理特征，即星系远离我们而去，这可以解释为宇宙正在膨胀。最先这样解释哈勃定律的是爱丁顿，他认为，由爱因斯坦广义相对论预言的宇宙膨胀理论，得到了哈勃观测的证明，这使得广义相对论又一次得到证实。

从此，膨胀的宇宙成了天文学家和理论物理学家最热门的研究课题，其研究的兴旺之势长盛不衰。

令人惊叹的是，勒梅特和美国宇宙学家乔治·伽莫夫根据膨胀的宇宙，提出了大爆炸理论。这一理论认为，宇宙最开始是一个原始火球，它最初的温度达到几十亿摄氏度。在原始火球里，物质以基本粒子形态出现。在基本粒子的相互作用下，原始火球发生了爆炸，向四面八方均匀地膨胀。在这一膨胀过程中，辐射温度和物质密度迅速下降。这期间产生的各种元素，形成了今天宇宙间的各种物质。在膨胀降温的过程中，辐射物质慢慢凝聚成星云，并进一步演化成今天人类所能见到的各种天体。

美国天文学家阿诺·彭齐亚斯和罗伯特·威尔逊不仅证实了大爆炸理论，而且两个人还因此获得了诺贝尔物理学奖。

伽莫夫在提出大爆炸理论时预言：150 亿年前，温度高达 100 亿摄氏度的原始火球爆炸后，至今，这次爆炸还残留着 10K（K 为热力学温度，单位为开尔文，零下 273.15 摄氏度为绝对零度）的余热，成为宇宙背景的一种辐射。不过，当时伽莫夫认为，这种“背景辐射”由于各种射线的掩盖而无法测出来。

美国物理学家迪克不同意伽莫夫的悲观结论，他认为，来自宇宙的背景辐射有可能在实验中被发现。但他与同事们作了许多努力，仍然找不到被称作宇宙背景的辐射，这让他大为失望。就在他失望之时，他从美国贝尔电话实验室的彭齐亚斯和威尔逊那儿得到了惊人的好消息。

1961 年，手握哥伦比亚大学博士学位的彭齐亚斯，来到美国著名的贝尔电话实验室供职。两年后，手握加州理工学院博士学位的威尔逊，也来到贝尔电话实验室工作。他们利用一架 6 米喇叭形反射天线进行射电天文学研究。这架高灵敏反射天线，原本是为了接收从“回声号”卫星反射回来的信号。1963 年，卫星已不再使用这架天线，于是，他们对它进行了一番改造，使它非常适合于把微弱而均匀的辐射同强辐射电源区别开来。

1964 年 5 月，当他们把天线指向远离银河系中心的广阔空间时，发现总有某种原因不明的“噪声”干扰。他们经过反复测定，消除一切可能的干扰之后，发觉这是一种消除不掉的噪声，其波长 7.35 厘米，相当于 3.5K 温度的黑体辐射，其各向同性的程度极高，而且与季节变化无关。显然，这种辐射不可能来自任何特定的辐射源，只能是一种来自广垠宇宙的辐射。但这是一种什么辐射，却让彭齐亚斯和威尔逊百思不得其解。

1965 年春天，一次偶然的机会，彭齐亚斯听说普林斯顿大学的迪克等人正在做这方面的理论工作，但在实验上却一筹莫展。对此，彭齐亚斯惊喜万分。不久，他们两个小组在新泽西州会师。经过共同研究，谜团迅速被解开。他们得出一个共识：这个相当于 3.5K（后修正为 3K）的黑体辐射，就是伽莫夫爆炸理论中，“原始火球”在大爆炸约 150 亿年后留下的残余辐射。于是，这两个小组先后在美国《天体物理杂志》发表文章，分别从理论和实验两个方面阐述了这一激动人心的伟大发现。

1978 年，瑞典皇家科学院认为：“彭齐亚斯与威尔逊的发现，是一项带有根本意义的发现，它使我们能够获取很久以前，在创生时期的宇宙过程的信息。”于是，该年度的诺贝尔物理学奖，就授予了彭齐亚斯与威尔逊两个人。

当然，今天所谓的大爆炸理论，并不是说已经完备无缺了。实际上，这个理论中的许多问题还有待澄清，许多不完备之处还有待改进。所有这一切，还需要时间进行修正、丰富和发展，甚至扬弃，代之以更新的、更正确的和更全面的理论。霍金就是在这个时期进入宇宙学研究的。

大爆炸后，星云、恒星、银河系和星系都逐渐生成。实际上，恒星并不是永远不变的，它也有演变过程。但由于这种演变很慢，通常以几百亿年计算，从人的一生和人类社会的变化来看，恒星在几千年、几万年的时间里几乎没有任何变化，因此，可以将恒星看成是“恒定不变”的。

但是如果要研究宇宙的历史，我们就绝不能把恒星看成是恒定不变的星球。恒星在生成之后，要经历青年期、衰老期和死亡的进化过程。星球自身的万有引力，会使星球向内收缩而变小。在青年期，由于星球内部原子核的反应十分强烈，所以它产生的向外的推力，可以对抗星球自身的万有引力。而随着时间的推移，星球内部的核反应会逐渐减弱，直至它产生的向外的推力比万有引力小了，恒星便开始向中心收缩，这种收缩就叫“坍缩”。在坍缩过程中，恒星越来越小，于是恒星物质的密度越来越大。其间，恒星根据自身的大小，最终会坍缩成为白矮星、中子星或黑洞。

根据牛顿的万有引力公式，在恒星表面任何一个物质所受到的恒星的引力，与这个物质到恒星中心的距离成反比。由此可知，恒星越是坍缩，恒星表面物体受到的引力就越大。受到的引力越大，这个物体想逃离这颗恒星就越困难。当恒星坍缩到一定的程度时，这个恒星表面连光辐射都会被恒星紧紧吸住，无法逃离这个恒星的控制。这时，这个恒星就变成了一个黑洞。其实，它还是一个星球，只不过因为它上面的任何光线都飞不出去，因此，在这颗星球以外的所有地方，都看不见这颗“坍缩”了的星球，它就像一个黑洞一样，与外界隔绝。

霍金进入剑桥大学攻读宇宙学博士学位，实际也就开始了关于大爆炸和黑洞的研究。

05 奇点理论，顺利获得博士学位

无论任何领域，要想真正获得成功，登上行业金字塔的顶端，都不是一件简单的事情。想成为大师，更需要加倍的努力和勤奋，加倍的执着和坚守。取得成功对一个身体健康的人来说，都不是一件容易的事情，对已经被医生下了判决书的霍金来说，更是难上加难。

但是，霍金是一个喜欢挑战极限的人。在剑桥大学时，虽然他还只是一名默默无闻的博士生，可他在研究学问时是非常认真的。也正是这种执着和钻研，给他带来了机会，也使得他引起了天文界大师们的关注。

一次，霍金参加了一个学术讨论会。会上，英国著名的天文学家福雷德·霍伊尔宣读并解释了他关于“稳恒态理论”的主要观点和论据。这种宇宙论认为：宇宙是膨胀的，在膨胀过程中，宇宙中星系间的距离就越来越远，而宇宙中的物质，也“从无到有”地创生出来，然后充满宇宙空间。后来，这些创生出来的物质凝聚起来，形成了新的恒星和星系，并取代了老死的星系，因此，宇宙在任何时刻都和以前极其相似，即宇宙处于一种稳定的状态。

霍伊尔在剑桥大学有自己的研究所，身边也有许多数学以及理论物理专业的智囊团参与的研究。他是一位热衷于自我宣传的科学家，特别擅长与报纸等媒体打交道，也很会在公众中推销自己以及自己的理论，因而公众普遍相信他的稳恒态理论。

但是，当时还有一种与稳恒态理论唱反调的大爆炸理论。这个理论反对霍伊尔的物质从无中创生的观点，认为由于宇宙在膨胀，因此在很久以前，宇宙中的物质一定彼此靠得很近，挤在一起，那时宇宙的密度比现在大得多。赞成大爆炸理论的科学家还推测说，在很久很久以前的某个时刻，宇宙间所有的物质一定曾经聚集在一起，构成一个密度为无穷大的点，大爆炸就开始于这一点。在霍金刚出生时，这种大爆炸理论被认为是十分荒谬的无稽之谈。但到了 1965 年，大爆炸理论已经得到一些观测的证实，接受这个理论的人也逐渐增加。

霍伊尔在学术讨论会上的发言结束后，便像往日一样，等待大家发表赞成或者表示敬意的话。然而，让他始料未及的是，一个名叫霍金的博士生居然站起来批评了他的论文。霍金说："您在计算中讨论的那个量是发散的，您弄错了。"

当时霍金还只是一个默默无闻的博士生，而霍伊尔早已声名远扬。因此，霍金的批评让霍伊尔感到非常恼火，他强压着自己的怒火问："你怎么知道我的研究是错误的？"

面对大师的质问，霍金自信地看着霍伊尔的眼睛，不卑不亢地回答说："我算过了。"

霍金之所以这么自信，是因为他对霍伊尔的理论有过一些研究。霍金与霍伊尔的博士生纳利卡是好朋友，他们俩的办公室相邻。纳利卡的主要任务，就是对霍伊尔的宇宙理论进行数学分析。当时，剑桥大学有一种很好的风气，就是博士生之间经常交流研究心得，从来没有人秘密地进行研究或者不公开自己的观点。就是在这种自由交流中，霍金找到了自己的第一个研究题目。当他和纳利卡交谈时，霍金发觉纳利卡的数学分析很有吸引力，他便不知不觉地在这上面花了不少时间，也得到了一些结果。所以，当霍伊尔的学术报告结束以后，霍金立刻提出了自己的研究心得。

“我算过了”这简单的4个字从霍金的嘴里说出来，显得那么轻盈。当时，霍伊尔的脸上写满了尴尬，他认为，这个年轻的博士生简直是在向他发起挑战，或是受人指使专门来这里搅局的。这时，参加会议的人都认为霍金会与霍伊尔围绕这个话题继续争论，但谁也没想到，霍金竟然不再说话了。

为了证明自己的观点，霍金还专门写了一篇论文。论文中明确说明了整个计算过程，清晰地推理出整个研究的运算结果，为自己的论点提供了有力的论证。这篇论文，更有力地证明了霍伊尔研究成果存在的错误。

此后，霍金在天文学研究的圈子里渐渐为人所知，甚至有人预言，这位名叫霍金的年轻学者，一定会成为一位了不起的物理学家。

霍金在剑桥大学的学习渐渐步入正轨，但他的身体却越来越糟糕。他走路已经完全离不开拐杖，每挪动一步都仿佛要耗尽全身的气力。但倔强的霍金一直不愿把自己划归到“残疾人”行列。只要他自己能够完成的事情，一定尽最大努力自己完成，绝对不会拖累别人。

这时，伦敦的国王学院将要举行一场学术讨论会。西阿马带着他的一帮年轻学生前往伦敦聆听，其中就有霍金。西阿马此行的目的，是想通过学术会议上的讨论，让他的学生获取一些灵感，从而为以后的研究打好基础。与会者都是来自英国各个大学的教授和学生，其中，还有一位国王学院应用数学系鼎鼎大名的数学家赫尔曼·邦迪。宇宙学领域的数学大师罗杰·彭罗斯，也参加了这次学术会议，他曾是西阿马的研究生。

当西阿马和他的众位学生赶到火车站时，火车已经快要启动了，大家不得不跑向车厢。正当大家气喘吁吁地坐到座位上时，才想起来霍金还没上车。大家向车窗外一看，霍金还在站台上艰难地挪动着脚步，再不帮助他上车火车就要开走了，这可把同学们急坏了。于是，有两名同学干脆跳下火车把霍金拉上了车。

在这次学术会议上，罗杰·彭罗斯在报告中介绍了他近来对“奇点”的研究。奇点是宇宙中某些密度为无限大的点。根据爱因斯坦的广义相对论，宇宙空间应该存在着奇点。但因为奇点处的密度无限大，物理学家们不相信有这样的点。但是，彭罗斯却运用新的数学方法证明了，恒星坍缩到一定程度后，在黑洞的中央将会成为一个奇点。

彭罗斯关于“奇点”的演讲像一道电光，一下子触到了霍金思想深处的某一个地方，但这个地方却杂乱无章，他一时理不出个头绪来。在回剑桥的火车上，霍金仍然在不停地思考着。同学们都在兴致勃勃地讨论此次研讨会的见闻和心得，而霍金却仿佛什么也没听见，一言不发，他在努力地把自己大脑中关于“奇点”和“黑洞”的信息具体化。突然，他似乎明白了什么，于是，他激动地对坐在对面的西阿马说：“老师，如果把彭罗斯讲的‘奇点理论’用到整个宇宙上，而不仅仅用在黑洞里，会产生什么样的结果呢？”

西阿马听到霍金的话，先是一愣，继而满脸惊喜：“这想法太奇妙了！或许真的可以这样做。斯蒂芬，你可以按你的思路试一试！”

老师的话，大大地鼓励了霍金。正是这一突然闪现出来的念头，使霍金有了一个绝对重要的博士论文题目，并使他从此逐渐走上了超级科学明星之路。

在接下来的日子里，霍金开始全身心投入到这项研究当中。霍金认为，这正是他所喜欢的方向。不过，真要将奇点理论推广到整个宇宙中去，也不是一个简单的事情。

经过几个月的努力，霍金的研究终于取得了非凡的成果，他也因此完成了他的博士论文。这篇论文的结论是：“宇宙的过去曾经有过一个奇点。”评审论文的教授们认为：论文的最后一章实在太精彩了！霍金的博士论文也因此得以顺利通过。1965 年，23 岁的霍金获得了博士学位，成为了剑桥大学的一名博士。

获得博士学位后，霍金马上申请凯斯学院的研究员。霍金和简的计划是，一旦霍金得到研究员的职位，他们就立即结婚。但这次申请并不顺利。按照规定，博士申请研究员时要有两个人推荐。第一个推荐人是他的老师西阿马，这不会出现任何问题。可第二个推荐人找谁呢？当时，西阿马希望邦迪教授作为霍金的另一个推荐人。

当邦迪教授来到剑桥大学讲课时，霍金找到了他，希望他能够推荐自己当研究员。邦迪听了，毫无表情地看了看霍金，只淡淡地说了一句：“我会推荐的。”事实上，霍金应该再发一封正式的信函给邦迪教授，以示尊重。但是霍金年轻没有社会经验，就把发正式信函的事情给疏忽了。哪知正是这一点疏忽，差点使所有的努力功亏一篑。

申请书交上去几个星期后，霍金接到了凯斯学院的通知，说学院写了一封信给邦迪教授，请他作为推荐人为霍金写一封推荐信。但邦迪教授回信给学院说，他对申请人霍金一无所知，无法写推荐信。这一结果让霍金非常尴尬。但霍金没有放弃，他思考再三，决定立刻给邦迪教授打个电话。西阿马也与邦迪取得了联系，他对邦迪说："难道你忘了要给一位有发展前途的年轻研究员写推荐信的事情了吗？"邦迪教授后来很可能是真的忘了霍金的事情，因此，他立即为霍金写了一封推荐信。也许是为了弥补自己的过失，这封推荐信写得很有激情，不管是谁看了，都会被打动的。从此，邦迪教授和他的夫人一直鼎力支持霍金的科学研究工作。

霍金的申请最终得到了批准，他成为了凯斯学院的一位年轻研究员，带薪从事应用数学和理论物理方面的研究工作。从此，霍金有了稳定的收入。

凯斯学院创立于 1348 年，全称为冈维尔与凯斯学院。学院拥有五个庭院：树木庭院、冈维尔庭院、凯斯庭院、圣迈克庭院和圣玛丽庭院，本科生和院士都可以居住在这些庭院中。学院中的三座石门，代表了学者的学术道路。学生入学时，要通过谦卑之门；学生学习时，会经常出入于道德之门；学生毕业时，会通过荣誉之门到邻近的议会院获得学位。

凯斯学院是剑桥大学历史上的第四所学院，学院的很多学生都取得了重要的成就，其中包括 12 位诺贝尔奖获得者。而凯斯学院的著名生物化学和科学技术史学家李约瑟，尤其值得一提。他不仅是一位中国迷，还编写了巨著《中国的科学与文明》（即《中国科学技术史》）。李约瑟 18 岁进入凯斯学院学习生物化学，24 岁获得该学院哲学博士学位。1966 年，李约瑟被推选为凯斯学院的院长，成了霍金的顶头上司。

1976 年，李约瑟退休。他退休后的第二年，霍金升任凯斯学院教授。

1965 年，除了成为凯斯学院的研究员，霍金还取得了一项成绩，那就是他获得了“万有引力奖”。这个奖项，是由一位美国绅士捐助设立的。这位患有痛风症的美国绅士认为，只要发现了反引力，就能治愈他的痛风症。虽然没有一篇论文能够减轻他的痛苦，但他慷慨捐助的奖金，却为许多正在拼搏的年轻物理学家提供了经济帮助。霍金尝试着提交了一篇论文，希望得到一份奖金以缓解他的经济困难。没想到，他真的获得了 100 英镑的奖金。得到奖金后，可把简高兴坏了。有了这笔钱，再加上简的父亲给她存的 250 英镑，他们就可以用这笔钱买一辆小汽车了。

1965 年夏天，他们经过反复挑选，最终看上了一辆经济适用的红色小汽车。有了汽车，简的负担大大减轻了。

第四章

宇宙新星：在抗争疾病中绽放异彩

01 新婚燕尔，夫妻初访康奈尔大学

1965年7月14日，已经成为凯斯学院研究员的霍金，与自己的未婚妻简·怀尔德正式登记结婚。第二天，也就是7月15日“圣斯威逊节”这一天，他们在三一学院的一个教堂里，举行了宗教婚礼仪式，他们的新生活也就此开始。

在与简订婚到结婚的这段时间，霍金的研究成果不断取得新的突破，在国际物理界越来越受人瞩目，因此，他开始被邀请到处讲学。1965年7月下旬，霍金接到了美国康奈尔大学的邀请，去参加在那里举办的学术会议。这时，霍金和简刚刚结婚一周多的时间。

当时，他们在剑桥还没有找到合适的住房，恰好学院正在建造一组新公寓，于是，简在这里预订了一间。公寓订好后，简就陪霍金乘飞机去了纽约。在纽约机场，简和霍金遭遇了一个意外事件，这让他们大为恼火。原来，在纽约机场排队检查护照时，空姐以为他们是未成

年人差点不予放行。

过了海关，简和霍金又被一架直升机载往拉瓜迪亚机场转机，然后前往纽约北部的伊萨卡市。

初到纽约，简对这个国际化的大都市的第一印象实在不怎么样。因为通过飞机的舷窗，简看到的是一个烟雾浓重的城市，那些穿透烟雾的摩天大楼，仿佛巨大的钢刺，时隐时现地向飞机刺来，让简感到有些惊恐和难以置信。她甚至怀疑自己即将降落的城市，是一个现代的“大人国”。

伊萨卡市坐落在纽约州中部的手指湖区，闻名世界的尼亚加拉大瀑布就在它西北大约 210 公里的地方。这座小城风景极为优美，既充满自然淳朴的田野风光，又不乏现代化浓郁的都市气息。霍金和简此行的目的地——康奈尔大学的校园，就位于手指湖群之中最长的卡尤加湖南端的山顶上。站在山顶上俯瞰大湖，顿觉雄浑壮观，俨然一道世外桃源的风景线。

康奈尔大学是一所世界顶级私立研究型大学，是著名的常春藤联盟学校成员。康奈尔大学成立于1865年，它的农学院在世界上是最优秀的，化学系和数学系也是相当出色。

20 世纪，由于物理的迅猛发展，物理学家之间的竞争非常激烈，因此，物理学家们的世界是高度理性且深奥的。这让简充分感受到做一个物理学家的妻子的不容易，因为大多数情况下她很容易被忽视。正当简为此行的孤单和无聊感到担心时，她意外地发现罗杰·彭罗斯和他的妻子琼带着两个小孩来了，琼的母亲也来帮助琼照料小孩子。这样，简也就不会感到寂寞了。

简和霍金在康奈尔大学的访问并不顺利，原因是教室离公寓太远，大约有一公里的路程，这对于行动不便的霍金来说，就成了一个大问题。霍金只能靠妻子搀扶着勉强行走。同时，由于霍金和简刚刚新婚，没有任何积蓄，只能靠微薄的奖学金生活，因此，他们无法承担食堂的费用。可他们暂住的公寓没有一件烹饪器具，甚至连一杯茶都没有办法沏。于是，简在一位会议秘书的帮助下，到最近的一家廉价物品商店买了一些锅、刀叉、杯子和盘子等烹饪必需的用具，也算暂时安了个家。

简在后来的回忆中写道："那是我们婚后生活中的第一次临时安家，但绝非唯一的一次。由于那里和西班牙不同，天气闷热潮湿，我还买了一个电风扇，以便降低高温暑气。布兰登·卡特和斯蒂芬是一起在剑桥学习的研究生，曾参加了我们的婚礼。他给了我们非常宝贵的帮助。他凭借童年时在澳大利亚丛林中生活的经历，教我用铁罐烧水、在平锅里煮茶。那个锅也用来做炒蛋、面食、烘豆以及那几个星期里我们所需要的其他各种食物。以这种方式初次品尝家庭生活的欢乐，多才多艺是不可缺少的。"

这次访问，霍金表现得非常兴奋，他尤其喜欢这种具有挑战性的学术活动。在这激烈的较量中，需要的是智力的比拼，至于行走不便、手脚不灵活等困难，都显得无关紧要了。霍金的名字在国际科学界越来越受人瞩目，不少业内人士预言这个年轻人将来必定前途无量。在学术会议期间，霍金与彭罗斯有了充分的时间讨论他们各自的观点，并开始了在引力作用下恒星坍缩理论的合作研究。他们得出的数学方程表明，任何星体在引力作用下最后必然形成一个奇点，这个奇点隐藏在黑洞之中。霍金相信，这些方程在时间上也可以倒过来，从而证明宇宙的任何膨胀模型都必然从一个奇点开始，这就为大爆炸提供了一个理论上的基础。

当霍金沉浸于学术讨论的兴奋之中时，简感到十分无聊。所以每次有朋友到他们的宿舍来拜访时，她都感到十分兴奋，并希望在轻松的交谈中，了解一些关于美国、加拿大、澳大利亚等国的基本状况。但让她感到沮丧的是，每次谈话的结果，多半都变成了客人和霍金之间关于宇宙的持续的辩论，而霍金从来没有意识到简的无聊与失望。

幸好一对澳大利亚夫妇邀请他们一起乘车，去观看不远处的尼亚加拉大瀑布，这才暂时缓解了简这段时间千篇一律生活的枯燥与无聊。

尼亚加拉瀑布位于加拿大安大略省和美国纽约州的交界处，瀑布源头为尼亚加拉河，主瀑布位于加拿大境内，是瀑布的最佳观赏地。尼亚加拉河的水流冲下悬崖至下游重新汇合，在不足 2 千米长的河段里，以每小时 35.4 千米的速度跌宕而下，形成 15.8 米的落差，紧接着世界上最狂野的漩涡急流，经过左岸加拿大的昆斯顿、右岸美国的利维斯顿，冲过魔鬼洞急流，沿着最后的利维斯顿支流峡谷，由西向东进入安大略湖。

当霍金一行人将车开到公园停车场时，就听到了百米之外瀑布的轰鸣之声不绝于耳。他们走到最适宜观看瀑布的山羊岛上，眼前雄浑壮观的瀑布景色使他们惊讶得说不出话来，尼亚加拉河汹涌澎湃，迅猛地冲下悬崖，浪花飞溅。山谷中响声如雷，震耳欲聋。

他们又沿着伊利湖上的彩虹桥，摇摇晃晃地走到一河之隔的加拿大，从那个角度可以更全面地观看大瀑布。简回忆说："我们都被那壮观的景色迷住了，凝神观望，流连忘返，一直到短程飞机要起飞回伊萨卡的时刻。"

隔了一个周末，又有一些物理学家邀请简和霍金到安大略湖上航行，他们非常高兴地加入了航行队伍。这次航行，发生了一次有惊无险的经历。

霍金和简一行人乘着小船，来到了一望无垠的湖面上。此时，微风和煦，碧波万顷，让人感觉有些心旷神怡。

望着眼前清澈平静的湖水，简和几个同伴不由得有了游泳的想法，他们不约而同地跳进了清澈的湖里游泳。霍金则舒适地靠在座位上，欣赏着眼前的湖光山色，沉醉在湖水轻拍船身的音乐一般的节奏中。不知不觉间，已是暮色苍茫，他们惊恐地发现四周一片烟波浩渺、云水茫茫，不知道湖岸在哪个方向，也不知道离岸还有多远。他们惊恐地发动小船，终于在天黑前把船划回了岸边。等他们疲倦地回到家里时，天色已经黑得看不见人影了。

这次学术会议进行到最后一天的晚上时，霍金突然发病，简第一次看见霍金发病时候的样子，不由得因恐惧而有些惊慌失措。

那天晚上，简和霍金接受陶布教授夫妇的邀请，一起到外面欣赏北美晴朗的夜空，顺便呼吸一些新鲜的空气。简和霍金走出宿舍，一起坐在宿舍楼的台阶上，一边欣赏迷人的夜色，一边津津有味地听着陶布夫妇介绍加利福尼亚、旧金山和伯克利大学的校园。作为那所著名大学相对论研究小组的负责人，陶布教授邀请霍金到伯克利大学去访学，共同探讨学术。霍金欣然接受了陶布夫妇的邀请。

夜色微凉，他们便准备回房休息了。霍金或许是因为受了一点凉，突然剧烈地咳嗽起来，那种剧烈的程度和憋得无法喘气的可怕场面，让简和陶布夫妇都惊恐得不知所措。后来，简回忆起这次惊恐的遭遇时说："这种情况我还是第一次见到。他的疾病似乎被长期地压制着，现在突然可怕地暴发出来。潜伏的幽灵从阴影里走出来，扼住他的喉咙，把他抛来抛去，像甩布娃娃一样摇动他，把他踩在脚下，满屋子回响着他刺耳的咳嗽声，窗户啪嗒啪嗒作响，冷风回应着惊慌失措的叫声。

斯蒂芬在疾病的折磨下，狂暴而又孤立无助，我却不知所措。我站在那里，惊恐万分，又无能为力，对突然遭遇运动神经细胞疾病，这一我们婚姻生活中还未曾露过面的同伴，毫无思想准备，它的力量简直太强大了。”

后来，在咳嗽稍微平息下来时，霍金示意简捶打他的后背。简这才如梦初醒，急忙走到霍金的背后，用力捶打他的后背，好像要尽快赶走那无形而又可怕的怪物。令人惊奇的是，那个怪物居然在拍打之下迅速地逃逸了，留下霍金精疲力竭地静静坐在那儿。简和陶布夫妇被这场突如其来的危险，惊得目瞪口呆。他们静静地站在霍金身边，好久都不知道说什么才好。

而这次运动神经细胞疾病突然的袭击，只不过是对未来的一次警示。在此后的日子里，随着霍金病情的不断加重，他们还会遇到哪些更可怕的考验，对此简并没有作好思想准备。因为这场突如其来的袭击，霍金也只能无奈地取消了访问伯克利大学的计划。

第二天，简与霍金就从纽约乘飞机回家了。家虽然狭小，但遇到事情时，在自己家里应对起来，总不至于手足无措。

02 粉饰居所，顽强抵抗疾病折磨

借受邀参加美国康奈尔大学学术会议之机，霍金和新婚妻子简一起进行了一次美国之旅，旅行给他们留下了难以忘怀的印象。美国幅员辽阔，风景秀丽，以及那充斥着现代化元素的生活方式，都让他们非常喜欢这个国度，但美国人崇尚的功利主义和极度的种族歧视，又让他们深感厌恶。

回到剑桥后，霍金和简发现，他们出国前预订了一间房间的那栋公寓虽然竣工了，但房子却已全部出租，并没给他们留任何房间。

而此时，霍金的行动也越来越不方便，只有拄着拐杖才能走路，因此，他们只能在上班地点附近寻找住房。为此，他们只好去找凯斯学院的财务主管。

而就在他们去美国期间，凯斯学院换了一个财务主管。他是一位西藏学讲师，但他从来没授过课，讲师对他来说不过是个虚名罢了。他的主要工作，是管理学院的财务。

简和霍金见到了那位新来的财务主管。跟前任财务主管相比，这位财务主管看起来倒是一团和气。他并没有张口就训斥霍金，而是在听完霍金和简的陈述后，脸上略带同情地说："鉴于你们的处境，我想我也许可以帮助你们。不过，我只能给你们提供短期的帮助。你们知道，原则上学院是不给任何研究员提供住宿的。"

简高兴得心花怒放，连忙向主管表达感激之情。但没想到，主管接下来说："哈维路招待所有一个空着的房间，这个房间一个晚上正常的收费是 12 先令 6 便士。但由于你们是两个人住这个房间，我们可以再加一张床，每天收费 25 先令。"

听了这话，霍金夫妇立刻明白了，这哪里是在帮助他们？分明是在变相地掏他们的腰包。

两人一下子被这个真实版的"夏洛克"激怒了。这样的房间，根本不是他们的收入能够承受得起的。但因为目前确实没地方可去，他们只好强压怒火暂时先住下来，发誓等找到合适的房子，立刻从招待所搬出去。

后来，简逐渐发现，与那些冷酷狡猾、刻薄吝啬的管理者相比，学院的工作人员尤其是管理宿舍的后勤人员，态度都非常和善友好，这让简感到相当温暖。用简的话来说："真是善良极了，无论是清洁工、工匠、门房或服务生，无一不表现出热心和友好，而这些优点，在学院的高层管理者身上，却毫无例外地无迹可寻。"因为这些善良的人，简那颗焦灼愤怒的心，也变得纯真而友善了。简发现，这个世界虽然有黑暗的一面，但也有真善美的一面，尤其是招待所管理人布莱克伍德太太，她就像亲人一般关怀照顾着霍金和简。她不仅每天为他们送来早饭，还帮助他们加热房间，清理床铺，到晚上还为他们送来茶和饼干，甚至还提出帮助简洗衣服。布莱克伍德太太的热情和悉心照顾，让简十分感动。不过，他们只在招待所住了三个晚上，就找到房子搬出去了。

霍金和简在导师西阿马的帮助下，在大学附近找到了一个更合适的小房子。这个房子离应用数学和理论物理系只有 90 多米的距离，属于另外一个学院。这房子本来是一个研究员的，那位研究员搬家了，他们就将还剩三个月租期的房子，转租给了霍金和简。于是，霍金和简终于在小圣玛丽胡同 11 号住了下来，他们有了属于自己的房子。

由于这间房子一件家具都没有，霍金和简不得不用仅有的一点积蓄，购置了床和一些必备的生活用品。住进来的第一个晚上，简作为女主人，兴奋地在家里做出了她婚后的第一顿晚饭。没有桌子，他们就把做好的美味佳肴放在箱子上。霍金坐在借来的就餐椅上，简跪在白瓷砖地面上。他们还特意准备了一瓶红酒，举杯庆祝他们新生活的开始。

安顿好这个新家后，简决定回到伦敦威斯特菲尔德学院，完成她最后一年的课程，以兑现自己婚前对父亲“不荒废学业”的承诺。简每个周一返校，每个周末回家，每周跟霍金的小别，都让简感到痛苦。好在这时的霍金还有能力照顾自己，有时候还能得到邻居的热心关照。霍金每天回家后，就给简打电话，汇报自己一天的情况。

生活开始步入正轨，两人之间的爱情也随之变成了柴米油盐。但就是在这样的日子里，霍金开始了他事业上的腾飞。

为了节省开支，简每周末回到家，就尽量抽时间帮助霍金打关于宇宙学的论文。

幸好科学论文都不长，打起来不至于让人厌烦。尤其是当简想到宇宙起源的思想是经过她的手变成了文字，从而揭开了浩瀚宇宙的面纱，她便不由得产生一种敬畏和满足之情。当然，她也因此而格外小心，因为任何一点小小的失误，都有可能打乱整个宇宙的秩序，使宇宙起源的奥秘陷入可怕的混乱之中。

难能可贵的是，简不仅充当打字员做些机械性的工作，还利用自己深厚的文字功底，为丈夫的论文纠正一些语法错误，使本来有些烦琐的冗乱字句，变得条理分明一目了然；或者对显得粗糙的文字稍加润色，使得本来单调枯燥的科学论文，变得文辞优美，语言生动。对此，她感到颇为自豪。而简精确熟练运用文字的功底，来源于她的父亲从小给她养成的良好习惯。简的父亲是一个具有献身精神的文官，他让女儿从小养成了精确运用语言的能力和习惯。因此，简非常重视语言的明快和词语的丰富。为此，简不无得意地说："就我个人来说，我也把这方面的工作看作追求自己事业的机会，要架起人文科学和自然科学之间的桥梁。"

在凯斯学院，由于霍金完全没有人际交往的经验，差一点卷入一场可怕的人事纠纷当中。

那天下午，霍金第一次参加了学院的管理机构会议。当时，他还没来得及弄明白所发生的事情的原委，没有任何心理准备就莫名其妙地卷入了学院的权力斗争。尤其令他困惑不解的是，他似乎已经进入了斗争的旋涡中心。当时，霍金其实并不太清楚发生了什么事情，只见现场一片混乱，人们大发脾气，互相指责、谩骂与攻击，吵闹声不绝于耳。事后霍金才弄明白，原来是有一些人在指责现任院长内维尔·莫特爵士，说他利用职位之便，偏袒自己的门徒。而新研究员霍金的选票可能是决定性的一票，可霍金当时几乎不知道为什么投票，因此他的投票在很大程度上是随意性的。

这次的选举结果是，内维尔·莫特爵士辞职，由李约瑟接任院长职务。李约瑟用自己的聪明智慧，平息了这场争议。从此以后，学院开始走向正轨，学术研究的氛围更加浓厚。李约瑟成了大家敬仰的领导，而且也成了霍金研究事业最坚定的支持者之一。在他担任院长期间，霍金的事业也开始突飞猛进。

1965 年，是霍金的学术成果喜获丰收的一年。这年冬天，他以数学论文《奇点和时空几何学》与彭罗斯分享了亚当斯奖，这是许多人梦寐以求的一个科学地位很高的奖项。当时，年仅 23 岁的霍金能够获此殊荣，也让他的同事们羡慕不已。西阿马也不愧为一位德高望重、爱惜人才的好导师。他看到自己的学生获得如此高的成就，便预言霍金将来一定是前途无限。因此他兴奋地告诉简说，霍金的前程将有如牛顿当年一般辉煌。简听了真是又惊又喜，而且对西阿马如此坦率和诚挚的赞扬十分感激。西阿马不仅认识到了霍金的才智，而且极力帮助霍金克服一切困难。他尽力创造机会，让霍金参加世界各地的重要学术会议。

1965 年 12 月，霍金以天体物理学家的身份，前往美国参加在佛罗里达州迈阿密举行的天体物理学会的学术会议，简也陪同前往。这年冬天，霍金的身体状况很不好，常常止不住地剧烈咳嗽。每当病情发作时，霍金就会痛苦地摆动身体，有时甚至无法喘息。在这种情形下，离开湿冷的英国去迈阿密，对霍金不断发作的咳嗽大有好处。虽然已经到了 12 月，但是迈阿密依然气候温暖，阳光明媚。

在迈阿密，霍金和简所住旅馆的窗户，正对着茫茫大海。每当霍金开会时，简就一个人站在旅馆的阳台上，感受着丝丝的海风轻拂着面颊，或看着不远处的沙滩，在阳光下闪烁着星星点点的光芒。这时，她常常不知不觉沉醉其中。她还惊奇地发现，他们住的枫丹白露旅馆，竟然是当年拍摄詹姆斯·邦德动作片《金手指》的那个旅馆。

在这里，霍金和简又经历了一场传奇的冒险。

那是一个下午，会议刚刚结束，乔治·埃利斯和他的新婚妻子与霍金夫妇在海滩上相聚。他们怀着极度兴奋的心情，看着夕阳缓缓西沉，渐渐没入地平线。直到夜幕完全降临，他们才依依不舍地离开海滩。可是，旅馆的大门已经锁上。他们发现要想返回旅馆，只有通过位于旅馆一侧的一间开着的窗户到达厨房，这是唯一的途径。这对于其他人都没问题，困难在于他们怎样才能使霍金通过这扇窗户，因为霍金离开拐杖根本无法走路。

最后他们决定：他们中的一个人先爬进窗口，然后用手拉霍金。当他们正努力地按这个计划进行时，却发现有几个清洁工在一边警惕地盯着他们。他们认为这几个行动可疑的人，正在设法把一个看上去几乎没有生命体征的躯体往窗口里拉，他们马上就要报警了，幸亏简通晓西班牙语。当她发觉这些清洁工是西班牙裔时，立即用流利的西班牙语对他们说明了情况。这些清洁工明白了怎么回事，就非常友好地帮着把斯蒂芬弄进旅馆的厨房里。

会议结束后，霍金和简接受了埃利斯夫妇热情的邀请，前往得克萨斯度假。他们在得克萨斯待了一周，享受了一段紧张工作后的休闲时光。他们 4 人乘坐着埃利斯家的汽车，在得克萨斯山峦起伏的风光中，惬意地旅行。

得克萨斯州首府奥斯汀是一个规模不大的大学城，20 世纪 60 年代这里被称为世界最聪明、最优秀的宇宙学家的大本营。霍金对这里的大学的研究水平和科研成果十分欣赏，他甚至想加入到这个大本营中，但又一次的不幸事故让他明白了自己的危险处境。

一个星期天的下午，霍金夫妇去看望一个朋友。没想到，正在路上行走的霍金突然重重地跌倒在地，然后猛烈地咳嗽起来，还咳出了一些血。霍金被吓坏了。他最担心的不是他的生命还有多长，而是这一跤是否伤及了大脑。因为他目前的研究工作最需要的就是一个健全健康的大脑，否则研究就无法继续进行。至于自己到底还能活多久，他已经无暇顾及了。

医生的检查结果很快出来了，霍金的大脑没有出现严重的问题，这让霍金和简都松了一口气。关于这次经历，简深有感触地说："对于健康的成功的人来说，美国是个好地方，但对于挣扎求生而又体弱多病的人以及那些并非由于个人过失而是因出身和肤色而不能自助的人来说，美国是一个无情的社会。这里，残酷地证明了达尔文的'适者生存'理论。"

在疾病反复发作的情况下，霍金依然能保持清醒的头脑和旺盛的精力，这让简和他身边的每一个人都感到惊讶。他很少沮丧，总是抓紧一切可以利用的时间，思考宇宙起源之谜，甚至连去医院看病的时间都舍不得浪费。

霍金常常表示，他庆幸自己选择了一个很适合于他身体状况的工作。他说："选择理论物理作为研究对象，是我的运气，因为这是我的病情不会成为很严重的阻碍的少数领域之一。而且幸运的是，在我的疾病越来越严重时，我的科学声望也越来越高。这意味着我可以只做研究，而不必讲课。”

能够如此乐观、理智地对待自己的不幸，得需要多么大的智慧和献身精神啊。乐观的人总是能看到阳光，看到自己身上具备的优点和长处；而悲观的人则只看得到阳光下面的阴影，整日埋怨没有这没有那，对自己已有的却视而不见，更不会充分珍惜和利用。霍金乐观的生活态度，值得我们每一个人学习。

从奥斯汀回国后，霍金和简住进了小圣玛丽胡同 6 号，而不是继续住在 11 号。这是一座破旧的三层小楼房，每星期的租金是 4 英镑，这个租金霍金夫妇还能够承受。最主要的是，这座房子他们可以一直住下去，直到他们有能力购买自己的房子为止。这样，他们就不用担心租期结束需要换房子的事情了。不过，这座房子不是一般地破旧，不经过一番粉刷和修整，是没办法住进去的。可他们没有能力支付请专业人员进行维修的费用。于是，简干脆自己动手粉刷墙壁。一位好心的邻居看到简如此努力辛苦，决定无偿帮助简完成粉刷工作。后来，简的父亲和弟弟也会抽空过来帮忙。不久，这个破烂不堪的小屋就神奇般地焕然一新了。

霍金和简的卧室安排在二楼。刚开始住进来时，霍金还能自己拄着拐杖独自上下楼。然而随着病情的加重，霍金上下楼变得极其艰难。但霍金始终顽强地坚持着不肯屈服。他执拗地认为，他的每一次屈服，就代表他将永远丧失一种生活能力，因此他固执地拒绝任何人包括简的帮助。到后来，他每次都需要花费 15 分钟的时间，才能把自己的身体拖到二楼。即使这样，他仍然不肯轻易放弃自己的努力。

对于霍金的固执，简能够理解，但作为家庭主妇的她，有时候也感到很苦恼。她说：“斯蒂芬的日常起居，需要更多的照料。斯蒂芬可以自己拖拉着上楼，但是非常缓慢，脚步不稳，又特别不愿意坐轮椅。我理解他的态度，他把轮椅等外界的帮助，看成是向疾病低头屈服。但他对疾病的顽强抵抗，也令人不安。要是他能够实事求是而非意气用事地对待疾病，那样我们就会生活得轻松一些。”

03 幸福满满，一双儿女相继出生

有一天，霍金兴奋地告诉简，他突然想到了一个既能够挣钱又能够提高自己数学水平的好主意。霍金在上大学时，曾经不太重视数学的学习，以至于自己在读研究生时，只具备基本的数学基础。如今，他跟杰出的数学家罗杰·彭罗斯一起工作，感到自己的数学水平远远不够。于是他决定自学数学课程，自学的同时，给凯斯学院的大学生上数学辅导课，这样既可以得到报酬，又可以通过剑桥大学数学荣誉学位的考试课程。

计划刚实施不久，他的数学水平就有了很大提高。由于霍金自己读大学时忽视了数学，荒度了时光，所以霍金对那些不努力学习的学生感到非常生气。当他看到一位担任剑桥大学网球队队员的学生，在网球场上花费的时间大大超过了学习数学的时间后，更是苦口婆心地劝说他要努力学习、珍惜时间。

霍金经常和布兰登·卡特一起去听大学生的数学课程，特别是听彭布罗克学院院长威廉·霍奇爵士讲授的数学课程。后来，他们发现听威廉爵士讲课的只有三个人，除了霍金和布兰登之外，还有另一位名字叫雷·麦克利纳恩的同事。经过一段时间的学习，霍金的数学水平有了飞快的提高，基本可以满足他的研究需要了。

面对霍金的不治之症，最为痛心的莫过于霍金的父母。霍金的父亲弗兰克作为资深的医学研究学者，为了研究 ALS，他已经倾尽了全部的力量。虽然研究工作一直没有什么明确的进展，但发现了一些具有延缓和抑制作用的药品。这是一种用维生素和胆固醇调配而成的药品，用来延缓 ALS 病情恶化的速度。霍金也一直相信父亲可以医好他的病，所以一直在坚持服药，有时他还需要注射一些针剂。简这时已经怀孕，不久就要生了。和霍金相比，怀孕的简的健康状况还算正常，可要想每星期给霍金注射药剂就很困难了。由于诊所离家比较远，霍金认为每周去那里花一个上午等候注射，实在太浪费时间。有一天打完针回家，霍金的忍耐到了极限，他无法控制自己的不满，吵着以后再也不去了。幸亏他们的邻居撒切尔夫人了解到他们的难处后，帮他们联系了住在附近的查莫斯护士，请她帮忙在上下班时给霍金打针，查莫斯护士愉快地答应了。

后来，霍金的手指也开始变形。除了勉强能够签字以外，已经无法握笔了。医学界权威人士建议霍金进行定期理疗，以便保持关节的舒展和肌肉的灵活。结果，跟打针的情况一样，当霍金到剑桥郊区的阿登布鲁克医院进行了一次理疗后，非常恼火地宣布：他再也不愿为等候治疗而浪费宝贵的时间。而这一次，是霍金的老师西阿马教授帮了忙。他说服了物理学研究所从慈善基金中抽出一部分资金给霍金夫妇，这样他们就可以请私人理疗师威利斯小姐到家里，给霍金进行每周两次的理疗。

查莫斯护士和威利斯小姐都非常善解人意，她们尽量不占用霍金工作的时间，以便他能和其他同事工作同样长的时间。实际上，虽然霍金早上到办公室的时间可能比同事们稍晚一点，但他每天晚上都工作到很晚。他常常长时间地坐在那里沉思，周末时光也基本上都在沉思中度过。他努力地训练自己用大脑记忆很长且很复杂的定理的能力，像一个思想者那样，在那里思考支配宇宙起源的方程式，而不借助笔墨纸张。邻居撒切尔先生开玩笑地称霍金思考的东西为“天体力学”。他还说，如果霍金在大街上从他身边经过而没有和他打招呼，他就会猜想：那个年轻人正忙着思考他的天体力学吧？

霍金不同别人打招呼是经常的事，再加上他不愿耗费力气参与礼节性的拜访和闲聊，因此常常会被一些敏感的邻居、熟人或亲戚视为不礼貌的人。这时，简就不得不出面为此道歉说：“我丈夫必须全神贯注，以保持身体平衡。”

在接踵而来的辉煌成绩与对不断加重的疾病的抗争中，在欢乐与悲痛并存的矛盾中，1967 年 5 月 28 日，霍金和简迎来了他们的儿子。这个孩子的来临，比预产期整整提前了两个星期。霍金非常激动，以至于在把好消息通知给亲友时，竟激动得一时说不出话来。而那位朋友，还惊恐地以为霍金是要通报什么不好的消息。

霍金为长子取名为罗伯特。简也十分欣慰，因为就在罗伯特急急忙忙来到人世的两个月前，她成功获得了伦敦大学的学士学位，终于兑现了她对父亲的承诺。

儿子罗伯特的出生，给简带来了无限的欢乐。她在回忆中写道：“他出生几分钟后，就被放在我的臂弯里。他看起来有些紫红，毫不在意地观察着周围的环境，好像以前曾经看到过这一切。我婆婆对孙子的预言是：‘一个未来的教授。’护士再一次把他抱给我时，他已经从出生的磨难中恢复过来，显出了健康的颜色。他的两只蓝眼睛格外明亮，嵌在端庄俊秀的小脸上，面色红润，耳朵尖尖。他还没有头发，只是在头顶的发旋处和耳朵尖上有些浅色的绒毛。小小的手指上有细小的指甲，紧紧地抓住我伸开的手指。”

初为人母，简除了要学会给孩子喂奶、换尿布，还要学习如何懂得儿子的需求。有一天，简给儿子喂了奶，换了尿布，然后把他放在婴儿床里。看着他在午后暖洋洋的空气中昏昏欲睡的样子，简决定利用孩子睡觉的时间，整理一下楼上的图书和卡片。可当她刚刚爬到楼上时，就听到了儿子的哭声。她匆忙下楼，把他抱起来，给他喂奶，又换了尿布。简看他好像并不是很饿，就把他轻轻地放在婴儿床里，又回到了楼上。结果刚刚坐下来，就又听到了同样的哭声。那天下午，当这样的情景反复出现了几次后，简终于意识到儿子既不是饿也不是困，他只是希望有人陪伴。简幽默又无奈地说：“他在出生一个月时，就开始参与论文工作了。我努力写作时，他也帮忙，在我膝上扭来扭去，咯咯地笑个不停。”简沉醉在做母亲的幸福中，所有的辛苦都能承受。

一般来说，女性生完孩子，至少要休养一个月的时间。可要强的简在分娩一个星期后，做事情就完全靠自己了。她没有感觉到十月怀胎及分娩几乎耗尽了她所有的元气，也没有预料到，喂养婴儿会是一件如此操心费力的事情。没日没夜地照顾儿子，使得简终日昏昏沉沉，疲惫不堪。

但不论简如何疲惫，对霍金的事业她依然义无反顾地支持，不让其受到丝毫的影响与打断。当霍金计划 7 月去美国西雅图的巴特尔纪念研究所参加一个暑期班时，又困又累的简毫不犹豫地同意了他的计划。简天真地以为，只要他们搞定儿子吃奶和睡觉这两件事情，就不会有什么麻烦。谁知，他们在机场的时候就出现了非常尴尬的事情。

据简回忆，1967 年 7 月 17 日，简的父母来到机场为女儿一家送行。在父母的帮助下，简他们一家人在伦敦机场办好了登机手续。航空公司为霍金及时提供了轮椅，服务人员推着他直接通过海关和护照检查处，并送他到登机室。简则抱着罗伯特，背着装满旅途用品的大包小包，紧紧地跟在轮椅后边。那天天气非常热。由于登机室的通风系统出了故障，结果热空气从外面扑进来，登机室成了一个不折不扣的蒸笼。更糟糕的是，广播宣布他们要乘坐的航班推迟了。

登机室里的闷热，让所有滞留的旅客感到烦躁不安。小罗伯特更是因为口渴得厉害而喝光了瓶子里稀释的果汁，而那是准备让他喝完全程的。这时，广播发布通知，请航班延误的乘客到柜台领取赠送的食品。简把罗伯特放在霍金的膝上，走过去排队领取免费的三明治。等她领完食品回来，却吃惊地发现，霍金怀里的罗伯特尿在了霍金准备参加会议的新裤子上。霍金表情痛苦而无奈，而干完坏事的罗伯特悠然自得地躺在他父亲的怀里，忽闪着两只大眼睛好奇地观察着周围的世界。见此情景，简忍不住惊叫了一声。

简的惊叫声，引起了身边穿绿色制服的一名护士的注意。她了解情况后，果断帮助简把罗伯特抱到幼儿室，并为他清洗，简则赶忙清理霍金身上的尿迹。正在简忙得不可开交之时，广播响起来，通知简他们那班航班的乘客立刻登机。但眼下的狼藉还没清理好，霍金一家无法登机，眼看着就要误了航班，简不由得急出了一身汗。还好有那位热心的护士，她非常镇静地接通了机场中央控制台，告诉他们有三位特殊的乘客现在无法登机，请他们等一下。就这样，霍金一家总算上了飞机。霍金却不得不穿着那条被儿子弄脏的裤子，一直到举行会议的那家宾馆，简才找到机会帮霍金换了一条裤子。

在这次会议上，霍金的科研成果再一次得到科学界的高度肯定与承认，他也如同初升的朝阳一般开始光芒四射。

1969 年，霍金接受了凯斯学院科学名人研究职位，任期为 6 年。从此，霍金有了固定的工作和更加稳定的收入，简也可以轻松自如地安排一家人的生活。1970 年 11 月 2 日，霍金和简的女儿露西出生。对妹妹的到来，罗伯特表现得非常高兴。当简和露西从医院回到家里后，从幼儿园回来的罗伯特看见放在地毯上的妹妹，就立即冲过去俯身亲了一下。

04 首部书稿，宇宙学经典之作

当霍金的事业和家庭方面的好消息接连不断时，他的身体状况却不可逆转地一天不如一天。到 1969 年时，霍金的行走越来越困难，迈出的步子越来越小，身体也越来越无法维持平衡，仿佛随时都有摔倒的可能。而这时罗伯特已经过了蹒跚学步时期，跑得越来越快，与他的父亲霍金刚好相反。每当三个人一起出去时，一个在前面跑得一会儿就没影了，让简不安；一个却必须由她扶着慢慢地挪动。幸好，霍金的一项学术成果，获得了一笔丰厚的奖金，他们就用这笔奖金买了一辆汽车。于是，简就可以每天开车，将霍金送到办公室或讲课处附近。每次停好车后，罗伯特就冲出汽车，穿过弯弯曲曲的道路跑进课堂，坐到最后一排。于是，听课学生一看见罗伯特，就知道霍金很快就要进课堂了。

霍金的研究成果越来越受瞩目，声望也越来越高，同时他的"渐冻症"也在不断发展，肌肉在一点一点地萎缩，语言能力也逐渐丧失，只有他的家人或者密友才能听懂他的话，他跟外人交流开始需要翻译。霍金的写字能力也基本丧失，但他发明了一种代替的方法：在脑海中形成不同的心智图案和心智方程，然后用这些元素在心中思考物理问题。他绝不向疾病屈服，这也成为他对待生活的坚强态度。而简这位伟大的女性，也竭尽全力地支持他，帮助他，始终对他不离不弃。她说：“斯蒂芬对自己的疾病不作任何让步，我则绝不退出他的生活。”

也许，这就是尽管霍金遭受着常人难以想象的磨难与痛苦，却依然能顽强生活下去的原因。也许，这也是简克服一切外人无法想象的艰难，努力让全家过上一种正常生活的原因。

20 世纪 60 年代末期，霍金已经无法依靠手杖自己行动了，他不得不同意用轮椅代步。坐上轮椅的霍金，并没有感到沮丧和消沉，相反却变得十分快乐，因为他可以坐着轮椅自由地到处走动了。在家人、同事和学生的眼里，霍金始终是一个面带微笑、幽默风趣、永不服输的人。霍金对轮椅的接受，也大大减轻了简的负担。

一双儿女从嗷嗷待哺到蹒跚学步的这段时期，也正是霍金被日益恶化的“渐冻症”折磨得面目全非的时期。简在没有任何外力帮助的情况下，慢慢地带大了两个孩子，而霍金关于黑洞的研究，也取得了令人难以置信的进展，连霍金本人也认为自己是“宇宙的主宰者”。这样的结果，跟霍金先天的超常记忆力以及他患病后的刻意锻炼有着密切的关系。随着霍金的研究所涉及的数学问题的日益高深，那些阐明黑洞物理学的方程式也变得越来越复杂，而他终日被禁锢在轮椅上，只有三个手指、两只眼睛结合面部的肌肉可以活动，既不能用纸笔，也不能用打字机，这就迫使他不得不把一切都记在大脑里。后来，他已经训练到不用心算，就可以巧妙地在大脑里处理这些复杂得不能再复杂的方程式。久而久之，霍金的记忆力就成了一个传奇。他的一个朋友这样描述说：“在最近的一次研讨会上，人们看到霍金在黑板上写满像五线谱一样复杂的数学式子时，就一定会想到霍金似乎就像莫扎特在他的头脑中创作和演奏一部完整的交响乐一样。我想，任何参加会议的人都会同意我的这个比喻。”

毫无疑问，具有超常的记忆力是霍金取得成功的重要条件。英国作家约翰·博斯劳在他所著的《超越黑洞：斯蒂芬·霍金的宇宙》一书中，对霍金超强的记忆本领进行了详细的叙述。他写道：“霍金的一个学生告诉我，有一次他开车送霍金去伦敦参加一个物理学会议，车上，霍金提起多年前他在读过的一本书上发现了一个小小的错误，而且他还记得那个错误出现的页码。”霍金的一位工作秘书在提起霍金的超强记忆力时说：“有一次，霍金凭着记忆口述了满满 40 页纸的方程式，24 小时以后，他还记得他口述时的一个小错误。”

在儿子罗伯特出生后不久，霍金开始与他的同学伊利斯合作写一本关于宇宙学方面的书，主要是写一些经典的宇宙学理论，并且不提及他们最新的研究成果。当时，他们两人各有分工，每人写一部分。前后历时 6 年，他们终于写完了《时空的大尺度结构》一书。这期间，霍金的手早已不能写字，便只好将他要写的内容口述给伊利斯，请他一并打印成文字。

这部书稿完成时，已经是 1973 年，霍金 31 岁。恰好这时，剑桥大学出版社准备出版一套专业的学术著作，于是这部书顺利地在这一年出版。这一著作，不仅奠定了霍金在学术上的重要地位，而且成了畅销书，被看作是宇宙学专业中的经典之作。

这部书写得非常深奥，非宇宙学方面的专业研究人士是绝对看不懂的，甚至某些偏重于实验研究的专业研究者，也看不懂这部书。

关于这部书，还发生了一件非常有趣的事。

有一天，霍金在伦敦皇家天文学会做完报告回来，在路上遇见了射电天文学家约翰，约翰告诉霍金：“我买了一本您的书。”

霍金说：“是吗？您看了以后有什么意见？”

约翰说：“我原以为可以看到第十页，但是读到第四页就读不下去了，太难，太深奥了，看来我只得放弃了。”

在写这部书的同时，霍金还与彭罗斯合作，继续开展对黑洞的研究。晚上上床睡觉时，霍金动作相当缓慢。这不仅仅是由于他行动不便，更是因为他的注意力，常常不由自主地转移到他正在研究的问题上。

在女儿露西出生不久后的一天晚上，他在床边耽搁了很长时间，才挪到床上。简开始还以为，是他身体自由活动的障碍又进一步加剧了。直到第二天，简才知道其中的原因。原来，是霍金的大脑中突然浮现出的黑洞几何图形，让他把宇宙学和一门古老的物理理论，也就是热力学联系了起来。霍金和彭罗斯已经证明，两个黑洞相撞时会合并成一个，而且合并后表面积不可能变小，几乎总是大于原先两个黑洞表面积的总和。而这个结果，老是在霍金大脑里浮现，而且变幻不定。它们变幻成多个几何图形，忽而重叠，忽而分离，让霍金感到心荡神移，无法自抑。

霍金又想到了热力学中的第二定律。

热力学是研究热的传递和蒸汽机效率的一门物理学分支。热力学中有一个第二定律。这个定律的内容大致是：在一个封闭的系统里，无序运动只会越来越严重。例如，把一滴红墨水滴进一碗清水中，这一滴红墨水很快散布到整个清水里，使水变成淡红色。如果想使淡红色的水再自动地变成一碗清水和一滴红墨水，那几乎是不可能的。这说明，系统中的无序运动（即红墨水散布到清水里）只能自动增加，绝不会自动减小。物理学家通常喜欢为自然现象取一些奇怪的学术名称，这在普通人看来，是一件十分讨厌的事情，因为明明浅显易懂的自然现象，反倒被物理学家弄得深奥又晦涩难懂。但是，物理学家们也有自己的道理，他们为了精密简练地表述自然规律，不得不这样做。比如，物理学家将水里红墨水的无序运动的程度称为“熵”，熵越大，越没有秩序。也就是说，一个封闭系统里的熵，只会增大。这就是热力学第二定律，也叫熵增定律。

霍金一边往床上挪动，一边在大脑里飞速旋转着的，就是他忽然将黑洞的表面积只会增大，与封闭系统的熵只会增大联系到了一起。这是一个非常了不起的发现，在他之前，恐怕从来没有人想到过热力学和黑洞会有什么关联。为此，霍金说：“我对自己的发现非常激动和兴奋，以至当天晚上我几乎彻夜未眠。”

第二天一大早，霍金就迫不及待地打电话给彭罗斯，把这个想法告诉了他。后来，霍金发现的这一个规律，被称为“面积定律”。

1973 年初，霍金和彭罗斯开始通过一种模拟的方法，用热力学来研究黑洞的性质。因为黑洞的行为太奇怪，如果不借用一种比较直观的现成的模型来研究，人们根本无法理解。在思维方法中，这叫作类比法。但无论是霍金还是彭罗斯，他们都只不过是借用热力学的一些方法作类比，根本没有认识到热力学定律真的能够用到黑洞理论中。霍金更是完全没有想到，他会因此与一位年轻的美国物理学家发生激烈的争论，而争论的焦点，正是热力学定律到底能不能真的用来研究黑洞。而这次争论，最终以霍金的失败而告终。

这位年轻的美国物理学家，是一个名叫雅各布·贝肯斯坦的年轻人。当时，贝肯斯坦在著名物理学家惠勒手下做研究工作。

据说还是惠勒在 1969 年首次使用“黑洞”一词来描述一种密度无限大、体积无限小、视界内的逃逸速度大于光速的特殊天体。而在此之前，科学家在为这个奇异的、看不见的天体取名的问题上，一直争论不休，有的建议取名为“冻星”，有的建议取名为“坍缩星”，甚至还有人把它称为“史瓦西奇点”。正在大家争论不休时，有一天，惠勒躺在浴缸里，突然想到了一个绝妙的名字——“黑洞”。于是，他在纽约的一次会议上果断地宣布：“我为这个东西找到了一个伟大的新名字，就叫它‘黑洞’吧！”

事实上，这个传言并不准确。惠勒在他的《自传》中，也专门澄清了这件事。

1967 年秋天，美国太空总署的戈达德太空研究院的行政主管卡努多邀请惠勒参加一个研讨会，主要讨论在英国发现的令人振奋的脉冲星的新证据。他们发现的脉冲星究竟是什么星体？是振动的白矮星，或是自转的中子星？究竟是什么？惠勒在发言中主张，物理学界应该考虑脉冲星的中心，可能是一个“引力坍缩的物体”。惠勒还指出，我们不能老是一再说什么“完全引力坍缩的物体”，我们需要一个简短的易记的词汇。就在这时，听众中有一个人大声问道：“就叫黑洞怎么样？”此前，惠勒也经过了几个月绞尽脑汁的思考，希望能想出一个恰如其分的名称。现在，突然冒出这样一个好的名称，不由得让他眼前一亮。于是，几星期之后，也就是 1967 年 12 月 29 日，惠勒在纽约希尔顿饭店西舞厅举行的一次会议上，正式宣布启用了这个名称，并在 1968 年春天发表的演讲中，进一步肯定了它。

而非常有趣的是，由于黑洞在法语里有淫秽的含义，因此被法国抵制了好几年，惠勒也因此被美国著名物理学家费曼嘲弄了一番。但事实上，在后来的几个月里，除法国之外，全世界的物理学家都愉快而热情地采纳了这个名称。

贝肯斯坦在研究黑洞时，决定将热力学的一些定律直接用到黑洞的研究中去。他在博士论文中，利用精妙的数学方法证明了黑洞的表面积可以直接作为黑洞的熵的量度。同时，他还在论文中宣称：热力学概念对于黑洞的确是适用的。

贝肯斯坦之所以敢这样宣称，也是有一定根据的。那是发生在 19 世纪末和 20 世纪初时的一个故事。那时，经典物理学出现了巨大的危机，许多新的发现（如 X 射线）推翻了所有已经建立起来的物理学定律和理论。在这种情况下，德国物理学家普朗克却斩钉截铁地说："除了热力学定律绝不能违背以外，其他的理论和定律都可以重新审查。"

后来，现代物理学在举步维艰中逐步建立，人们发现，果然现代物理学在任何时候任何地方，都绝不能违背热力学的定律。贝肯斯坦大约也是根据这一原则，在博士论文中大胆地提出：可以用热力学来研究黑洞。

当然了，贝肯斯坦的大胆学说，与他的老师对他的启发引导是分不开的。

一天，贝肯斯坦走进惠勒的办公室时，惠勒对他说："雅各布，当我把一个热茶杯放在一个冷茶杯旁边时，总是感到很不安。我让热从一个杯子移到另一个杯子，增加了宇宙的无序度，我犯的罪过在时间的长廊中将不断地回响。可是，雅各布，如果有一个黑洞在附近漂流经过，而我只要把这两个茶杯都扔进去，这样一来，会将我的犯罪证据完全销毁干净，是吗？"

对于老师的问题，贝肯斯坦开始感到有些困惑，因此当时没有回答。而过了几天后，他才告诉惠勒："不，犯罪的证据并没有被销毁。黑洞把所有发生的事都记录了下来，所以黑洞的熵，也就是无序度增加了。因此，你的罪证一直会显现出来，而决不会被销毁。"

几个月后，贝肯斯坦带着他的论文，出现在惠勒的门前。他对惠勒说：黑洞视界的面积不只是接近黑洞的熵，实际上，它就是黑洞的熵，而且其数值位于一个比例常数范围之内。

在惠勒的研究生涯里，他经常看到表现出乎人们意料之外的奇怪现象。于是，他告诉贝肯斯坦："你的想法相当疯狂，因此有可能是对的，那么你就去发表吧！"

结果，贝肯斯坦的结论果真是正确的，这给他的导师惠勒带来了极大的快乐。尤其是经过证明，贝肯斯坦的这一观点，是建立于自然界的量子特征之上。但贝肯斯坦的这一结论，却激怒了霍金。

05 黑洞不黑，霍金辐射在激辩中诞生

那么，霍金为什么被贝肯斯坦激怒了呢？原来，在相对论物理学看来，黑洞的温度是绝对零度，原因是黑洞表面没有任何东西，包括光和热都不可能从黑洞里逃逸出来。既然如此，黑洞的温度只能是绝对零度，否则的话，热作为一种能量就会从黑洞里逃逸出来。

为此，霍金和布兰登·卡特合作写了一篇文章，指出了贝肯斯坦的致命缺陷，其主要观点是：既然黑洞的温度是绝对零度，那么黑洞就不会有熵。相反，如果黑洞本身就有熵，那么黑洞的温度就不可能是绝对零度。

霍金认为，贝肯斯坦的结论是极其荒谬的。虽然他利用热力学的方法模拟了黑洞到底发生了什么事情，但他却错误地认为可以进一步将热力学定律真刀实枪地用在黑洞研究上，这在霍金看来是非常荒唐的。霍金说："我对贝肯斯坦非常恼火。我写文章批评贝肯斯坦，有一部

分原因是不高兴贝肯斯坦滥用了我的‘面积定律’。”

于是，大部分物理学家站在了霍金的一边，纷纷发表论文反对贝肯斯坦的观点。当时，贝肯斯坦还是一个默默无闻的小辈，而霍金早已声名显赫。但贝肯斯坦这位执着的年轻人，却没有因为霍金的名气和众多科学家的反对而退缩。他认为将热力学应用于黑洞研究，将会产生巨大的影响。1973 年，贝肯斯坦发表了《黑洞热力学》这篇论文。随后，霍金和他的朋友立即通过发表《黑洞力学中的四个定律》论文进行了反驳。

对此，霍金的导师西阿马回忆说：对于黑洞和热力学之间的这些相似之处，霍金起初只觉得好奇，而贝肯斯坦断言，它们具有真正的热力学性质。因为斯蒂芬·霍金、詹姆斯·巴丁和布兰登·卡特在 1973 年写了一篇非常重要的文章，他们把这篇文章直截了当叫作《黑洞力学中的四个定律》，而不叫作《黑洞热力学中的四个定律》。他们探讨这些相似性，同时强调这不是真正的热力学。他们有很充分的理由这么说，因为那个时候人们普遍认为，一个热的黑洞仍然不能发出辐射。而一个热体不能发出辐射，热力学就失效了，所以，这些类比并无深意。

剑桥大学和普林斯顿大学之间的这场争论，僵持了很长一段时间。贝肯斯坦后来回忆说：在 1973 年那些日子里，经常有人告诉我走错了路，只有惠勒自始至终在安慰和鼓励我，他说，黑洞热力学是疯狂的，但也许疯狂到了一定程度之后就会行得通。

后来的事实证明，霍金错了，热力学中的熵，的确可以用在黑洞研究上，而且霍金还把黑洞看成是一个纯粹的熵，像一条饥饿的鲨鱼一样四处游荡。当然，贝肯斯坦采用的研究方法也有问题，所以不足以令人信服。

在这场激烈的争论后，霍金重新陷入了深度的思考。最后，他决定换一个角度，开始深入研究 20 世纪另外一个伟大的理论，即量子力学，打算从这里寻找一个更合适的突破口。于是，他请他的朋友里斯帮忙为他找来一部量子力学方面的教科书。里斯把书拿到霍金面前，翻到霍金需要的那一页，然后，霍金就几个小时地坐在那里，一动不动地盯着书看，谁也不知道此刻他的大脑里正飞速地运转着多少复杂的方程式。里斯知道霍金的身体越来越不好，看到霍金这么长时间一动不动地坐在那儿，不免有些担心，就会不时地走过去看一看。

霍金看到人们过于关心他的病情，过分强调他身体的残疾，他的心里颇为不满。他是一个不愿意时刻想着死亡这件事情的人，他说："残疾对我来说，不过是给了我一个绝好的机会，让我可以坐着思考自己喜欢的事情。"

1973 年 9 月，霍金有机会到访莫斯科。一方面，他想参观一下实验物理学家弗拉基米尔·布拉金斯基的实验室，那里正在尝试制造探索黑洞的机器。另一方面，他想认识雅科夫·泽利多维奇，此人是核弹的奠基者，曾在 20 世纪 50 年代末研究天体物理学，并认为衰亡星体的内部环境与氢弹爆炸相似。泽利多维奇在黑洞研究领域堪称翘楚，但他由于保密的工作制度而无法出国。此外，泽利多维奇的身边还有一群了不起的相对论专家，正在探讨黑洞的量子力学问题，霍金想从他们那儿得到一些启发。泽利多维奇的小组有一个瘦瘦的、严肃而有些口吃的年轻人，名叫斯塔罗宾斯基，他提出了一个惊人的想法，他认为黑洞如果像恒星那样旋转的话，就会喷出基本粒子。不过，此前霍金已经和彭罗斯讨论过类似的情形，所以他不认为这种想法是疯狂的。但斯塔罗宾斯基的解释并不能让他完全信服。于是，霍金决心通过自己的计算，来验证斯塔罗宾斯基的想法。

事实上，这一次的拜访和讨论，对霍金的黑洞研究确实起到了非常关键的作用。美国宇宙学家基普·索恩曾经谈到涉及这次拜访的一些事情。

泽利多维奇在 1969 年左右，就意识到旋转的黑洞会发出辐射，而这种辐射应该是广义相对论和量子理论的结合或半结合的产物。泽利多维奇还相信，辐射基本上是由黑洞旋转的能量产生的，因此，旋转黑洞所发出的辐射会使黑洞旋转变慢，然后辐射也会停止。

1969 年，泽利多维奇告诉索恩，他相信这种辐射肯定会发生，但他的广义相对论的基础不足，证明不了它。索恩认为泽利多维奇发疯了，所以他们打了一个赌。泽利多维奇认为，经过仔细计算，黑洞辐射肯定将是事实，而索恩的观点则是这种情况根本不会发生。

1973 年，当索恩和霍金离开莫斯科时，这一争论的结果已经很明了了，旋转黑洞必须发射这种辐射。所以，索恩输了一瓶白马牌苏格兰酒给泽利多维奇。以后，索恩与霍金也打过好几次赌，都是索恩赢霍金输。但是，这一次打赌，索恩却输给了泽利多维奇。

回到英国，霍金开始埋头计算。他用了两个多月的时间，终于得出了结果，他认为黑洞不只是蒸发，而是像正在喷发的火山一样，向外喷射着物质和辐射。并且，在这种黑洞辐射的过程中，黑洞将丢失大量的能量和物质，因而它的体积越变越小。黑洞越小，它的内部温度就越高，它的辐射活动就越剧烈，缩小得也就越快。最后，黑洞就会像节日燃放的礼花一样，爆炸开来，放出大量射线和粒子。所以，最后的结论只能是：黑洞或早或晚总是会爆炸的。

一开始，霍金还觉得自己的结论过于疯狂，有些不相信自己，因此一时还没有胆量告诉别人。但是到了 1973 年年底，他经过反复计算，最后得出的都是同一个结果。因此，他断定他的黑洞辐射理论没有错。于是，他把这个结论告诉了里斯。里斯听到后，激动得脸色发白、浑身颤抖，他立刻告诉了刚好遇见的西阿马，当时他几乎是语无伦次了："您听说了吗？一切都不同了，霍金改变了一切。"

西阿马听了，不解地问道："你说什么？"

于是，里斯向他详细解释了霍金的发现：由于量子力学的效应，黑洞像热体一样辐射，所以黑洞不再是黑的了。这样就使得热力学、广义相对论和量子力学有了新的统一，这将改变我们对物理学的理解。

西阿马听了里斯的介绍后，虽然觉得这个结论难以置信，但他却无比兴奋地说服霍金，让他参加 2 月份在牛津附近的卢瑟福·阿普顿实验室举行的一次会议，并在会上把这一研究结果公之于众。在会议举行前，霍金没有忘记把这一喜讯告诉给彭罗斯。听到这一消息，彭罗斯当然非常兴奋，他在霍金生日那一天打来电话，滔滔不绝地谈了很久，直到把简为霍金精心准备的生日大餐都放凉了。

在这次会议上，霍金坐着轮椅，用他那含混不清的语言，讲述了他如何用量子力学得出了他几个月来研究的结果：黑洞不黑，黑洞也要向外辐射能量和物质。这就是说，以前认为黑洞只吞噬它四周的物质，而绝不向外释放任何物质，哪怕连质量几乎为零的光都不肯放走，现在看来这是不对的，原来，黑洞并不黑。

霍金回忆说："就在会期一天天接近时，整个问题变得越来越清楚。所以，到 2 月份我发表演讲时，我已经完全相信我的这个结果，但当时有许多人并不相信。"

当时，的确有很多人并不相信。据说，当霍金的演讲结束后，出席会议的人都惊呆了。刹那间，整个会场静得连一根针落到地上都能听见，大家都在聚精会神地思考着霍金的惊人发现。过了一会儿，会议主席约翰·泰勒教授忽然怒不可遏地从座位上站起来，大声指责霍金，说霍金的演讲纯粹是一派胡言："太荒谬了！我从来没有听过这么荒谬的话。我只能宣布立即散会，我别无选择！"

说完，他竟然真的拉着他身边的一个同事，愤怒地走出会场。霍金被眼前的一幕惊呆了，他根本没有想到会有这样可怕的反应。于是，他坐在轮椅上一声不响。后来，简去餐厅吃饭，还听见泰勒在那里气势汹汹地跟他的学生谈论着。简不由得从心里鄙视这位教授，不过是学术上的意见有些分歧，何至于如此气急败坏？随即，泰勒又气急败坏地说："我们必须把那个论文弄来！"简愤愤不平地把她所听见的跟霍金描述了一番，霍金听完只是宽容地耸耸肩，什么也没有说。

牛津会议结束后，霍金立即把他在会议上宣读的论文寄给《自然》杂志，而这篇论文恰好是泰勒审稿，因此，这篇论文不仅不能被刊登，反而成了泰勒梦寐以求的战利品。霍金只好又把论文发给另外一位没有参与争论的教授审稿。如此，这篇论文才得以在 1974 年 3 月 1 日的《自然》杂志上刊登出来。在这篇论文里，霍金进一步严密地论述了黑洞辐射的新发现。原来论文用的是一个肯定性的题目：黑洞不黑。而在《自然》杂志上发表时，却含糊地以《黑洞爆炸？》为题，这一题目，没能表达出霍金的特有性格。即便如此，这篇文章还是引起了一场激烈的争论。反对者认为，霍金这次是在说胡话、疯话。尤其是约翰·泰勒，联合保罗·戴维斯一起在 1974 年 7 月 5 日的《自然》杂志上，发表了题为《黑洞真的会爆炸吗？》的文章来反驳霍金的观点，并且在文中斩钉截铁地对自己文章标题中的设问予以否定回答。但不久以后，泰勒和戴维斯就认识到了自己的错误，并公开承认是他们错了，而霍金是对的。在此后的几个星期里，全世界的物理学家都在讨论霍金的新发现。很多人认为，霍金对于黑洞辐射的发现，是近年来理论物理学最重要的进展，西阿马则兴奋地说："霍金的论文是物理学史上最漂亮的论文之一。"

后来，泰勒为自己过激的行为辩解说："我曾经说过，我并不满意霍金的说法，但是，我觉得这是科学争论的一部分，我为自己能够参与其中而感到高兴，这才是其中的乐趣。你知道，如果所有的人都坐下来说'啊，真不错！'而大家头脑中却仍然有疑问，那可不是对科学负责的态度。但是，除了那一次向他质疑以外，我并非反对派。"

从此，霍金关于黑洞的这一发现，就被科学界称为"霍金辐射"。

06 至高荣耀，最年轻的皇家学会会员

1974年3月1日的《自然》杂志，刊登了霍金的论文《黑洞爆炸？》。这篇论文，对理论物理学的研究具有非常重要的价值，标志着物理学统一理论取得了重要的进展。

20世纪初期，物理学出现了两个重要的理论：一个是爱因斯坦的相对论，它是用来研究宇宙宏观结构的；另一个是研究原子微观结构的量子力学，它是由普朗克、爱因斯坦、玻尔和狄拉克、薛定谔、海森伯及泡利两代人才努力铸就的。

事实上，在霍金以前，包括爱因斯坦在内的许多物理学家，都曾试图将这两个理论统一起来，但都没有成功。而霍金在他32岁时，通过黑洞这个媒介，把宇宙宏观结构和原子微观结构协调起来了，为相对论和量子力学的统一打下了坚实的基础。这虽然只是万里长征的第一步，却是最关键的一步。霍金的导师西阿马评价他的论文是“物理学

史上最漂亮的论文之一”。

从此，霍金就被冠以了“当今的爱因斯坦”“宇宙的主宰者”等称号，成为当今科学界最耀眼的明星之一。

1974 年 3 月中旬，霍金和简得到消息，霍金将被选为英国皇家学会会员。皇家学会的会员资格，是英国科学家科学生涯中至高无上的荣誉，在声望上仅次于诺贝尔奖。霍金刚刚 32 岁就能获得此项殊荣，成为最年轻的皇家学会会员，实在是非常罕见的事情。

3 月 22 日晚上，霍金一家被霍金的学生隆重地请到凯斯学院，庆贺他即将成为皇家学会的会员。西阿马在学生们的欢呼声中，发表了热情洋溢的讲话。他在历数了霍金的所有成就之后说：“即使没有皇家学会会员这样一个顶级的荣誉，霍金的成就也已经充分说明，我对他的信任是正确的。我提议，为我们的斯蒂芬干杯！”

轮到霍金答谢时，他慢条斯理地讲述了自己的研究进程、来剑桥后十多年里所走过的不寻常的道路，真诚感谢导师丹尼斯·西阿马教授对他一如既往的支持和鼓励，真诚感谢朋友们出席这场宴会。

在通篇讲话中，霍金只提到了他个人的奋斗，对于简为他做的一切牺牲丝毫没有提及。或许是霍金被当时紧张热烈的气氛感染，忽略了简的感受；也或许是他那从他的家庭传承下来的过于理性的思维，使他不屑于对自己的妻子表达感激之情。但他不知道，一个人的艰辛付出，是需要得到对方认可的；他不知道，对自己的妻子，他更需要表达自己的感激之情。因此，在热烈的掌声中，简无法抑制自己的伤心和失望，泪水轻轻滑落眼角。人们只会认为简是因为兴奋而激动得热泪盈眶，没有人注意到简的伤心与难过。

简在回忆起当时的感受时写道："我双手搂着两个孩子，在房间的一角等待他转过身来朝我们微笑一下，点一点头，说句简单的话，以肯定我们9年婚姻生活所取得的家庭成就。然而在当时的热烈气氛和兴奋中，可能仅仅是由于疏忽，他根本没有提到我们。他在一片掌声中结束了讲话，我赶紧揩去失望的眼泪。如果斯蒂芬忘记了我们，忘了我为他所做的一切，忘了他的思绪在宇宙外层空间漫游时，我的事业则止步于窄小房屋的四壁内，忘了他感到自豪的两个漂亮孩子，那么，他是认为这一切都与这个场合他取得的科学成就无关吗？既然他的酒杯里盛满了成功，那些成功甚至是身体健全的科学家都不敢梦想的，难道他不能从中匀出一小滴让我品尝吗？"

可事实上，为了维持这个家庭的正常运转，简付出了别人永远无法想象的代价。她不仅要带大两个孩子，还要照顾霍金的生活起居，期间没有任何一个人能够帮助她。在其他正常的家庭里，丈夫坚实的臂膀是妻子最温暖的港湾。但在她的家庭里，却是她为丈夫撑开了一把保护伞，随时为他遮风挡雨。所有的一切，简都在一个人默默地承受。她多么渴望丈夫在享受鲜花与掌声的喜悦时，能够分享给她一个会意的眼神，或者一个温暖的拥抱！她多么希望在她疲惫无助的时候，能够有人伸手帮她一把！

但是，在1974年以前，霍金基本不会接受别人的帮助。简说："对于斯蒂芬的言行，有些人称为'固执'，有些人称为'果断'，但在我看来，更多时候，他是既果断又固执。"简也十分理解霍金的这种态度，她明白霍金想让别人把他当成一个正常人，一个普通的科学家和科普作家。这是支撑他的一个支柱，也是他"防御工事"的一个重要组成部分。一旦承认了自己残疾的现实，他的勇气也许就会消失。

当时，简更清楚，如果霍金每天都想到起床时艰难的挣扎，以及他常常遇到的一些常人难以想象的困难，那一定会使他精神崩溃。尽管病情在恶化，但他的内心却越来越坚强；尽管他是个病人，但在家人、朋友、导师以及学生们的眼里，霍金仍然是一个面带微笑，永不屈服的年轻人。但是，简多么希望霍金能正视自己的实际状况，承认病情正在恶化的事实，从而接受别人给予的帮助。这样，就可以减轻她所承受的沉重负担。

在每天晚上和周末，霍金常常用右手托着头，像法国雕塑大师罗丹的不朽作品“思想者”那样，连续几个小时低头沉思，仿佛是遨游到了另一个世界，任凭孩子们在他身边嬉笑玩耍，他都充耳不闻、视而不见。这时，简不免就会担心他是不是不舒服，或者是有什么心事。

其实，霍金的每一件个人琐事，包括穿衣和洗澡，以及一些大的动作，都离不开简的帮助。简要把他从轮椅上、汽车上、洗澡间、床上抱来抱去。他的食物，必须切成小碎块才能让他用小勺吃下去，否则会呛住而引起剧烈的咳嗽。因此，他吃饭常常会持续很长时间。霍金的疾病导致他的身体很脆弱，外界一些很轻微的刺激，对他来说都有可能是致命的伤害。1976 年春天，冷暖交替的天气总让人感到不舒服。一天，吃过早饭，霍金的家人都不同程度地感觉嗓子发紧，同时还伴有轻微的疼痛，屋子里似乎弥漫着煤气的刺鼻味道。简第一时间就察觉了事态的严重性，连忙打开窗户通风，又对厨房里所有的煤气开关重新检查了一遍，然后让每个人补充了大量的水分，才让家人躲过了这一劫。

然而到了第二天，霍金却开始发烧。家人不敢耽搁，打算马上送他去医院，可霍金拒绝去医院，用他的话说，他根本不相信医生。结果，霍金连呼吸都变得十分困难，每呼吸一次都会剧烈地咳嗽，连水都喝不下，更不用说吃东西。简不忍心看着他这样硬撑下去，就请来了家庭医生。家庭医生看到霍金脸色苍白、呼吸困难，强烈建议霍金住院治疗。于是，简叫来了救护车把霍金送进了医院。经医生确诊，霍金这次得了急性胸腔感染。经过治疗，第二天他的症状就减轻了，两天后霍金就出院了。

对于越来越虚弱的霍金来说，家里的楼梯也成了一个主要障碍。他虽然还能挺直站立，但要依靠别人在后面扶住他。每天上下楼，几乎耗尽了霍金和简所有的力气。由于霍金有了名气，常常到各国开会或参加各种活动，但出门的困难只有简才知道，所以，她希望霍金能少到国外去。对此，简的心里，总有一种愧疚感。更让人揪心的是，霍金的言语开始变得不清楚，这让两人之间的交流更加困难，简为此感到十分茫然。

这一切，都使简陷入焦虑不安和沮丧绝望之中。她说："与所有不幸落入黑洞的过客一样，我就像一块面筋，被自己无法控制的各种情感力量拉长、拖曳、撕扯。"

简曾向医生寻求帮助，但医生只能同情地摇摇头，因为对一个不愿接受帮助的人医生也毫无办法。不过，医生跟霍金商量，建议找男护士轮流上门服务，这样至少可以帮助霍金一星期洗几次澡。有一个年龄较大、脾气随和的男护士表示愿意上门服务，但是只能在下午五点钟来。霍金认为，这样会严重妨碍他的工作。因此，这个计划也没能成功。简无可奈何地叹息道："只有发生奇迹才能解决我们面对的问题，我当然不能指望从大弥撒的浓浓香气中得到一个奇迹。"

后来，简灵机一动，想到了一个好主意：何不请霍金的研究生和他们一家人住在一起，这样可以帮助照顾霍金。同时，把提供免费住宿以及霍金对他们学业的辅导作为报酬，也是足够诱人的。起初，当简跟霍金商议这个计划时，被霍金毫不犹豫地否决了。但后来经过简反复做工作，霍金终于同意了简的建议。于是，简找到了霍金的两个学生卡尔和德阿斯，对他们说出了自己的想法，并希望得到他们的帮助。两个学生经过认真考虑后，认为这样做对大家都有利，就接受了这个建议。

这个计划落实后，便开始有人帮助简来照料霍金，简的心情也从此好多了。

1974 年 5 月 2 日，祝贺皇家学会新会员入会仪式在伦敦卡尔顿大厦皇家学会大讲堂隆重举行。新会员被一个一个地介绍后走上讲台，在入会簿上签名。轮到霍金签名时，会场突然静了下来。有人把入会簿从讲台上递下来，霍金坐在轮椅上慢慢地签上了自己的名字。递交了签名簿后，霍金挥了挥手，人群中突然爆发出一阵热烈的掌声。掌声中，霍金的脸上浮现出欣喜的微笑，简也不由得热泪盈眶。

第五章

科学天才：轮椅上的“黑洞主宰者”

01 威望俱增，受邀访学加州理工

34 岁的霍金成为英国皇家学会会员后，在科学界的威望与日俱增，邀请他到国外讲学的研究机构也越来越多。而在为庆祝霍金成为皇家学会会员的晚宴上，霍金的答谢演讲没有顾及简的付出，这带给简的伤害让简经过很长一段时间也没有完全缓过来。也许，在这个世上，给你伤害最深的人，往往是你最爱的人。

其实，那天霍金的演讲完全是无意的，他也根本没有意识到他的做法会让简如此伤心。这样的结果，多半是由于两人在性格上的明显不同所致。霍金家族的传统一直是过于理性，从来不屑于表达自己的诸如爱与感激之类的情感，更不会表达对他人的欣赏。他们甚至认为，这是一种极度软弱的表现，是失去感情控制的表现，是否定自身价值的表现。对于这些，一向坚强的简是可以接受的，否则她不会和霍金步入婚姻殿堂。可让简难以接受的是，霍金家族的人很少慷慨地表示自己的亲切，这或许是他们对这种表示感到难为情，抑或是觉得这样做有些太婆婆妈妈。而简恰恰是一个感情非常细腻的人，对于霍金家族的做法，她虽可以理解，但在感情上却实在无法接受。

这次晚宴事件后，简曾经说：“我知道这是一场美好的聚会，被忽视只是小事一桩。我戴着一副坚强的假面具，因为我知道我没有哭的权利，我必须保持高雅的行为举止，禁止任何情感的迸发。”

没过多久，美国加州理工学院寄来邀请函，请霍金作为访问学者去美国讲学。对于心情依然低落的简来说，这次远赴美国，或许对她的心情调整会有一定的帮助。

加州理工学院简称加州理工，创立于 1891 年，位于美国加利福尼亚州洛杉矶东北郊 60 多公里外的帕萨迪纳小镇，是世界著名私立研究型大学，是世界公认的最为典型的精英学府之一。

帕萨迪纳是一个非常美丽的小镇，有一位美国作家在他的作品中，是这样描绘帕萨迪纳的：“甚至帕萨迪纳的空气也截然不同，温馨柔和，弥漫着鲜花的芳香。风景如同用蜡笔画出的一幅色彩绚丽的图画——天空呈银灰色，大地上遍布橙黄、淡紫、乳白和浅棕的色泽。小镇坐落在紫红色的圣加布里埃尔山脚下，富足、精致、宁静，是洛杉矶富豪们在市郊的一处休闲胜地。它被称为‘百万富翁村’，看起来名不虚传。蜿蜒的街道两旁点缀着棕榈树，带阳台的平房随处可见，西班牙式的别墅掩映在林荫深处，园丁剪子的咔嚓声和喷淋器的嗞嗞声，使周围更显得安详静谧。与波特兰崎岖的道路、阴暗的杉林和刺骨的冬雨比较起来，帕萨迪纳简直像是天堂。”

在加州理工学院，教授们每天都会就最激动人心的想法、最新的发现，进行热烈的辩论。正是这种激动人心的学术研究氛围，为许多科学家的思想创造了生根发芽的土壤，这些思想也都开出了鲜艳的花朵。早在 20 世纪 30 年代，爱因斯坦多次来到这片土地，培育了诸多奇妙思想之花，最终也结出了累累硕果；科学奇才费曼就是在加州理工学院一次又一次地震惊了世界科学界；记忆力与霍金媲美的盖尔曼，在加州理工学院提出了夸克理论；两次斩获诺贝尔奖的科学怪杰莱纳斯·鲍林，也是在加州理工学院建立了他在科学与和平事业上的功勋。

毫无疑问，这所著名学院的优秀传统一直延续了下来。所以，索恩对霍金发出了盛情的邀请，希望他到帕萨迪纳，与众多科学家一起，就宇宙学的最新发展进行讨论和争辩。当然，索恩提供的条件极其优厚。除了付给霍金远远超出美国一般的薪资标准的薪酬，提供一套高端宽敞、家具齐全的免费住房外，还给霍金一家配备一辆汽车和一台电动轮椅。这样，可使霍金获得最大限度的独立性，不必依赖别人就可以到处行走，甚至就连霍金需要的理疗及医疗都已安排妥当，两个孩子就读的学校也安排就绪。考虑到简一个人照顾霍金比较困难，索恩还邀请了霍金的两个学生卡尔和德阿斯一起前来。

这样优厚的条件，圆满周到的安排，让霍金感到十分满意，他没有任何理由对索恩加以拒绝。简自然也十分高兴，因为她刚好需要一个新的环境，来弥合心灵的伤口，而这正是一个千载难逢的好机会。

1974 年 8 月 27 日，霍金一家人与霍金的两个学生一起，乘航班抵达洛杉矶。加州的一切，都让简和两个孩子充满了新奇和惊喜。道路两旁高高的棕榈树，宽敞舒适的轿车，以及一眼望不到顶部的高耸入云的摩天大楼……而最让简兴奋不已的是，他们所住的房屋，不仅高端豪华、环境优雅，而且房间里的设施配备相当齐全，有足以让露西陷进去的松软大沙发、能充分满足一家人需要的大浴室。每一个房间，都色调温馨、各具特色。简觉得，他们在英国，都还从来没有享受过这样的奢华。

霍金一家人所住的房子正对着校园，离他上班的办公室很近。霍金操纵起他的电动轮椅，兴奋得就像刚刚得到一个新玩具的孩子。从外观上看，电动轮椅跟以前的轮椅没什么区别，但电动轮椅不需要人推跑起来更快，这使得霍金可以自由自在地去任何他想去的地方。当然，也不是所有的路都是畅通无阻的。如果遇到台阶和路边上的坎儿，霍金就没辙了。好在他的两个学生始终不离他左右，可以靠他俩抬着解决路障问题。电动轮椅比普通轮椅要重很多，没有两个棒小伙，还真抬不动。因为有两个学生陪伴，简就显得轻松多了。她可以从这些沉重的事务中解脱出来，带上两个孩子，到海滩上去玩，或者到图书馆去看书。

简很快认识了一位新朋友，也就是休斯太太。休斯太太不仅开朗热情，而且善解人意。她一直非常关心简和她的两个孩子。当她看到这个奇特的家庭时，那锐利的眼睛仿佛洞察到了一切。尤其让简非常感动的是，当所有人都不停地称赞霍金的勇气和才华时，只有休斯太太对简说："在霍金的背后，一定有一个同样勇敢的人在支持着他，否则他不可能获得如此大的成就。"

在自己的国土上、自己的家园里、自己的亲人身边，简从没得到过霍金以及他的家人们的任何一句暖心的安慰、热情的鼓励，哪怕是一个感激的眼神、一个温情的拥抱。这些对于简来说，都是一个极其奢侈的愿望，永远都不可能实现。可在遥远的异国他乡，一位陌路相逢的新朋友，却给了简一个公平的肯定和真诚的赞誉，犹如"海内存知己，天涯若比邻"一般令简感到欣慰。高山流水知音难求，休斯太太让简感动得几乎落下泪来。

在加州理工学院，霍金的生活和学术研究都让他感到十分惬意。因为他的宇宙学研究必然涉及微观世界，所以，他经常听有关量子力学和基本粒子的学术讲座，尤其是费曼和盖尔曼的讲座。费曼获得了1965年的诺贝尔物理学奖；盖尔曼则因为提出“夸克理论”，于1969年获得了诺贝尔物理学奖。可是，霍金在听这两位物理学家的讲座时，却发现了一个奇怪的现象。一天，霍金去听盖尔曼的系列讲座，内容是基本粒子物理学的最新研究成果。费曼也来听了这场讲座。当盖尔曼发觉费曼也在听众之中时，一向以讲课生动活泼、激情四射著称的他，竟然一反常态，用单调无味的语气念起讲稿来，这让听众很难理解。费曼听了一会儿，觉得没趣就起身离开了。让霍金没想到的是，费曼离开后，盖尔曼却叹了一口气说：“唉，现在我们开始进入正题。”霍金这才明白，他们之间似乎有着无法化解的矛盾。

02 学术讨论，幽默天才的趣味打赌

在物理学界，霍金堪称名副其实的打赌狂魔。霍金对待科学和生活有一种大胆而略带调侃的态度。有人说，科学家们的打赌，只是他们茶余饭后的一种消遣，其实不全是这样。因为在科学前沿，谁都不知道真理是什么，真理会在哪里，那么，当现有的手段暂时没有办法得出结论时，靠什么决定研究的方向呢？只有靠打赌。打赌体现了科学家的一种信念，体现了科学家对这个前沿问题方向的一种判断。这种判断，靠的是在以往经验基础上的一种洞察力。这种洞察力，综合了思想、信念、哲学等许许多多的因素。此外，打赌也体现了西方科学家的自信，以及他们对获得真理的渴望和成就感。

霍金的第一次打赌，是在 1974 年 12 月。当时，天文学家发现了一颗后来名垂青史的星星，也就是天鹅座 X-1。经过缜密的分析，很多人认为这个东西就是传说中的黑洞。

但是，霍金作为黑洞理论的权威科学家，却不相信这颗星星就是黑洞。而相信的人，就跟霍金打起赌来。这位打赌的人不是别人，正是热情邀请霍金一家来美国访学的索恩。

让人没想到的是，两人打赌竟然还立了字据：如果霍金正确，即X-1不是黑洞，那么索恩要出钱给霍金订阅4年的《私人侦探》杂志；如果索恩正确，即X-1是黑洞，那么霍金要出钱给索恩订阅1年的《阁楼》杂志。

后来，当谈起这次打赌时，霍金曾解释说，这是一种保险策略。其实，他们两人都相信在天鹅座X-1中，肯定有一个黑洞。霍金不过是喜欢热闹，热衷于恶作剧，才打这个赌，以便使学术研究的气氛由沉闷变为活泼。为此，他还得意地说：“如果索恩输了，那我关于黑洞的研究就变得毫无价值，但可以得到4年的《私家侦探》杂志，聊以自慰；如果索恩赢了，那么我的研究就获得了成功，并且是一件激动人心的成就。这时，我也乐于给索恩一些安慰。”

1990年，经过全世界科学家十几年的详细论证，X-1确确实实是黑洞。于是，霍金愿赌服输。1990年6月，霍金在南加利福尼亚大学演讲完毕后，就跑到索恩的办公室，在打赌的字据上按下大拇指印，承认自己赌输了。

索恩自然是乐得哈哈大笑，可是，紧跟着他就乐不起来了。据说，索恩夫人对家里出现了大量《阁楼》杂志非常不满，因为《阁楼》是一本色情杂志。当然，也不排除索恩夫人的不满是来自赌注的不公平，1年的《阁楼》杂志对4年的《私家侦探》杂志，她认为霍金实在太狡猾。

有趣的是，事情并没有到此打住，此后他们又打过两次赌。1991年12月24日，索恩和霍金再次打赌。这一次，他们赌的是宇宙中是否有“裸奇点”存在。所谓“奇点”，一般被看成是一个点，我们熟知的物理定律在奇点失效。而“裸奇点”顾名思义就是裸露的奇点，没有任何东西包裹着它。霍金认为，“奇点”只能存在于黑洞之中，不能“裸露”。而索恩不这样认为。这次打赌，索恩把普雷斯基尔也拉进来了。打赌的赌注是：霍金如果输了，就付给索恩和普雷斯基尔100英镑；如果赢了，索恩他们每人给霍金50英镑。不仅如此，输方还要给赢方每人一件“遮蔽裸体”的衣裳。后来经过论证，确实可以出现裸奇点。但霍金说，赌约只包含相对论范围的，没说量子力学范畴，所以不算输。因此，霍金拒绝支付100英镑。但他还是老老实实给索恩和普雷斯基尔每人订制一件“遮蔽裸体”的T恤衫，上面印着一个赤身裸体的姑娘披着一件毛巾，毛巾上面写着“自然界憎恨裸奇点”。可见，霍金并没有真正认输。

1997年2月5日，在霍金“半”认输的当天，他又承认在“特殊情况”下，裸奇点可以形成，但他又同时向索恩和普雷斯基尔发起了新的挑战，说在一般情况下裸奇点还是被禁止的。可这个赌局，后来一直没有结果。不过，普雷斯基尔的学生，香港大学李启明博士说，索恩这次打赌并没有把握赢，他曾经公开承认，这次他和普雷斯基尔可能要输。李启明博士还说：“我也觉得他们要输。”

1997年2月6日，就在霍金输掉上面那个裸奇点赌约的第二天，三位好朋友又就信息能否从黑洞逃逸打了个赌。霍金在1975年提出了黑洞蒸发理论，即通常所说的“霍金辐射”。如果将量子理论也计算进去，霍金就发现黑洞并不是完全“黑”，它会向视界外辐射光子和少量带质量的粒子，黑洞的质量随之逐渐变小，蒸发速度越来越快，最终灭亡。

那么，信息会不会被黑洞吞噬？广义相对论和量子力学在这个问题上存在着矛盾。

霍金认为，黑洞的蒸发不同于常规的物理过程，不会将信息带出黑洞。这一次，索恩也站在了霍金这一边。

普雷斯基尔则坚信在量子力学机制下，信息不会消失，总是能以某种微妙的形式释放出来。就像两本不同的百科全书，即使烧成了看上去一模一样的灰烬，也总能鉴别出细微的差别。

这次的赌注是，赢家从输者那里拿到一本他想要的百科全书，从而自由获取他想要的信息。

2004 年 7 月，在都柏林举行的国际广义相对论和引力大会上，霍金当众做了一个关于信息不会被黑洞毁灭的报告，这一报告通过复杂的拓扑计算，推翻了他近 30 年来的判断。他在随后的新闻发布会上，叫来索恩和普雷斯基尔，并向普雷斯基尔送上一本 2688 页、重达 7 公斤的棒球百科全书，里面记录了 16000 名职业棒球运动员的生涯。

普雷斯基尔是美国人，也是个棒球粉。棒球百科全书在英国并不好找，以至于霍金一度想用板球百科全书敷衍过去，甚至开玩笑说要把百科全书烧成灰寄过去。

霍金还曾长期和他的同胞，粒子物理学家彼得·希格斯较劲，并和密西根大学的戈登·凯恩打赌称，希格斯预言的“上帝粒子”永远不会被发现。对此，希格斯批评了霍金的研究，并指出霍金作为名人，享有其他科学家所没有的长期公信力。

2012 年 7 月，欧洲核子中心通过大型强子对撞机，发现了希格斯玻色子，完成了粒子物理标准模型的最后一块拼图。希格斯也由此摘得2013年的诺贝尔物理学奖。

由此，霍金第一时间向凯恩送去了100美元赌注。

不过，霍金的新理论并未得到广泛认可，也没能说服他的同伴索恩。

希格斯玻色子被科学家戏称为“上帝粒子”，因为科学家对它的判断听起来的确很吓人，再加上媒体的“大肆吹捧”，最后真的把它定为了“上帝粒子”。希格斯玻色子对标准模型起到了很关键的作用，因为它证实了存在希格斯场，这是一种看不见的能量场，它让宇宙万物呈现出质量这一状态。后来，物理学家把希格斯玻色子的质量准确地测量出来，还列举了几种它可能会造成的后果。

赌局过后，霍金仔细研究了相关数据，认为希格斯玻色子的发现对于人类来说，并不是什么好事。因为它很有可能会造成整个宇宙的毁灭，这并不是危言耸听，很多科学家都认同霍金的这一看法。

即使人类离宇宙毁灭还非常遥远，但这就代表人类真的不用担心这种情况的发生了吗？人类确实不用担心，因为如果非要定一个时间的话，这个时间则是1后面加100个0那么多年。

不过，还是有科学家对此并不乐观，并认为宇宙毁灭其实离人类很近。比如费米实验室的物理学家约瑟夫通过研究，发现“真空泡沫”正在向人类逼近，而且传播速度跟光速相同。对此，人类也许无可奈何。

这次霍金虽然输了，但也并未全输。科学是严谨的，只是在人类认知的极限能达到的现有条件下，哪怕只有亿分之一的偏差也算输。在无限广阔的宇宙中，偏离就意味着谬误。承认错误，也是科学家的特质之一。

在加州理工学院访学期间，霍金的病情持续恶化，他的手逐渐不听使唤，但他的内心却是不肯屈服的。在这种常人难以忍受的情况下，他仍然毫不动摇地探索着宇宙的奥秘。为了能够继续自由地支配自己的大脑，他必须改变思考方式，提升一种强有力的几何论证能力，用图形构造他的理论框架和结构。对此，简说：“霍金不向他的病做任何让步，我也不向它做任何让步。”

当然，只有那些在巨大打击和困难面前从不低头的人，才能做到这一点。这种人，甚至可以把自己的缺陷，化为一种别人无法得到的优势。霍金的母亲说：“如果斯蒂芬没有得这种可怕的病，就不会取得目前的成就。他如果不生病，可能不会如此专心研究，因为他总是对生活中的许多事有极大兴趣。我不知道如果他能到处走动的话，他是否会以同样的精神献身研究。”

霍金除了全心全意地思考宇宙之谜外，总是力所能及地抵抗疾病的发展，有时，这种抵抗给人一种悲壮的感受。对此，索恩有着亲身的感受。有一次，索恩到剑桥霍金家做客，晚饭后霍金要上楼睡觉。这时，他已经不能走路。他上楼的办法是抓住栏杆上的铁柱子，用手臂的力量把自己拉上去。通过这种艰苦的方式，霍金花了将近 20 分钟的时间才把自己拖到楼上。当索恩问简为什么不帮助他上楼时，简说：“他拒绝帮助，这是他恢复健康的重要一环，目的是尽可能长久地保持肌肉运动的协调和力量。”

索恩听了简的解释后，感慨万分：“看到他受到这样痛苦的煎熬，真是令人心碎。当你第一次见到这种情景时，一定会大吃一惊，会用非常感动的眼光看他。用这种办法把自己拖到楼上，这还只是他日常生活的一部分。”

03 荣誉纷至，人生最后一次签名

当霍金和简受邀离开剑桥到加州理工学院访学时，他们就意识到，等他们再回到剑桥时，一定会离开小圣玛丽胡同6号。因为这个房子太小了，已经容不下他们这个人员不断增多的家庭。对于霍金来说，上楼梯不仅越来越危险，而且他也根本上不去了。再加上霍金越来越离不开学生的帮助，他的上下班都要由学生负责，而给学生的回报是负责学生的食宿费用以及给他们学习上的帮助。由此，在他们离开剑桥之前，就已经物色好了一处新屋，并将进行一些改造和装修。

这一次解决住房问题容易多了，因为霍金已经是世界知名的科学家，到处都有人请他访问。美国甚至希望他长期居住，并承诺为他提供更优越的条件。剑桥大学和凯斯学院唯恐霍金被挖走，所以，当简到学院交涉搬家问题时，没有受到任何刁难。简回忆说："这一次与冈维尔·凯斯学院打交道，根本不必惴惴不安，因为斯蒂芬连连获奖，学院正急于讨好他，不可能再粗暴或冷淡地对待我们。而在20世纪60

年代时，我们还年轻，也没什么名气，不得不为生存而挣扎，因此经常受到粗暴或冷淡的对待。”

1975 年夏秋之交，霍金一家人从美国回来，不久就搬进了新居。

霍金和简的新居位于剑桥西路 5 号，一共两层。为了霍金驾驶轮椅进出方便，简和霍金选择住在一楼。上二楼有一个单独的门，并不通过一楼，这样既方便住在二楼的学生照顾霍金，又彼此都有独立的空间，互不打扰。

新居有很多个房间，而且每个房间都宽敞明亮，供全家人和照顾霍金的学生居住绰绰有余。新居有足够大的厨房，好几个独立的卫生间和浴室，还有一个很大的客厅，足够开派对聚会之用。落地窗外是英格兰式的草坪，草坪上栽着精选的紫杉和柳树，还有一棵巨大的红杉，一棵加利福尼亚的红木和一棵弯曲的老苹果树。新居的后面还有一个花园，花园里有一个网球场，罗伯特放学以后可以在这里练习打网球。尤其是新居的地理位置极好，不仅露西上学很方便，霍金上班也不远，驾驶轮椅大约 10 分钟就到了。

简对这个新居十分满意，他们在这儿一住就是 16 年。

每到夏天，苹果树下浓荫一片。于是，简就在苹果树枝上挂上吊床、秋千和爬绳，她和孩子们在树下尽情地玩耍、休息，还可以倾听树上小画眉鸟欢快的歌唱。即使是最寒冷的冬天，在皑皑白雪的映衬下，花园依然有一种别样的美丽。简常常一个人望着窗外的美景，沉醉其中，有时甚至忘记了时间。

最先来家里照顾霍金的学生是卡尔，后来换成了佩奇。学生肩上的担子很重，他们不仅要像保姆一样照料霍金的饮食起居，还要兼做秘书工作。比如，学生要帮助霍金安排旅行，拟订讲座日程，有时，还得临时帮助照看孩子和做一些简单的家务。

在多年来与疾病的顽强抗争中，霍金已经养成了一个独特的生活习惯，尤其养成了在头脑里解决复杂数学问题的独特思维习惯。所以，当佩奇从加州理工学院回来住到霍金家里后，他一时很难习惯霍金的工作方式。但由于两人的接触时间很多，相互间交流机会也多，所以，佩奇觉得收获很大。佩奇说："我发现这是一种很好的锻炼。在 3 年时间里，我是一个博士后，我和霍金住在一起，许多时间和他一起上下班。当然，走在路上时，我不可能记下什么，有时他问一些问题，我就得努力在脑子里考虑出结果。当你不得不在头脑里解决问题时，你必须抓住问题的实质，努力省去无关紧要的细节。"

不过，有时也常常出现尴尬的事情。学生必须把霍金在轮椅和床之间抱来抱去，尤其在霍金洗澡前后，他们要把一丝不挂的霍金抱起来，放到浴盆里，然后再放到床上，有时，还要帮助简给老师洗澡。回忆起这件尴尬的事情，研究生卡尔说："当学生把他的教授抱到浴盆后，那么，他就很难对自己的教授有什么敬畏之感了！"

卡尔的感受可以理解。好在霍金已经习惯由别人帮助自己，对自己的隐私也早已无法顾及。

霍金在黑洞研究上取得的惊人成就，让他拥有了"黑洞的主宰者""黑洞之王"等美誉。令人难以置信的是，像黑洞这么高深的宇宙学课题，到了 20 世纪 70 年代后，居然成为了普通人之间的热门话题，这不得不说是霍金创造的奇迹。许多伟大的科学家一生有很多重大的发现，但他们往往过分专注于自己的研究，而忽略了如何把自己的研究成果，用通俗易懂的方式介绍给公众。比如，当爱因斯坦提出著名的相对论时，世界上只有三个人懂得相对论。结果，别说普通人不敢接触相对论，就是物理学家也不会轻易触及，这显然妨碍了相对论的普及和发展。有一位诺贝尔物理学奖得主说，这一状况，阻碍了人们更早地去认识和发展相对论。如果爱因斯坦能像霍金这样，在公众和媒体面前通俗地宣传相对论，恐怕人们接受相对论至少要提早 20 年。当然，那时媒体宣传的不发达，也是相对论难以普及的原因之一。

20 世纪 70 年代中期，霍金就逐渐成为了大众眼中的明星人物，他的名字经常在报纸上出现，就连他的形象也开始出现在一些纪实性质的电视片中。1977 年，英国著名的 BBC 广播公司播出了纪实节目《宇宙的主人》，其中就报道了霍金的生活和病痛，也反映了他研究黑洞的艰辛和成就。

起初，简一直担心电台会用生硬古板的拍摄和解说方法，把霍金打造成一个像弗兰肯斯坦那样邪恶的人。但她看了这部纪实片后，才发现自己的疑虑是多余的。她觉得这是科学纪录片中的上乘之作，即便是最难懂的科学内容，也像抒情诗一般被演绎得通俗、流畅和优美。关于霍金个人的生活内容，是分两部分拍摄的。一部分是他在学院办公室工作的场景，拍摄的是他在系里与学生研究、讨论的情景，以及对他最近的新发现的解释；另一部分是在家里拍摄的，背景是两个孩子在夏天鲜花盛开的花园里玩耍。

1977 年冬天，这部纪录片在世界各地陆续上映。影片中，展现出了霍金的坚强不屈，以及他在严重残疾面前不气馁、不妥协的顽强探索精神。霍金自强自立、顽强拼搏的光辉形象，感动了世界各地的观众。

霍金不仅成为了“黑洞的主宰者”，他还成为了科学明星。当然，在感叹霍金伟大成就的同时，更应该看到霍金耀眼光环的背后，一直有家人在默默付出。简自不必说，她不仅要独自一人哺育孩子，还要无微不至地照料霍金生活起居的方方面面，日复一日，年复一年，这种一直不能减轻的负担，是任何人都难于坚持和忍受的。后来，就连他们的大儿子罗伯特，也在 9 岁时就过早地结束了童年时代，帮助母亲承担起家庭生活的重担。当简由于过度劳累或忙于其他事情而脱不开身时，罗伯特就像一个小大人一般，承担起了帮父亲洗衣喂饭甚至给父亲洗澡的重担。因此，霍金成功的背后，离不开家人的艰辛付出。

霍金成为英国皇家学会会员后，接二连三地获得了许多荣誉和褒奖。他先后获得了梵蒂冈教皇科学学会十一世勋章、皇家天文学会爱丁顿奖章以及皇家学会休斯奖章等多个奖章，同时还拿到了奖金。这些奖项，都是表彰他在黑洞领域里所做出的巨大贡献。1978 年，霍金获得了爱因斯坦奖，这是物理学界最有名的奖项之一，也是霍金当时所得到的最高学术荣誉奖，以表彰他在大统一理论上的巨大贡献。

于是，有人开始猜想，这位 36 岁就获得了爱因斯坦奖的物理学家，下一步或许将会获得诺贝尔奖。但是，直到霍金生命的最后，他始终没有得到诺贝尔奖。对此，有人感到有些奇怪。既然他已经是“黑洞的主宰者”，是世界最有名的科学家之一，那他为什么没有得到诺贝尔奖呢？原来，诺贝尔奖的颁发有一个铁定的原则：只有当一个发现被实验证实，这样的发现才能获得诺贝尔奖。1905 年，爱因斯坦提出相对论，尽管他已经是当时世界最有威望的科学家，诺贝尔奖评审委员会却认为，由于相对论并没有得到可靠的证实，所以他也不能因此获得诺贝尔奖。1921 年，爱因斯坦终于获得了诺贝尔物理学奖，但获奖的原因是他发现了光电效应理论，并被证实。而相对来讲，中国的杨振宁和李政道就要幸运得多，1956 年，当他们提出了一个非凡的理论时，1957 年初就被另一个中国女物理学家吴健雄用实验证实了，因此，杨振宁和李政道二人就在 1957 年获得了诺贝尔物理学奖。

由于霍金研究的黑洞和宇宙大爆炸，很难用实验证实，所以，他一直没有获得这个奖项。不过，除了诺贝尔奖，他获得了包括爱因斯坦奖在内的几乎所有科学大奖。

1975 年，霍金得到了第一个正式职位——高级讲师，这样，他就有资格配备一名秘书。学校为霍金所配的秘书是费娜小姐，后来，她以高效忘我的工作状态，为霍金服务了许多年。而且，她浑身散发的青春朝气，给枯燥、单调的应用数学和理论物理系，注入了清新的活力，营造出了一个愉快的工作氛围。

1975 年以后，英国乃至全世界的科学界，都开始关注霍金和他的成就。这位著名的科学家、皇家学会的会员、黑洞研究的明星，不仅在电视上频频露面，照片也经常被刊登在报纸的显要位置。但剑桥大学似乎没有注意到这些明显的事实，当时并没给霍金一个剑桥大学教授的职位。对此，一种比较客观的说法是，剑桥大学也许考虑到霍金是一个患有严重疾病的科学家，活不了多久，不太愿意给他一个教授职位。

1977 年 3 月，剑桥大学终于决定，为霍金特设一个引力物理学教授的职位。同年，凯斯学院也特别授予他教授级研究员的职位。

紧接着，霍金在牛津读大学时的指导老师罗伯特 · 伯曼推荐霍金为牛津大学的荣誉研究员。伯曼在给评审委员会的信中写道：“近期的《名人录》记录了他的一些成就，但《名人录》跟不上他获奖的速度，他得到的荣誉远不止这些。我想不出我们的学院还曾培养过哪些比霍金更为优秀的科学家，如果能更多地显示我们与他所取得的成就有着密切的关联，这将给我们带来荣誉，因为外界总是臆断他完全是剑桥大学培养造就的。”

伯曼写道：“也许，请求考虑让一个不到 35 岁的人担任荣誉研究员会使人感到吃惊。在此，我提出两点理由。首先，他的杰出才华应该作为例外来考虑，我们不必一定要等到人们普遍以为他是一个闻名于世的人物的时候才这样做。事实上，有关黑洞的每一篇文章和每一次演讲都提到了霍金，他的著作《时空的大尺度结构》是每一位宇宙学家所期待的‘圣经’。其次，霍金患有严重的疾病，并且被束缚在轮椅上。逐渐严重的渐冻症，通常会使患者的寿命变得很短，他的身体状况很可怕，但他的心智正常。我不希望我们要等到他得到了诺贝尔奖时才有所行动。”

对于伯曼的推荐，没有一个人提出反对意见。迈克尔·怀特和约翰·格里宾在他们合著的《斯蒂芬·霍金——科学的一生》中，深有感触地写道：“一个 16 年前在牛津大学只知道在公共场所涂鸦，喝酒的时间比学习时间更多的懒汉，已经取得了巨大的成就！”

1979 年 11 月，霍金被任命为剑桥大学卢卡斯数学教授。这是一个非常令人羡慕的教授职位。卢卡斯数学教授席位是依据亨利·卢卡斯的遗嘱而创设的，于 1663 年 12 月设立，每年资助 100 英镑，这一职位的任职者历来都是很有名望的科学家。首任卢卡斯数学教授是牛顿的恩师艾萨克·巴罗；第 2 任是牛顿；第 10 任是乔治·艾里，在任两年，后来成为皇家天文学家，是海王星发现史上广遭批评的人物；第 13 任是乔治·斯托克斯，担任此职长达 54 年之久，以流体力学中的刘维尔·斯托克斯方程著称；第 15 任是狄拉克。到霍金这里，已经是第 17 任了。因此，这个教授职位，成了剑桥大学声望最高的教授职位之一。

在剑桥大学，所有教授在接受任命时，都要在一本大册子上签上自己的名字。霍金担任卢卡斯数学教授一年后，剑桥大学才发现霍金还没有在签名册上签名，便把签名册送到霍金的办公室请他签名。霍金当时肯定没有想到，这成了他人生中的最后一次签名。

在祝贺霍金就任卢卡斯数学教授职位时，霍金发表了就职演说，题目是《理论物理已经接近尾声了吗？》。这个预言式的演说，现在回过头来重新品味，仍然回味无穷。

04 教皇礼遇，为伽利略冤案争得平反

霍金以别人无法想象的坚强，顽强地克服着工作和生活中遇到的种种困难。当别人把生命的希望寄托在上帝的怜悯中时，他却毫不通融地拒绝了上帝。因为他根本就不相信上帝，他认为自己就是上帝，而那个《圣经》中的上帝救不了他。

然而，霍金的妻子简却都始终是一位虔诚的教徒，她说："如果没有对上帝的信仰，我将不可能在这种境况中生活。首先，我不可能嫁给斯蒂芬，因为没有信仰，我将缺乏乐观的精神来帮助我渡过困难，也不可能继续生活下去。"

简当然希望霍金也能成为虔诚的教徒，但每次她提到宗教信仰时，霍金总是不屑一顾地对她笑一笑，那个样子，分明是在告诉她：我不会信仰宗教的，你也不必劝我。对此，简感到无可奈何，渐渐地也就不再提及此事。

其实，霍金的观点与爱因斯坦当初的观点非常相似。爱因斯坦曾说：“我们只是一颗小行星上的一些微不足道的生物，我们这颗小行星围绕着一颗普通的恒星转动，这颗恒星处于一个星系的边缘地带。而宇宙中又有1000亿个这样的星系，所以，难以相信上帝会关心我们，或来注意我们的存在。”

简认为，霍金之所以有这样的宗教观，很大一部分是他的身体状况造成的，她说：“一个人随着年龄的增长，他的视野就会更开阔。我想，他心中的观念，与其他任何人的观念有着不同，这是由他的身体状况和生活环境造成的。他是一个差不多完全瘫痪的天才，没有人能了解他的上帝观或他与上帝的关系会是怎样的。”

对于霍金的观点，一些人声称，霍金根本没有资格对宗教发表意见，因为他对宗教一无所知。简也曾这样评价霍金说：“他把任何东西都归结为理性的数学公式，认为那才是真理。而谈论宗教，他并不够格。”

其实，从霍金的一些谈话中，人们不难看出他似乎并不全然否认上帝的存在，只是认为上帝的能力有限，认为人们不能过于依赖上帝。他曾说：“爱因斯坦曾经问了这样一个问题：‘在构建宇宙方面上帝有多少选择？’如果无边界模型是正确的，那么上帝在选择初始状态方面没有一点自由。当然，他依旧有权力选择宇宙遵守的规律，但在这点上，也没有多少选择。”

住在霍金家里帮助照顾霍金的学生佩奇，是一个虔诚的教徒。他相信对宇宙奥秘的探究和理解，可以揭示上帝的伟大，但上帝比宇宙学更伟大。佩奇说：“从犹太教——基督教的观念出发，与其说上帝只是宇宙的初始，还不如说上帝创造和支撑着整个宇宙。宇宙是否有起始的问题与它是否被创造这一问题无关，正如一位画家画的一条线是否有起点和终点，或者是个圆而没有终点这一问题，与这条线是画出来的这一问题无关一样。”

佩奇每天帮助霍金起床、吃饭、洗澡，还要陪着霍金上下班。在与霍金形影不离的过程中，他试图用自己的宗教信仰影响霍金，但总是受到霍金的抵触与善意的嘲讽。佩奇在回忆中写道：“我通常在 7 点 15 分或 7 点半左右起床，冲一下澡，接着读《圣经》、祷告，然后在 8 点 15 分帮霍金起床。我经常在吃早饭时，告诉他我在《圣经》里读到的内容，希望对他多少有一些影响。”

但佩奇的办法没有奏效。有一次，他给霍金讲一个《圣经》上的故事。这个故事的大意是说：耶稣遇到了一个疯子，这个疯子被一群魔鬼附身。这群魔鬼见到耶稣后，要求耶稣把他们从人身上转附到一群猪身上，这样，就可以挽救这个疯子了。耶稣照办了，于是这群魔鬼转而附身到一群猪身上，最后这群猪疯了，它们纷纷跑到悬崖边跳到海中。这个故事的本意是：宣扬耶稣挽救了这个疯子。没想到，霍金听了这个故事以后，立即提高嗓门对佩奇说：“啊，保护动物学会的人，肯定不喜欢这个故事。”弄得佩奇哭笑不得。

还有一次，佩奇给霍金讲另一个故事：耶稣谈到世界情形时，说末日来临时，有两个人正在田里干活，上帝会让一个上天，而另一个留下与世界一起毁灭；还有两个人在床上，耶稣也让这两个人一个人上天，另一个留下。

霍金听完故事没有言语。可是到了吃早饭时，他一本正经地对佩奇说：“两个人在吃早餐，一个人上天，而另一个人留下。”

佩奇对霍金的“冥顽不化”和善意的嘲讽毫无办法，他只能耸耸肩，表现出一副无可奈何的样子。

但就是这样一个坚决不信教的人，却在加州理工学院访学期间，于1975年4月到梵蒂冈接受了教皇授予他的奖章，而且在授奖过程中，还出现了让人难忘的一幕。

当时的教皇是保罗六世。保罗六世是一位心地善良、思想开放、政治上很活跃的人，他曾大声发出“永远不要有战争了”“酷刑像流行性的传染病一样”“残忍、不人道的酷刑，用以作逼供的手段，我们应该坚决制止这种行为”等呼吁。

他认为，宇宙大爆炸的学说与《圣经》的创世说一样，很有吸引力。因此，1975年，保罗六世决定将教皇庇护十二世金质科学奖章授给霍金。在授奖的那一天，当霍金准备上台领奖时，坐着轮椅的霍金无法登上领奖台。于是，大会工作人员准备让几个人将霍金连人带椅一起抬上去。正在这时，发生了让所有人出乎意料的事情，只见保罗六世将手一挥说：“等等！应该是我下去。”

教皇向来是人间的至尊，信徒如果能够吻到教皇的鞋子、衣摆，就会感到幸福无比了。可谁又曾见过，教皇屈尊下驾走到一个异教徒身边？这简直就是一桩天下奇闻！

在大家惊愕的目光中，教皇走下领奖台，把奖章亲自挂在了霍金的脖子上。而霍金也没料到自己会受到教皇的如此礼遇，所以，他十分感动地说：“我实在不敢当！”

霍金话音刚落，保罗六世又说出了感人肺腑的话：“我从台上下来，和你所做出的努力相比，实在微不足道。”

霍金在授奖会上受到的礼遇，是一个具有划时代意义的事件。教会与天文学、宇宙学之间，一直存在着严重的冲突。早在哥白尼、布鲁诺和伽利略时代，他们就因为提出和证明地球绕着太阳转而触怒了教会，结果布鲁诺在罗马被活活烧死，伽利略被判重罪，虽然因有人求情而没被处死，但却一直被软禁在家，直到最后孤苦伶仃抑郁而死。后来的事实证明，伽利略是正确的，教会犯下了不可饶恕的错误。

霍金一直渴望教会能对伽利略的事情给一个合理的说法，为伽利略平反，他甚至差一点因为伽利略受到的不公正的对待，而拒绝来梵蒂冈领奖。他说："由于伽利略的事情，我拿不定主意是否接受这个奖章。我抵达罗马领奖时，坚持要看梵蒂冈图书馆保存的审判伽利略的记录。"

借领奖的时机，霍金向教会提议，伽利略受到了错误的惩罚，应该为这位过世了 333 年的科学家平反。

简虽然是一个虔诚的教徒，但她并没有因为霍金的这个提议而生气，相反，她为霍金的正义之举而感到非常开心。她高兴地对朋友们说："伽利略死后 333 年，终于出现了一个拥护者。斯蒂芬需要对与会者发表讲话，并打算利用这个机会提出一个特别的请求，就是恢复伽利略的名誉。我相信，宗教法庭庭长统治的日子一去不复返了！"

虽然霍金最终决定接受了这个奖项，也被教皇保罗六世的高尚行为所感动，但当他听到保罗六世宣布他受奖的原因时，心里却感到相当滑稽和可笑。教皇当时说："我们年轻的朋友斯蒂芬·霍金博士，在 1970 年证明了大爆炸。这在科学上已经接近证明了上帝的存在。所以，教皇科学院理所当然地愿意把教皇庇护十二世奖章，颁发给杰出的霍金。"

1978 年 8 月，保罗六世去世，新任教皇是约翰·保罗二世。

而在 3 年以后的 1981 年，梵蒂冈教皇科学院又一次召开宇宙论会议，霍金再次被邀请出席。在这次会议上，霍金首次发表了关于"无边界宇宙”的思想。会议结束后，教皇在冈多弗堡接见了与会的学者。按照西方的传统，教徒在这种隆重的场合，应该在教皇面前行跪礼以示敬爱。但当霍金驱动轮椅来到教皇面前时，令人目瞪口呆的一幕又一次出现了：教皇保罗二世离开他的座位，在霍金的轮椅前跪下来，使他便于与霍金在交谈的过程中能够平视对方。

四周的教徒们无不惊讶得张开了嘴巴。要知道，霍金刚刚发表的“无边界宇宙理论”思想，正是无神论的彻底体现。霍金说：“教皇告诉我们，在大爆炸之后的宇宙演化是可以研究的，但不应该去过问大爆炸本身，因为那是创生的时刻，因而是上帝的事务。那时我心中暗喜，他并不知道我刚刚在会议上做过的演讲主题——时空是有限而无界的可能性，就表明着没有开端、没有创生的时刻。”

不知保罗二世知道这一结论后，是否还能再次在霍金面前跪下交谈。但霍金心里十分感激教皇的宽厚、仁慈，他说：“天主教会已经比伽利略时代对宇宙论宽容多了。”

时代在进步，教会也在不断改进自己，使之适应社会科学的进步。事实上，在 1980 年 10 月，保罗二世在梵蒂冈举行的世界主教会议上，正式提出要重新审理伽利略案件。

1992 年 10 月 31 日，教皇保罗二世正式为伽利略冤案平反，宣称伽利略并没有反对罗马教皇，也不再把他的名著《关于两大世界体系的对话》视为异端邪说。

05 电动轮椅，无穷的便利与乐趣

尽管霍金手脚不能动，全身上下能动的部位只有眼球和两个手指，随着病情的发展，后来连话都不能说，但他却利用他所坐的轮椅，玩出了许多花样，表现出了他高度活泼幽默的天性。在世界上，像他这样具有顽强生命力还乐观向上的人，恐怕再也找不出第二个。

在霍金走路变得极其困难的一段很长的时间里，他宁愿让简扶着一步一步艰难地挪动着，也不肯用轮椅代步。无疑，他有一种恐惧的想法，认为自己一旦使用了轮椅，就意味着承认了自己身体上的残疾，意味着从此向疾病屈服了。他觉得，一旦这样做，无论是在情感上还是在精神上，都让他无法容忍。但随着病情的加重，他不得不妥协，最终坐上了轮椅。

有了轮椅作为代步工具，霍金才发现原来轮椅可以给他带来那么多的好处和便利，让他可以自由自在地到处走动。有了电动轮椅后，他感到更加自由，疾病带给他的痛苦感受也减少了许多。

很快，霍金就成了技艺出众的轮椅驾驶员。他驾驶着轮椅，像一匹脱缰的野马一样在大街上往来穿梭。一位新闻记者目睹了这样的情景后，便在一篇报道中写道：“他飞驰着冲到街上。开足马力时，轮椅可以保持很高的速度，霍金喜欢以最高速行驶。他不知道什么叫害怕，简直像箭一样地冲到马路中央，他认为任何过往的车辆都会停下来让他。他的助手们非常紧张地冲到他前面，试图减少危险。”

有一次，霍金在比利时的布鲁塞尔参加一次会议，会议结束后，准备乘飞机回英国。送他去机场的汽车司机因为迷了路，到达飞机场时飞机已准备起飞了，稍迟一些就会赶不上飞机。这时，霍金驾驶着轮椅，风驰电掣一般全速前进，终于在飞机起飞前几分钟登上了飞机。对此次经历，霍金曾扬扬得意地吹嘘了好一阵子。

令人奇怪的是，霍金每一次驾驶着电动轮椅在马路上高速行驶时，都是有惊无险，可在没有行驶时，却出了几次小意外。

有一次，霍金在路上碰见一个熟人，就停下他的电动轮椅跟熟人打招呼。没想到，这时一辆大卡车驶过来，驾驶员没有看到霍金的轮椅，更没有看见驾驶轮椅的霍金，结果卡车把轮椅撞倒，霍金也一下子就被抛到了马路上。在一般情形下，这都会是一场恶性交通事故。但值得庆幸的是，身体孱弱的霍金，居然只受了一点皮外伤，脸被蹭破了一点点，肩膀稍微有些疼。医生劝他休息几天，但他仅过了 48 小时，就回到了自己的办公室，进入了工作状态。

另一次，霍金正在参加一个授奖仪式，他坐着轮椅安静地在台上等待领奖。这时，身着黑色礼服、佩戴金色徽章、满脸谦和微笑的颁奖主持人霍奇金爵士走到霍金身边，紧紧握住霍金的手，对霍金的到来表示欢迎。不幸的是，他的客气话还没说完，霍金的轮椅就开始飞速旋转起来，带动着他们两个人跟着轮椅一起旋转，而且飞速地向主席台边缘旋去，场面失控，一场惨剧即将发生。就在这千钧一发之际，霍金的一个助理迅速冲到轮椅旁边，把轮椅的操纵杆拉下，从而避免了一场可怕的灾难。原来，霍奇金爵士不知道霍金握手的那只手是用来控制轮椅的，霍奇金非常热情地一按，轮椅突然开动起来，于是出现了失控的局面。

还有一次是1989年6月，霍金到牛津大学主持很有名气的哈雷讲座。一天，他由一位物理学教授陪同，打算乘坐电梯到一楼的一个大讲堂去。在那里，牛津大学副校长、牛津各界名人以及600位牛津大学学生正等着霍金的到来。

霍金看见电梯门开着，便加足马力向电梯门冲去，也许他是想让陪同人员见识一下他冲过狭窄电梯门的高超技巧。那位陪同教授正在考虑电梯门太窄，轮椅恐怕通不过，哪知霍金呼的一声冲到了前面。陪同的教授惊恐地想阻止霍金，可是已经来不及了。后来那位教授惊奇地发现，霍金居然通过了电梯门。

正当那位教授松了一口气时，麻烦却出现了，霍金轮椅的一个角还是被撞歪了，卡在狭小的电梯里不能动。这时，电梯门又自动合拢，两个轮子就被门卡住了。

这可把陪同的教授急坏了，因为楼下600多人都在等霍金。没想到，霍金临危不乱，急忙给控制轮椅的电脑按下指令，想把轮椅转一个方向。但因为卡得太紧，这招没能奏效。幸好陪同教授的手臂还算长，把手从电梯门缝中伸进去，够到了开关，将门打开。门一开，霍金就操纵轮椅急速转身。危机解除了，霍金不仅没有受伤，还咧着嘴向陪同的教授顽皮地笑了笑。

由于霍金手脚都不能动，后来连语言功能也丧失了，所以，他无法表达他的喜怒哀乐，尤其无法表达他的愤怒与不满。虽然依靠电脑发出的声音可以表明自己的想法，但那种声音永远是同一种声调和节律，根本不能表示自己的特定情绪。于是，他就把轮椅当作他的一个附属器官来使用，作为表达他的个性和情感的一种手段。如果他发觉有人跟他谈话时内容离题太远不着边际，他就会觉得这是在浪费他的时间，于是，他就急速地旋转他的轮椅，不留情面地离开。

有一次，一位叫博斯劳的人忘记了霍金的残疾，跟他谈起了一次网球比赛。他正谈得起劲儿时，却看见霍金驾着轮椅一言不发地出了房间，在走廊里等着他转换话题。博斯劳回忆说：“和一个瘫痪了的人谈打网球的事，的确考虑不周，这也说明了一个众所周知的事情——霍金不是一个好打交道的人。”

如果谁把霍金惹急了，那他就不是赌气离开那么简单了，他会驾着轮椅，去碾轧那个惹他生气的人的脚趾。也许，对于霍金来说，这是表达愤怒最简单直接的一种方式。为了防止脚趾被碾轧，他的研究生都得练就出一身灵活机敏的反应能力，以便迅速转移脚的位置，免受碾轧的痛苦。一次，他在与查尔斯亲王的会晤中，因为表演旋转轮椅而碾轧了亲王的脚。霍金碾轧了查尔斯亲王的脚趾后，还高兴地开着轮椅在地上转了一圈。在他自己的自传里，霍金曾写过，人生中最大的遗憾之一，就是没有碾轧过撒切尔夫人的脚趾。

霍金一直关心核武器的问题，并对此忧心忡忡。1981 年，他在美国富兰克林学院接受富兰克林奖时说：“哺乳动物的进化用了 40 亿年的时间，人类的进化用了 400 万年的时间，科学技术和文明的发展用了400年的时间。而在刚过去的40年里，人类真正有可能发现一种完全统一的理论，来描述宇宙中所有的事物。然而，所有这一切，都可能在40分钟内由于一场核灾难而毁灭。而且，无论是偶然的还是有意的，那种灾难发生的可能性都是很大的。”

后来，在牛津大学举行的一次宴会上，霍金和简遇见了参加宴会的欧洲联军最高司令罗杰斯将军。霍金想让简向罗杰斯将军表示自己的忧虑，但却没有机会接近这位将军。于是，霍金发挥了他使用轮椅的高招。当罗杰斯将军结束晚餐站起来准备离开餐桌时，霍金抓住良机，驾驶着轮椅迅速冲到将军身边，拦住他的去路。罗杰斯将军大吃一惊，惊愕地盯着坐在轮椅上的霍金，而霍金却正向罗杰斯将军微笑。简连忙走过来，先向将军表示了歉意，然后把霍金的想法告诉了将军。将军开始显得有点尴尬，但还是体谅地认真倾听了简的陈述，然后以英国绅士那种彬彬有礼的风度，说他本人也同样非常关心这件事情，并且已经开始与苏联讨论核武器数量的问题。

霍金除了用轮椅来表达他的愤怒和不满情绪，还经常用轮椅来表现他的高兴与快乐。

1988年春季，霍金写的《时间简史》在美国各大书店大受欢迎。有关方还把霍金从英国请来，在纽约的洛克菲勒学院举行了一次发行宴会。在宴会上，霍金发表了简单的演说。那天，霍金特别高兴，因为《时间简史》的畅销使他的收入大增，这样，他的孩子上名牌大学的学费就有了保障。那天的宴会上，他不仅精力充沛地会见各界人士，甚至还多喝了一些酒，因而多少有一点醉意。在回旅馆的路上，简和霍金的护士一直很紧张，唯恐霍金在兴奋中把轮椅开到河里去。

回到旅馆，当他们一行四人穿过大堂时，霍金发现附近的舞厅正在举行舞会。于是，他坚持说上床睡觉的时间还早，就驾驶着轮椅，循着音乐的声音直闯舞会。来到舞厅，霍金随着乐队的节拍，驾着轮椅跳起舞来，一直跳到很晚才回房间睡觉。

还有一次，霍金去参加皇家学会的聚会。会议的主要内容，是接纳查尔斯亲王为名誉会员。会议中，新任皇家学会主席高度赞扬了查尔斯亲王对学会真诚的贡献，还专门提到与亲王同名的查尔斯二世创建了皇家学会。这些都没有什么问题，但接着他却说：“查尔斯二世的儿子詹姆斯二世，继续为皇家学会做出了贡献。”

听到这儿，霍金笑起来了。那时，霍金还能说话，只不过声音不是很大。霍金用他所能发出的最大声音，对简耳语道：“他弄错了！詹姆斯二世是查尔斯二世的兄弟，不是他的儿子。”

正式会议结束后，霍金玩得很开心，还为查尔斯亲王表演轮椅转圈，结果却用轮子跃过了亲王那铿亮的皮鞋尖。后来，在剑桥大学的一次晚宴上，他还为坎特伯雷大主教表演过这种技巧。

20世纪80年代早期，这时，霍金的疾病还不是太严重，闲暇时他最高兴的事，莫过于运用他驾驶轮椅的技巧和孩子们一起玩。他可以与孩子们一起玩捉迷藏的游戏，但他不能和孩子们玩其他的游戏，如打板球、棒球等。有时，一家人到海边沙滩上，霍金却不能与孩子们在水里嬉戏、奔跑。

有一次，《星期日泰晤士报》的一位记者问霍金：“您是否因为残疾而消沉过？”

霍金回答说：“通常没有，我不去多想我的残疾，仍然设法按我想做的去做，这使我有一种成就感。”

记者又问：“疾病给您带来的最大遗憾是什么？”

霍金回答说：“不能和孩子们玩体育游戏。”

第六章

时间简史：在宇宙探索中著书立说

01 心怀大爱，全力维护残疾人权益

霍金不仅是一位伟大的科学家，还是一位非凡的社会活动家，为维护残疾人的基本权益，做出了应有的贡献。

霍金由于他自身的疾病，对残疾人失去自由及在生活中处处受到限制的痛苦，还有在一些场合受到的忽视乃至蔑视，都有着很深刻的体会。所以，他怀着强烈的愿望向社会呼吁：关注残疾人的权益。

起初，由于他还没有什么声望，加之社会上的陈旧观念早已根深蒂固，所以根本没有人去关注霍金的呼吁和建议。但霍金的坚韧不拔不仅体现在学术研究上，也表现在他与不关心残疾人权益的社会陋习和官僚主义政府之间的斗争之中。

渐冻症给生活带来的不便和烦恼，在霍金的生活中处处都能感受得到。而作为霍金妻子的简，对这些更是深有感触。当霍金最终接受轮

椅作为代步工具后，简每天推着轮椅上的霍金上下班，用网兜把女儿露西挂在胸前，儿子罗伯特则在一旁跟着小跑。路两边坑坑洼洼，以及到处遍布着的台阶，一不小心就会让全家人陷入困境，这让霍金夫妇受到极大的困扰。而这些坑洼和台阶，对于健康人来说根本不算什么，可对于霍金一家来说，却是难以逾越的障碍。每次碰到那些路坎或台阶，简都要竭尽全力，甚至很多时候都无能为力，只能停下轮椅在路边等待有人路过，并请求他们伸出援手。好在人们对待残疾人非常热诚，尤其是简身边带着两个可爱的小孩，更容易引起路人的同情，进而向他们伸出援助之手。有时，简不得不暂时放下露西，全力配合伸出援手的人把霍金抬到合适的地方。

每一次出门，简都特别伤脑筋，而坐在轮椅上的霍金，心里更不好受。对于心智健全却身体饱受残疾之痛的霍金来说，内心的伤痛无法言喻。

霍金和简一家人生活中所遇到的障碍，远远不止坑洼和台阶，任何一处不正常的路面，都可能成为他们生活中的障碍。一次，简把露西放在霍金的腿上，然后推着他们出门，门口有一片湿地，被压出两道深深的车辙，当他们准备越过这块湿地时，轮椅的一侧轮胎陷入车辙里发生了侧翻，结果他们三人一起摔倒在泥地里。还有一次，简推着轮椅刚小心翼翼地躲过车辙，却在路上遇见了一辆运送冰激凌的大卡车，刚好停在国王学院后门外。刚学会说话的露西，一眼就看见大卡车上绘制的冰激凌图案，大声吵着要冰激凌。当时，为了减少随身带的东西，出门时简只带了房门钥匙，连手提包也没带，所以，随身根本没有带钱。简只能轻声细语地告诉女儿不能吃。可是，露西根本不理会这些，越吵越凶，最后，她甚至从霍金的腿上滑下来，生气地坐在路上示威。简没有办法，就一手抱着露西，一手推着霍金。刚好国王学院的一群学生路过这里，被露西的吵闹声吸引停住脚步。他们围着露西，感到很好奇，不知道这个小孩子为什么会发这么大的火。简当时尴尬极了。这群学生中，刚好有一个是霍金所在的系里的，认识霍金他们，就过来帮助他们。简推着霍金，那个学生抱着露西，可露西还在不依不饶地大声吵着："回家，不要冰激凌了！"

就在霍金和简为每一次出行伤透脑筋时，斯旺医生建议霍金申请一辆残疾人电动车。如果霍金能操纵电动车的方向盘，他就重新获得了活动的自由。他们的申请非常顺利，残疾人电动车很快就被官方审批下来。霍金非常高兴，因为他可以来去自由了。每天早上，霍金自己开车去办公室，傍晚，他可以自己开车回家。每一次在房子外面停车时，他会高兴地大声按喇叭，这时，罗伯特就会兴高采烈地冲出屋门，迅速地爬上车子坐在父亲身旁。有时，霍金上班时，罗伯特还会跟着父亲到大学中心旅游一趟。

在霍金患上运动神经元疾病后，内心的痛苦只有他自己体会得到。再加上自己承受的种种不便，霍金深深地感受到，剑桥大学以及整个社会都普遍忽视了残疾人的权益。后来，当霍金得知世界上还有很多像他一样，因为各种原因而不幸残疾的病人后，他心中就有了目标。他表示，只要他活着，他就要献出他的爱心，帮助那些和他一样面临不幸的生命走出病魔的阴影。因此，为了维护残疾人的权益，霍金开始与剑桥大学当局进行一场旷日持久的斗争。

最开始的交锋，是关于应用数学和理论物理系大门口的台阶问题。霍金建议增加坡道，以方便轮椅的进出。但大学当局因为建坡道的费用归谁支付的问题，一直拖着不办。他们一会儿说缺乏经费，一会儿又说不能改造古建筑。但霍金坚持残疾人有权要求社会改善残疾人的处境，社会也应该重视残疾人的权益。后来，简在她的回忆录《飞向无限》中写道："1970 年，政府通过了《慢性病患者及残疾人保障法》，尽管在全世界范围内，这被当作是为残疾人争取权益所迈出的重要一步，但是在之后的很多年里，政府都拒绝全面施行这个法案。于是，那些本已处于困境中的人们，不得不行动起来，为法案在地方上施行而奔走呼号。”

经过极力争取，霍金最终取得了胜利，教学大楼门口增设了供轮椅上下的坡道。此后，霍金又说服当局，降低街上的路坎高度，使得上下班的路途，变得更宜于轮椅和其他残疾人行走。

每当向不同部门的工作人员倡导残疾人的权益时，霍金就会亮出无法反驳的理由：为什么残疾人不能像他的同胞那样去看电影？为什么他们无法去服装店为自己选一件合适的衣服？难道他们在忍受残酷的命运造成的限制的同时，还必须忍受社会强加在他们生活中的种种束缚？目光短浅的官僚们，为什么还要使残疾人的生活更加艰难？

这些问题，虽然提得尖锐，却合情合理。随着霍金知名度和声望的不断提高，英国政府各级官员也开始重视霍金的意见，而且加紧付诸实施。在建筑物前，普遍设置了坡道，就连英国国家歌剧院，都修建了可以让轮椅进出的通道。特别值得一提的是，关于一处礼堂是否应该增设残疾人通道这一问题，霍金和政府相关部门进行了一场激烈的辩论。霍金认为，这处礼堂被用作投票站，而没有坡道使得残疾人根本不可能进去投票，这是剥夺残疾人选举权的违法行为，应该修建坡道方便残疾人出入。但政府却声称，这个礼堂不是真正的公共建筑，所以不受 1970 年《慢性病患者及残疾人保障法》的制约。但所有的新闻媒体一致拥护霍金的建议，最终，在多方压力下，政府不得不采纳霍金的建议。

霍金个性倔强，具有叛逆的性格，他最喜欢做的事情，就是与人进行辩论。无论是关于宇宙学，还是关于残疾人权益。

1979 年年底，鉴于霍金为倡导和争取残疾人权益而取得的成就，英国皇家残疾和康复联合会授予霍金“本年度最杰出的人物”荣誉。

后来，在美国召开的一次科学家大会上，霍金还专门提请各国科学家关注残疾人的合法权益。他说：“帮助残疾儿童与同年龄的其他儿童交往是非常重要的，这决定着他们的自我意识。如果一个人在早年就被隔离，那么他怎么能意识到他是人类的一员？这是种族隔离的又一种形式。轮椅和计算机这一类辅助物，在弥补身体缺陷方面具有重要作用，但正确的态度更为重要。当然，光指责公众对残疾人的态度是不够的，要改变人们对残疾人的认识还取决于残疾人自己，残疾人应该像黑人和妇女一样，改变公众的观念。”

在英国的布里斯托尔大学，霍金帮助残疾学生建造了一幢学生宿舍。宿舍完工后，人们把这幢楼称为“霍金楼”。

在争取残疾人权益取得胜利后，霍金又将自己的目光转到更广泛的社会问题上。如噪声污染问题，在人们还没有注意到这个问题时，霍金和简就已经开始为消除这个社会公害而努力了。

20 世纪 70 年代初，剑桥大学彼得学院把小圣玛丽胡同口变成了进入商业区的入口，接连不断的汽车从那里驶过，给霍金的出门带来很大的不便和危险。而这种事情没有办法抗议。白天，霍金会遇到各种各样的问题，然而到了晚上，霍金依然不能安静下来。因为霍金家附近有个彼得学院的音乐教室，位于教堂花园的旁边，教室里常常有人演奏摇滚乐。虽然这个摇滚教室离学院的教学楼有一定的距离，但却靠近居民住的房子，半夜里的乐器声让周围的居民无法忍受。一天，霍金的邻居指着彼得学院的方向对简说：“亲爱的，你看，他们又要开舞会了。”周围居住的老人和儿童，被这种声音吵得无法入睡。即使是在下午，还是有一群年轻人聚在那里吹口哨、弹吉他。

于是，霍金夫妇又进行了一场斗争，而且他们认为这非常迫切，大有必要。但这一次不涉及残疾人问题，而是为了保护小圣玛丽胡同的平静及其居民的健康。彼得学院的主管部门不断收到群众来信，音乐厅看门人夜间常接到民众愤怒的电话。而所有这一切，却得到一个同样的回答："我们必须让我们的年轻人快乐。"

可事实上，住在那儿的居民一点也不快乐，尽管霍金和简也是年轻人，但他们的孩子都还很小。然而这些事实丝毫不起作用，官员们对此视而不见。即使胡同里的许多居民已经是耄耋之年，也不能引起官员们的任何同情。无奈之下，简给彼得学院的领导写信反映了这个情况。

一个深夜，大约已是凌晨两点钟了，孩子们仍无法入睡。他们在父母身边哭泣，简实在忍无可忍，就把电话打给彼得学院看门的门卫。可事情仍迟迟得不到解决，简便在半夜时，直接把电话打给了院长。最终，彼得学院的院长出面解决了问题，让那些玩乐器的年轻人在半夜十二点把音量降到最低，并且减少他们的演奏时间。

后来，简又发现，家里几个孩子喜欢在附近玩耍，但周围经常会有大型车辆来往，这对孩子的安全造成了威胁。没办法，简又开始写信给政府部门，呼吁尽快解决这一问题。处理这种居民的居住环境问题，显然比处理学院的问题更复杂，申诉信虽然写了很多，却没有任何用处。

1972年，一场大火烧毁了花园酒店，酒店的管理层开始想办法重建，这又出现了酒店施工会影响周围居民生活的问题。于是街上的居民联合起来，反对酒店的重建，双方都不肯妥协。后来，居民和酒店的管理层坐下来谈判，地点就在小圣玛丽胡同9号的撒切尔家。在霍金和简的鼓舞带动下，大家联合起来，最终维护了广大居民的合法权益。

霍金还倡导了一场运动，要求取消女学生不能进凯斯学院上学的禁令。这场运动，持续了十年之久。

霍金对减少和销毁核武器也明确表示了自己的态度，他曾公开说："地球上的每个人，平均拥有相当于 4 吨烈性炸药的核武器，而半磅炸药就可能置人于死地。所以，我们必须懂得，我们和苏联并没有冲突，双方都强烈关注对方的稳定，我们应该认识到这个事实，并携手合作，而不是武装自己互相对抗。"

对于霍金频频参与社会事务，有人指责霍金说：作为一个物理学家，不好好做研究工作，反而在媒体面前说三道四，到处演讲，捞取金钱。而当霍金把挣来的钱都用来做慈善事业时，人们才真正明白霍金的意图。

对霍金来说，只要心中有大爱，再苦再难又算得了什么呢？

02 频获殊荣，处于事业的巅峰时期

从 20 世纪 80 年代开始，霍金的名字在各大新闻媒体上出现的频率越来越高，英国 BBC 广播公司专门在《视野》节目中，播出了对霍金的专题报道。于是，英国公众有幸在电视荧屏上，看到霍金的生活和工作情况。他驾着轮椅，在剑桥各处高速行进；他以一种别具一格的方式，与他的学生和同事进行交谈；在西大街的家中，他与简和孩子们在一起享受家庭团聚；他奔走于各地，参加官方的聚会。由此，公众被这位身患残疾的大科学家给迷住了。杂志上也接二连三地发表文章报道他。伦敦的《泰晤士报》和《电讯报》连续刊登关于他的文章，《纽约时报》《新闻周刊》和《名利场》也对他进行了深入的采访。那一时期，在新闻媒介和一般大众的眼中，霍金与“黑洞”几乎成了同义语，霍金也成了英国家喻户晓的明星人物。霍金的大名，甚至传到了英国王室，连最显赫的王室成员都知道了斯蒂芬 · 霍金这个名字。

1980 年，剑桥大学举行建校 500 周年纪念大会，英国女王伊丽莎

白二世也出席了这次大会。会上，伊丽莎白二世接见了一些著名的科学家。虽然她没有接见霍金，但显然她已经知道霍金这个人，因为当她从霍金身边经过时，她对旁边的人低声说："喂，这不是那位提出黑洞学说的人吗？"

也是这年夏天，剑桥大学校长菲利浦亲王来剑桥大学视察，他告知学院领导，说他要到霍金家进行私人访问，以便和霍金更好地交流。

简得知这个消息以后，立即做了一盘水果蛋糕，并插上 6 支蜡烛。亲王来到后，简点燃了蜡烛。他们的小儿子蒂莫西幸运地和亲王一起吹灭了蜡烛，这使得蒂莫西扬扬得意了好久。而他们的大儿子罗伯特却因为当时充当摄影师而错过了这份荣誉。

遗憾的是，因为菲利浦亲王还有另外一个约会，没有时间与霍金进行一次长谈了，所以亲王吹灭蜡烛以后就走了。不过，亲王临走时，还特意带上了那盘蛋糕，这让简感到异常兴奋。不仅如此，几天以后，简还收到亲王托他的私人秘书内维尔爵士写来的一封感谢信，说她的蛋糕好吃极了，他们在办公室里美餐了一顿。

1981 年，世界上发生了两件惊天动地的大事。4 月 12 日，美国"哥伦比亚号"航天飞机在佛罗里达的肯尼迪航天中心点火升空，开始了它的第一次太空飞行，并于 4 月 14 日在加利福尼亚爱德华兹空军基地安全着陆。7 月 29 日，戴安娜和查尔斯王子在白金汉宫举行了盛大的婚礼，有多家电视台对这场婚礼进行了转播，全世界大约有 7.5 亿观众在电视机前见证了他们的结合，人数比一场世界杯的观众还多。这场婚礼，被称为"20 世纪最美丽的童话"，英国政府还把这一天定为公共假日。

对霍金一家来说，1981 年也是值得高兴的一年。这年的 12 月底，英国女王伊丽莎白二世宣布，鉴于霍金在黑洞研究方面的先驱性工作，封他为大英帝国二等勋位爵士。由此，霍金的名字被列入1982年新年授勋的名册上。授勋仪式于1982年2月23日在白金汉宫举行。

由于担心霍金的轮椅控制不当而出问题，简和霍金决定，由简和罗伯特、露西陪同霍金一同前往白金汉宫授勋，但蒂莫西因为年龄太小，未能一同参加。

他们都要穿着新衣服参加授勋仪式，罗伯特穿上了他人生中的第一套西服。12岁的露西正是顽皮好动的年纪，但为了这样一个隆重的仪式，她也不得不忍痛割舍她最爱的牛仔裤和T恤衫，换上了母亲为她精心准备的礼服。

为了能在第二天上午10点前到达白金汉宫，霍金一家提前一天就开车来到伦敦，住在皇家学会为会员准备的顶层公寓里。也许是因为太过兴奋，晚上，简在清理次日穿戴的衣物时，却怎么也找不到露西的新皮鞋。露西表示无所谓，穿旧校鞋还要舒服一些。但简坚决认为不可以，因为那双校鞋已经磨损，在这样隆重的场合穿它，绝对不合适。于是，第二天一大早，简就带上露西到刚开门的鞋店买了一双新鞋。到了白金汉宫后，霍金一家人被服务人员带到一个专门的入口，乘一座老式电梯上了几层楼，然后又有人彬彬有礼地领着他们穿过一道迷宫似的走廊，走廊里有各种各样的家具、名画和中国花瓶之类的贵重物品。他们只能匆匆一瞥，无法细细欣赏。进入主厅后，他们就被分成两拨儿，罗伯特和霍金被领到受勋者行列，而简和露西则被领到富丽堂皇的主厅边上，她们可以从这个地方清楚地观看整个授勋过程。

在大厅的一端，有一个铺着红色天鹅绒地毯的台子，金色的光线从大厅顶部照在台子上，整座大厅显得庄严、肃穆而又不失柔和。在大厅另一端的厢楼里，一支军乐队正在演奏一首乐曲。当女王伊丽莎白二世莅临时，军乐队奏起了英国国歌。然后，主持人宣布授勋名单，每个受勋的人排队等待女王接见。

当霍金的轮椅被罗伯特缓缓推动着来到女王面前的时候，整个大厅鸦雀无声，人们都聚精会神地看着这对父子。轮椅里的霍金把头垂在胸前，几乎一动不能动；轮椅后面站着满头金发、个子高高、有些兴奋又有些害羞的罗伯特。一个身体严重残疾的人，凭着他不屈不挠的坚强信仰和意志，取得了如此巨大的成就，这场景让在场所有的人都感到震撼和刻骨铭心。当女王伊丽莎白二世将一个红蓝相间的十字形勋章挂到霍金的脖子上时，现场爆发出了雷鸣般的掌声。

授勋仪式结束后，霍金一家四口到一家豪华饭馆吃午饭，并兴奋地讨论着授勋仪式上的见闻和感受。露西拿过父亲的勋章和母亲一起仔细地端详起来。勋章上系有一条灰色纹边的红带子，上面题有“为了上帝和帝国”字样。跟勋章在一起的还有一个小本子，他们仔细看了里面的内容发现，露西作为大英帝国二等勋位爵士的女儿，享有在圣保罗大教堂的小教堂里举行婚礼的资格。

1989 年，霍金被再次授勋。这次授予的是“勋爵”，是英国最高的荣誉称号之一，比“爵士”称号要高，是对公职人员和知识分子的最高表彰。

授勋仪式在 7 月举行。这次授勋仪式出现了一段小插曲，让女王大为惊恐。当霍金一家被领到举办授勋仪式的帝国大厅时，霍金像往常一样，驾驶着他的电动轮椅，一直向敞开着的门驶去。女王伊丽莎白二世穿着带白色条纹的王室蓝礼服，站在室内另一端的壁炉旁边，正微笑而友好地等待着霍金一家。霍金急匆匆地向女王那边驶去。但由于车速太快，一不小心，地毯卷进了他的车轮，车子骤然停下，无法前进。房间里除了霍金一家人，只有女王一个人，她犹豫了一下，然后做了个手势，表示她要亲自上前把笨重的轮椅拖出困境。简一时惊慌失措，不知如何是好。幸好女王的侍从迅速赶来，抬起轮椅的前轮，这才解除了混乱。

在慌乱中，简竟然忘记了行屈膝礼，而女王也在发表简短的欢迎词时，忘记了握手。经过短暂尴尬的沉默后，女王迅速镇定了自己，高兴地将勋爵勋章授予霍金。简代表霍金接受了勋章，然后把勋章拿给霍金看，并大声念出上面的题词："行为忠诚，荣誉高尚。"

霍金利用语音合成器致答谢词："谢谢，陛下。"

接着，简献给女王伊丽莎白二世一本带有霍金拇指印纹的《时间简史》，当时，这本书正畅销全球。可女王显然还不知道这本书，她还以为这是一本介绍法律的通俗读物，便问道："这是一本为律师写的通俗读物吗？"

简十分惊讶，女王怎么会把这本书看成是与律师有关的书呢？于是，她简单介绍了一下这本书的内容，还谈了一些霍金最新的研究成果，甚至还给女王介绍了一下霍金使用的语音合成器。霍金用语音合成器向女王表示，他十分抱歉不能与女王直接交谈，而且发出的声音是美式口音。他还告诉女王，他经常乘飞机到世界各地去领奖，马上又要去西班牙。

女王显然知道霍金在国外得了许多奖，因此又问简："菲利浦最近没有给斯蒂芬什么奖吗？"

简一下子被弄蒙了：菲利浦？菲利浦是谁呀？沉思片刻，简才想起来。原来女王是问菲利浦亲王，只有把菲利浦和亲王连起来，她才知道指的是谁。于是，简急忙回答说："6 月 15 日已经给了奖的，剑桥大学将'荣誉博士学位'授予了斯蒂芬。"

女王的接见，就这样在轻松的交谈中结束了。女王再次向霍金表示祝贺，然后握手道别。

此前，剑桥大学将"荣誉博士学位"授予了霍金，这在剑桥大学是十分罕见的。当时，菲利浦亲王出席了这一特别授奖仪式，以表示他对霍金的关心和重视。在庄严的仪式中，霍金在铜管乐队的伴奏下，驾驶轮椅通过了凯斯学院的"荣誉门"。

与此同时，国内外的奖励也源源不断地向霍金涌来。这些荣誉，足以证明霍金在英国乃至全世界都有着十分重要的影响。可以说，此时的霍金正处于他事业的巅峰时期。

03 著作畅销，《时间简史》席卷全球

应该说，世界上绝大部分人，都是通过《时间简史》这本科普读物认识霍金的。可是，读者往往只知道书的内容通俗易懂趣味横生，却不清楚《时间简史》的写作和出版背后，那些鲜为人知的故事。

一开始，霍金根本没有写科普读物的想法。但简曾经建议他写一本通俗读物来介绍他对宇宙的研究成果。这样，不但简可以从这本通俗读物中了解到一些霍金的研究成果，纳税人也可以通过这本书知道他的研究的价值，而纳税人又可以影响政府，从而更好地支持他的研究。关于这一建议，简还有她自己的小算盘，就是希望通过科普读物的出版得到一些收入，进而支持孩子能进入最好的学校。

霍金写《时间简史》除了受到简的影响，还受到剑桥大学出版社的编辑米顿的影响，米顿一直劝说霍金为人数众多的普通读者，写一本介绍宇宙学方面的书。开始时，霍金对简和米顿的建议毫无兴趣。但

到了1982年的下半年，他忽然改变了想法，也许是觉得简从经济方面的考虑很有道理。霍金觉得，随着孩子的增多和日渐长大，他们所需的学费让他们家的经济日趋困难，而通俗读物如果能畅销，那收入应该是十分可观的。

霍金在《我的简史》中说："我在1982年首次打算写一本有关宇宙的通俗读物，我的部分动机是为我女儿挣一些学费。但事实上，在这本书出版时，她已经是上学的最后一年了。我写这本书的主要动机，是想解释我们已经在何等程度上理解了宇宙。我们一直在寻找能描述宇宙和宇宙中的万物的一个完备理论，现在我们离这个目标是多么接近。"

霍金以前的学术书籍，都是由剑桥大学出版社出版的，这个出版社也出版过许多著名科学家的科普读物，销量都不错。所以，霍金开始跟剑桥大学出版社商谈出版科普读物的一些事宜。责任编辑米顿跟霍金交代了出版科普读物的相关要求，于是，霍金按照米顿的要求开始写起来。

1983年初，霍金把好不容易写完的初稿拿给米顿看，期待米顿对书稿提出宝贵的意见。米顿飞快地翻阅完霍金的书稿，然后放下书稿，对坐在轮椅上稍微有些紧张的霍金说："还是太专业了，专业术语和方程式太多，"然后，他又继续说道："你要这样想，每一个方程式都会使书的销售量减少一半。"

霍金惊讶地问："真的吗？为什么会这样？"

多年的出版工作经验，使米顿非常了解读者买书时的心理状态，他解释说："当人们到书店看书时，他们只是很快地翻阅一下，然后就决定他们是否喜欢读。你这本书上几乎每一页都有方程式，读者一看到这些方程式就会立即认为，这是一本解数学题的书，然后就会放回书架。”

霍金接受了米顿的意见。但是，剑桥大学出版社面向的读者市场，仅限于在校学生和一些高级知识分子，并不是霍金真正想要影响的那一类人，更何况米顿提供的稿酬，跟霍金所期望的相去甚远。因此，霍金跟米顿没有达成合作协议。

霍金在《我的简史》里谈到这个问题时说：“如果我准备花时间和精力去写一本书，我就要让它传播给尽可能多的人。我以前写的专业书，一向由剑桥大学出版社出版。那家出版社做得很好，但我觉得它不会真正地面向我想影响到的那一类大众市场。”

后来，霍金认识了一位名叫阿尔·朱克曼的文学著作代理人，是一位同事的亲戚介绍给他的。霍金把自己写的初稿的第一章给了这位代理人，并且解释说，他希望这本书成为在机场书店就能买到的那类书。朱克曼告诉霍金，那不太可能，它或许会在学术界和学生中销售良好。

1984年，霍金把全书的第一稿交给了朱克曼，朱克曼随即把它发给几位出版商，其中有诺顿图书公司和矮脚鸡图书公司。朱克曼建议霍金接受诺顿图书公司的报价，可霍金认为矮脚鸡公司更适合这本书的出版，因为这是一家面向大众市场的出版商。虽然这个公司并非专门出版科学书籍的出版商，然而它的出版物在机场书店很轻易就能买到。霍金很快和矮脚鸡图书公司签订了出版合同，从而让矮脚鸡公司战胜了竞争对手诺顿图书公司，以25万美元的预付款，取得了在北美和加拿大出版该书的版权。

《时间简史》写作的过程是十分不容易的，与编辑的合作也非常艰难。矮脚鸡图书公司的编辑古扎蒂，是一个对工作非常尽职尽责的人。

作为一个编辑，古扎蒂努力将自己放在一个普通人的位置上，考虑着人们是否会掏钱买这本书，以及是否会读这本书。因此，他看了霍金的初稿后，尝试着跟霍金表达了自己的想法，并建议霍金重写，直到把这本书写得像他这样的非科学专业的人都能理解。霍金接受了古扎蒂的建议。每当他写完一章，就马上发给古扎蒂看。古扎蒂看完后，都会给霍金发回一个长长的列表，把一些有异议和需要澄清的问题清晰地罗列下来。跟霍金这样有个性的人合作，古扎蒂同样要付出成倍的艰辛和努力。他总会指着书稿对霍金说："很抱歉，霍金教授，这儿我不懂。"

有时，霍金对古扎蒂也特别恼火，这么简单的东西都不懂，真活见鬼了。但古扎蒂坚持不懈，对任何一个不懂的地方都绝不放过，也不管霍金怎样愤怒。古扎蒂在回忆中说："我坚持不懈，一直坚持到霍金让我懂得了他写的东西，我才罢休。也许他会认为我有一些笨，但我做这本书本身就是在冒险。我不松劲地埋头苦干，直到我能理解他在说些什么为止。"

朱克曼在提起古扎蒂所做的努力时说："我猜想古扎蒂对霍金的每一页书稿，都至少要写 2 到 3 页的编者意见，目的就是让霍金对他的思维跳过去的那些东西做详细说明，因为不这样做别人就不理解。"

但是，霍金很快发现，根据古扎蒂的建议修改后的书稿，看起来通俗易懂多了。霍金很快明白了，古扎蒂是对的。掌握了一定的方法以后，书稿后面的部分，霍金修改得越发得心应手。总之，他们合作得相当愉快。古扎蒂说，霍金在整个过程中，一直极其和蔼可亲，并对他表现出了极大的耐心。古扎蒂是一个非常谦虚的人，他对于霍金在书中"作者致谢"一栏中给予他的过多的赞扬，表现得相当低调。他说："我只是做了任何智力正常的人都会做的事，我不屈不挠，直到我能看懂到底发生了什么事为止。"

1984年圣诞节来临时，霍金的初稿终于被朱克曼和古扎蒂两位编辑通过。当然，这还只是万里长征的第一步，后续还有许多要做的修改工作。出版商和编辑的固执与愚笨，有时甚至让霍金忍无可忍，几乎要撒手不干了。每当这时，他们又会绞尽脑汁说服霍金继续进行。

在霍金改写他的通俗著作时，他的研究生们并不热情。他们对一个堂堂的教授去写通俗读物这一行为表示轻视和不满，但霍金本人却明确地表示，除了想以此缓解家庭经济困难，他还负有对一般民众进行宇宙学启蒙的使命和责任。

1985年7月，霍金到日内瓦的欧洲核子研究中心工作了一段时间。不幸的是，8月初，一场突如其来的肺炎，差一点让霍金丧命。后来，虽然勉强保住了性命，但由于手术时气管被切开，霍金永远地失去了说话的能力。

这一场重病，使《时间简史》的写作几乎中断。出版方也认为，即使霍金大难不死，也无法像以前一样正常地思考和工作了。但谁也没想到，顽强的霍金在医生的帮助下，又一次从死神手中逃脱。他离开医院后不久，就开始进入工作状态，继续修改《时间简史》。

霍金在《我的简史》中回忆说："我在欧洲核子研究中心工作时，得了一场肺炎，只好中断了这部书的撰写。若不是得到了一个计算机程序，要完成这部书根本就是不可能的。虽然用这个程序进度有点慢，但那时我思考得慢，所以这很适合我。我利用它几乎完全重写了我的第一稿，以回应古扎蒂的要求。我的一位学生布莱恩·惠特，协助我做了这一次的修改。

就在《时间简史》即将出版发行时，有一位科学家得到了这本书的试印版，那是提供给《自然》杂志写评论的。他发现这部书的照片和图片的位置及标号错误百出，立刻被吓坏了。他随即给矮脚鸡图书公司打电话，他们同样也被吓坏了，并且立刻决定召回并废弃这个印次。矮脚鸡图书公司花了整整三周时间，来改正和重校全书，并及时抢在愚人节出版并铺到书店里。正好在那个时候，《时代》周刊刊登了霍金的封面人物介绍。

1988 年 4 月，《时间简史：从大爆炸到黑洞》终于出现在美国各地的书店。为了促进图书的销售，霍金还专程到美国纽约的洛克菲勒学院出席了《时间简史》新书发布会，并在会上发表了讲话。

刚开始，出版社并不太看好这本书的销量，所以只印了 4 万册。只是没想到，这本书刚一上市就被抢购一空，仅在美国就售出了 50 万册。到 1988 年夏天，霍金的这本书，被列为畅销书长达 4 个月。由此，霍金的名字也很快家喻户晓，全美的新闻机构纷纷报道 1988 年出版界的这一盛事，美国飞机场的书亭都在热销着这本书。

在芝加哥，斯蒂芬·霍金迷迅速组织起来，还成立了一个俱乐部，并开始销售霍金 T 恤衫。从洛杉矶到匹兹堡，在那些中小学生和大学生心目中，霍金具有了与摇滚明星一样的地位和商业号召力。

尽管如此，矮脚鸡图书公司还是为这本书的销量感到震惊。《时间简史》在《纽约时报》畅销书榜列名达 147 周之久，而在伦敦《泰晤士报》畅销书榜列名达 237 周之久，并且已被翻译成 40 种文字，在世界范围内销量超过 1000 万册，创造了出版界的神话。

关于《时间简史》这本书，《纽约时报书评》曾经刊载了这样一段评论文字：“在一本轻松活泼、条理清晰的小书里，霍金和所有能读书识字的人分享他对宇宙肇始及命运的看法。他的书是一名科学家以难能可贵的勇气所做的少见的分享，呈现出一个让人目眩神迷的景象，并且具有一种顽皮的幽默感。”

从《自然》杂志到《每日邮报》，许多报刊都对《时间简史》大加赞赏，一篇接一篇的访谈文章出现在报纸和杂志上。一时间，霍金成了大名人，面对众多新闻媒体的围追堵截，他必须经过认真挑选才能决定与哪些记者会面。

此时，霍金仍然希望尽可能地赢得最广泛的读者。他希望医生、律师和学习科学的学生都来读他的书，他甚至希望工地上的工人和商贩也读他的书。他在演讲中说：“我很高兴一本科学方面的书籍能和明星的回忆录竞争，也许这样人类才有希望。我很高兴这本书能被一般大众所接受，而不仅仅是学者。当今时代，科学起了巨大的作用，所以，我们每个人对科学是什么应该有一些概念，这是非常重要的。”

1988 年 6 月，《时间简史》在英国出版，短短几天，就被抢购一空，并很快在英国的畅销书排行榜上名列榜首，整个夏天都没有其他书可以与它抗衡。到了 1991 年，它的精装本在英国仍被列入最畅销书的前 10 名，而在英国这本书至今还没有出版平装本。到了 1992 年，全世界每 970 人中，就会有一本《时间简史》。

在提起《时间简史》为什么如此畅销时，霍金在《我的简史》中是这样解释的：“毫无疑义，我身罹疾病然而却努力使自己成为了理论物理学家这种让人们感兴趣的故事，也对这本书的销售起到了助推的作用。还有人说，许多人买这本书是为了在书架上或者咖啡桌上展示，实际上并不阅读。我肯定这种事会发生，尽管我不知这种情形，是否会比其他大多数严肃的书籍更甚，但我的确知道至少有一些人读完了它。因为每天我都会收到关于此书的一叠信件，许多人提出问题并且做出许多仔细的评论，这表明他们读了它，尽管他们不能理解它的全部。

我还在街上被陌生人拦住，他们告诉我他们是多么欣赏这本书。”

霍金以难能可贵的勇气写出了这本书，使得一般民众中的很多人知道了宇宙学，知道了黑洞。这本书对科学知识的普及，起到了任何一本书都没起到过的作用。由此说来，霍金功不可没。

04 病情严重，彻底失去说话能力

随着时间的流逝，霍金的身体越来越脆弱，对于他来说，任何一点轻微的风寒或者感染都是致命的威胁。

1985 年春天，欧洲核子研究中心发出邀请，让霍金去那里工作一段时间。经过一番考虑，霍金接受了邀请。他觉得，在瑞士日内瓦这一良好的环境下，他可以一面继续研究宇宙学中的基础性问题，一面抽出时间加快《时间简史》的写作进程。

7 月 29 日，霍金在他的新秘书劳娜以及几个学生、护士的陪同下，乘飞机离开伦敦前往日内瓦。这一次，因为简要留下来送罗伯特参加童子军探险队，所以没有陪同霍金前往日内瓦。罗伯特参加的童子军探险队计划要越过一条河，然后划船绕冰岛的北海岸航行。简对罗伯特的安全充满了忧虑和担心，对霍金倒是不太担心。因为日内瓦并不遥远，而且瑞士先进的医疗保健水平世界闻名。所以，当霍金一行人离开家时，简并没有感到担心和紧张，很随意地与霍金挥手告别。

近些年，霍金经常飞往世界各地，甚至还去过遥远的中国。简根本没有意识到这次日内瓦之行，霍金会发生什么危险。而且，她心里还有一个完美的计划要实施。她打算把罗伯特送走后自己再去德国，然后在拜罗伊特等着与霍金会合，一起观看歌剧《尼伯龙根的指环》。

拜罗伊特是德国中东部巴伐利亚州的一座小城，每年的 8 月到 9 月间，欧洲古典音乐界一年一度的传统盛会瓦格纳音乐节，都要在这座小城定期举行。第一届瓦格纳音乐节举办于 1876 年 8 月 13 日，德国伟大的音乐家理查德·瓦格纳选择拜罗伊特这座小城，上演了他的四幕歌剧《尼伯龙根的指环》。随后，瓦格纳就在此定居，这座小城也从此闻名于世。

一开始，简并不喜欢瓦格纳的音乐，但后来受霍金的影响，逐渐开始喜欢这位作曲家。这一次，简计划 8 月 8 日在拜罗伊特与霍金会合，一起观看《尼伯龙根的指环》，然后再和霍金一起返回日内瓦。《尼伯龙根的指环》这一四幕大型歌剧，已经成为拜罗伊特节日剧院的保留节目，长演不衰。爱尔兰著名剧作家萧伯纳曾写了一部书叫《瓦格纳寓言》，试图向英国人揭开《尼伯龙根的指环》的面纱，希望在英国也能发展出类似的音乐文化。

8 月 7 日，简到了德国巴伐利亚州的罗滕堡。罗滕堡是一个位于拜罗伊特附近的著名旅游小镇，以拥有中世纪的遗迹而闻名于世。当天下午，简往日内瓦打了一个电话，想确定一下第二天与霍金会合的相关事宜。没想到，电话刚一接通，霍金的新秘书劳娜就异常急促地说："天哪，可等到你的电话了！你必须马上赶到日内瓦，霍金现在躺在医院里，处于昏迷状态，我们不知道他还能活多久。"

这个可怕的消息犹如晴天霹雳，一下子让简震惊得目瞪口呆，她立即陷入了内疚的旋涡之中。她认为，霍金所遭遇的灾难，完全是由于自己的粗心大意。为此，她在内心反复地自责："为什么在没有我陪伴的情况下，让霍金独自出门远行？只有我才熟知他的身体状况，他的需要，他的药品，甚至他的好恶和他的担忧。作为他的代言人，我怎么能轻易把他交给不了解他的医生摆布？"

简随即上了汽车，前往日内瓦，沿途她不断地祈祷："上帝啊，请您救救他吧，千万让他活着啊！"

在日内瓦的医院里，简见到了霍金，所幸他还活着，这让简一颗悬着的心稍稍踏实了一点。然而霍金的病情非常严重，丝毫不容乐观。他躺在病床上，两眼紧闭，昏睡不醒。他的嘴和鼻子上罩着氧气罩，身体的各个部位连接了数不清的管子和电线。监视器的显示屏上，那绿色和白色的波线不停地抖动，可以感觉到，霍金正在和死神做着顽强的搏斗。

霍金这次病危，是因为他到了日内瓦后，咳嗽加剧了。如果当时有简陪在他的身边，也许不会出什么问题。因为他的咳嗽多半是正常现象，以前遇见这种情形，简就会把霍金抱在怀里，轻轻地捶他的背，这样咳嗽就会逐渐平息。但这一次，简不在身边，而劳娜又是刚顶替上来的秘书，什么情况都不了解。于是，她和几个学生都极力建议把霍金送进医院。而霍金又无法向这些人讲明情况，只好任由他们摆布。到了医院，医生也没见过这种病人，于是就当作是肺炎，把大量抗生素和营养品输入病人体内，结果导致了霍金的昏迷。

幸亏值班医生刚从电视上看到了介绍霍金的节目，知道这位病人患有肌肉萎缩侧索硬化症，因而清楚该给病人用什么药、不能用什么药，否则，就很可能出现更可怕的后果。

当霍金在医院被抢救时，劳娜发疯似的打电话寻找简，但是不知道她的行踪，直到简打电话到日内瓦来。

简来到医院时，霍金的病情已经得到了控制，暂时脱离了生命危险。但医生对简说，如果不施行手术将气管切开，霍金生存的希望将十分渺茫。虽然手术是必须的，但简明白，手术后霍金可能再也不能讲话，甚至不能发出任何声音。

一时间，简不知道该如何决定。后来简在回忆录中写道：“当时看来前途非常、非常地暗淡，我不知道该如何是好！如果他要生存，那么我就要为他做出决定，就要做气管切开术。但我还是自责地想，我做了什么呀？我使他陷入了什么样的境地了啊？”

要想保住霍金的性命，手术是非做不可的，但霍金的身体暂时还不允许做切开手术。于是，霍金又在日内瓦综合医院住了两个星期。后来，简和同伴们经过商议，决定把霍金带回英国治疗。于是，他们联系了英国的医院，并租了一架空中救护机一起返回了剑桥。在剑桥机场，阿登布鲁克医院的特护病房主任约翰·法曼带着救护车，在飞机跑道上等待他们的归来。

由于护理得法，回到剑桥的第三天，霍金的病情就稳定了下来。约翰·法曼认为，可以让霍金停止对呼吸器的依赖。他还热情地鼓励霍金在没有器械的帮助下，积极地锻炼自主呼吸。

到了 8 月 20 日，霍金奇迹般地让人们松了一口气。因为他不仅可以在没有器械的帮助下呼吸，还有了一些力气，样子看起来也舒服了许多，似乎可以避免手术。但没过几天，霍金的肺部又被新型细菌所感染，不得不再次借助呼吸器呼吸。约翰·法曼和简想尽办法避免手术，简甚至请了很有名的催眠师来帮助霍金减缓恐惧心理、放松呼吸肌，但最终还是失败了，做气管切开手术成为唯一选择。

进入 9 月，霍金的身体再次出现好转，医院决定，趁他身体好转之机做气管切开手术。

霍金的手术十分成功。经过一段时间的特别护理后，他很快恢复了以往的生机和活力，但也付出了惨重的代价，因为手术彻底剥夺了他说话的能力。霍金后来回忆说："一位名叫罗杰·格雷的外科医生为我进行了气管切开手术。这个手术救了我一命，却使我从此失声。"

此时，显示器以及软硬件系统工程师大卫·梅森开发出一款新的软件。他将这一软件程序安装到了霍金所坐轮椅的电脑上，于是霍金就可以利用这款特殊的软件和语音合成器，来与他人"对话"。虽然声音不再是他自己的声音，但总算可以和他的学生、同行和家人交流了。经过一段时间的使用，霍金每分钟可以输入 10 个字。对此，他满意地说："有点慢，但我思考的速度也不快，所以它很适合我。"

这套设备唯一让他不太满意的是，它是美国人研制的，因此发出来的声音都带美国口音。但久而久之，霍金也适应了这个口音。有时，霍金的幽默感发作，还会用他的语音合成器跟别人开玩笑。有一次，霍金和简在他们买的法国乡村别墅中举行家庭聚会。霍金为了让大家玩得尽兴，就用语音合成器给大家讲美国口音的法语，以此向参加聚会的人表示衷心的感谢。

即使在学术报告会上，霍金有时也会开开玩笑，让大家乐一乐。每次学术报告结束后听众可以提问，霍金在回答问题时，由于语音合成器的操作需要时间，一般至少得十来分钟。这时，霍金就会告诉大家："在我们准备答案的这段时间里，请你们看看报纸，相互交谈，放松一下。”

有时问题的答案很简单，只有“是”或者“不是”，这时，霍金为了逗乐，却会故意让听众等上 5 分钟才回答，这时听众就会不由自主地爆发出笑声。由此可见，霍金幽默的天性丝毫没有改变。一次，他甚至得意地说：“实际上，我比失声之前更加能说会道了。”

霍金离开医院回到家中后，立即开始修改《时间简史》，很快，他就把书稿交到了出版社。后来，《时间简史》成为了在世界上产生巨大影响的畅销书。加上他又一次奇迹般地战胜死亡，并不断在科学研究方面创造奇迹，因此各大媒体都把目光聚焦在霍金身上。

霍金还经常出现在许多电视片中。1992 年圣诞节，英国 BBC 广播公司播出的主持人与霍金在《荒岛唱片》节目上的对话，就非常吸引广大观众的眼球。

主持人：请告诉我你在荒岛上首先要听的唱片。

霍金：那是帕伦克的《格罗里亚》。去年夏天，在科罗拉多的阿斯彭，我第一次听到它。阿斯彭主要是滑雪胜地，夏天的时候常开物理会议。紧靠阿斯彭物理中心有一个巨大的帐篷，那里正举行着音乐节。当你坐在那里研究黑洞蒸发会发生什么问题时，你能同时听到演奏，这是非常理想的事情。因为它把我的两个主要快乐——物理和音乐结合在一起了。如果我在荒岛中兼有两者，那我根本不想被拯救。我是说，直到我在理论物理学中做出要告诉所有人的新发现为止。

……

主持人：斯蒂芬，迄今你已比预料的时间多活了三十年。尽管人们告诉你说你将永远不能生育，你却当了父亲；你完成了畅销书；你改变了人们头脑中的空间和时间的陈旧观念。那么，在你有生之年你还计划做什么？

霍金：所有这一切之所以成为可能，只是因为我足够幸运地得到了大量帮助。我对自己所取得的一切感到高兴，但是，在我死之前还有许多想做的事。我不愿讲我的私生活，但在科学上，我想知道人们应如何把引力和量子力学以及其他的自然力统一在一起。我尤其想知道黑洞蒸发时会发生什么。

更为有趣的是，霍金在 1993 年 1 月拍的《星际迷航：下一代》系列剧中，本色出演了自己，并在剧中与扮演爱因斯坦、牛顿和戴塔的演员一起，打起了扑克牌，演员扮演的美国著名影星玛丽莲·梦露也坐在霍金的身边。爱因斯坦、牛顿和玛丽莲·梦露都是通过科学幻想故事中的“时空隧道”召唤回来的。

霍金是玛丽莲·梦露的“铁杆”影迷。在这部影片中，霍金扬扬得意地说：“任何一个能想到的故事，在浩瀚的宇宙里都可以发生。其中，肯定有一个故事是我和玛丽莲·梦露结了婚；也有另外一个故事，在那里，克娄巴特拉成了我的妻子。”

霍金成名以后，记者像潮水一般向他涌来。对此，霍金从来不厌烦也不躲避，总是热情、善意地对待记者，还不时地说出惊人之语，让人仔细回味后不免开怀大笑。这不仅仅显示出霍金很强的幽默感，也显示出霍金很突出的人格魅力。

有一次，一位记者问他，最使他迷惑不解、魂牵梦萦的是什么？

霍金的回答只有两个字：“女人！”

经常有记者问霍金相不相信上帝，他的回答往往视情况而定，但每一次的回答都十分巧妙。有时他回答说：“相信。如果您说的上帝，是指支配宇宙种种规律的一种体现的话，我就相信。”

让人不得不佩服霍金的幽默。实际上，幽默是一种更高层次的人生境界，是一种人生态度。

05 步入花甲，幽默依然无处不在

2002 年是霍金的本命年，这一年，他的人生已经完成了一个甲子轮回。60 年过去，霍金已是世界上最著名的科学家之一，又是最受广大读者欢迎的科普作家。

提起此时的霍金，英国粒子物理与天文学研究理事会主席伊安·哈里评价说：“霍金不但是能在同行中间激起热烈的反响的全球闻名的一流科学家，还是全世界的科学使者。他的贡献，已经远远超出了科学界，真正把基本物理学的快乐带给了大众，空前地提升了大众对宇宙学和物理学的认识和知识水平。”

霍金步入花甲之年，无疑是一个值得纪念的节点，世界科学界，尤其是英国科学界，当然不会放过这个千载难逢的机会，他们要热烈地庆祝一番。

2002 年 1 月，剑桥大学隆重举行了霍金 60 岁生日庆祝活动。在剑桥大学的数学科学中心，先后召开了两个会议，一个是 1 月 7 日至 10 日召开的学术讨论会，一个是 1 月 11 日举行的报告会。整个庆祝活动为期 5 天。

在 1 月 7 日至 10 日召开的学术讨论会上，与会者共同讨论了八大主题，即时空奇点、黑洞、霍金辐射、量子引力、M 理论、德西特空间、量子宇宙学和宇宙学。在这些领域的每个角落，人们都可以看到霍金的身影和他留下的印迹，而且他一直积极地活跃在其中。

霍金是从证明奇点定理开始越来越受科学界关注的，他在回忆时也多次说，他是从奇点走进黑洞的。加拿大阿尔伯达大学的物理学家伊斯雷尔在学术讨论会上指出："斯蒂芬积极走进萌芽的黑洞领域，基础是他在奇性定理方面的工作。他一进入这个领域，就带进了清新的气息。1971 年，在短短的几个月里，他奉献了 3 篇里程碑式的论文。这些论文，是研究黑洞的第一股洪流。而新的高潮，就是霍金深入黑洞奥秘中心并用上了量子力学。由此，黑洞与霍金几乎成了同义词。"

在 11 日举行的报告会上，霍金和罗杰·彭罗斯、基普·索恩等人做了科学普及的报告。后来，英国 BBC 广播公司于 2002 年 8 月 5 日至 8 日播放了这些演讲，节目的总题目是《霍金的演讲》。

剑桥大学三一学院院长、剑桥大学皇家学会教授马丁·瑞斯在演讲中说："我第一次遇见斯蒂芬，是来剑桥大学加入西阿马的研究小组时，那时的斯蒂芬，已经从牛津毕业来剑桥两年了。天文学家都有惊人的想象力，但我那时无论如何也想不到，有朝一日能够目睹这样一个盛大的庆典。能在这样盛大的场合讲话，真是我莫大的荣幸和快乐。"

他说："我从一句话说起，但这句话不是斯蒂芬的，而是爱因斯坦的。爱因斯坦最有名的一句话是‘宇宙最不可理解之处就是它可以被理解’。”

马丁·瑞斯指出：“我们确实在开始发现宇宙的意义。我们在度量宇宙的大小，正如古代先人和17世纪的航海家们度量地球的大小和形状一样。我先概括这些进步，然后提出两个疑难。”

接着，是美国加州大学圣芭芭拉分校物理学教授哈特尔发表演讲。30年前，哈特尔曾与霍金一起开始理论天文学的研究，并与霍金共同提出无边界宇宙模型，但他非常谦逊地说：“我总是跟随着霍金的灵感，并幸运地在他开拓的几个方向和他一起工作。”接着，他重点讲了霍金的宇宙波函数。

罗杰·彭罗斯和基普·索恩两位重量级天才学者的演讲，活泼幽默不拘一格，常常引得场上听众哄堂大笑，在笑声中，两个人免不了要挖苦一下霍金。霍金曾经几次用超人的胆量，预言什么时候可以得到“终极理论”，但预言都没有兑现。对于霍金的这个“软肋”，彭罗斯当然不会轻易放过。他不失时机地捅了霍金一下：“我很高兴斯蒂芬现在也正式步入老人的行列，所以，再不怕说一些令人吃惊的事情了。我们知道，斯蒂芬总是说一些令人吃惊的事情，以后他的胆子可能还会大一点儿。”

索恩在彭罗斯之后发表演讲。霍金曾几次和索恩打赌，而且每赌必输，索恩常以此为荣。因此，索恩在演讲的一开始便说：“在霍金60岁生日时讲话，是我莫大的荣幸和快乐。尤其令我高兴的是，我的讲话恰好安排在彭罗斯和斯蒂芬之间。因为，我要讲的实验计划，正是为了检验他们以及其他人在20世纪70年代，也就是那个黑洞研究的黄金时代，关于黑洞的迷人的理论预言。”

索恩谈到了许多正在完成和准备完成的实验设置和仪器，如激光干涉仪引力波天文探测器、比萨的法意探测器以及英德的探测器等。根据这些设备的探测，索恩认为研究宇宙诞生时的那个奇点，有着美好的前景。

谈到奇点时，索恩当然忘不了11年前那场他和普雷斯基尔赢了霍金的关于“裸奇点”的赌局。他知道，那次霍金虽然输了，却是被迫认输的，输得心不甘情不愿，所以，索恩趁机把这个赌局的前因后果重新描述一次。当时的赌状是这样的，霍金坚信裸奇点是应该被经典物理定律禁止和讨厌的东西，而普雷斯基尔和索恩认为裸奇点作为量子引力体，可以不被视界遮蔽，而让整个宇宙都能看到。输家要为赢家买一件蔽体的衣服，衣服上绣上适当的认输字句。

对此，索恩调侃道：“斯蒂芬已经输了！有他在加利福尼亚的一个公开演讲时认输的照片为证。按约定，他要给我和普雷斯基尔每人买一件印有认输字句的T恤衫。遗憾的是，我必须告诉你们，斯蒂芬在T恤衫上印的话大失风度。他在T恤衫上印了一个披着毛巾的女孩子，我的太太和斯蒂芬的太太吓了一跳，但斯蒂芬说话向来是没有遮拦的。女孩子披的毛巾上面写着‘大自然憎恶裸奇点’。斯蒂芬勉强认输了，却声称大自然憎恶他已经承认的大自然能做的事情。那么，他为什么认输呢？又为什么那么没有风度、公然自相矛盾呢？”

索恩卖了一个关子，然后回答说：“斯蒂芬是在超级计算机模拟的坍缩波面前被迫认输的。”

在演讲快结束时，索恩提到在他的60岁寿辰庆贺会上，霍金曾经送给他一个礼物。那一次庆贺会，于2000年6月3日在美国加州理工学院召开，霍金在会上做了题为《让历史学家放心的世界》的演讲。在演讲的末尾，霍金指出，从理论上说，时间也可以回到未来，但概率太小太小，以至于实际上并不可能。在他的祝贺演讲结束时，他开了这样一个玩笑："我估计基普回到过去杀死他爷爷的概率是1/1060。这可真是一个极小的概率。不过，如果你现在仔细端详基普，你会发现他的轮廓有点儿模糊。这些模糊不清正好说明，不知哪个'天生'的哥们儿靠着那点可怜的概率，从未来回到过去杀死了他的爷爷，所以，基普并不完全在这儿。"

索恩觉得一年前霍金送给他的这个"礼物"很有意思，他必须回赠一个礼物给霍金。于是，索恩说："斯蒂芬，在这个场合，在你60岁生日时，我要回敬你一个同样有趣的礼物。不过，它恐怕更像一个诺言，而不是一个具体的物理结果。我给你的礼物是，我们的引力探测器LIGO、GEO、VIRGO和LISA，将检验你在黄金时代的预言。在你70岁生日之前，它们就能做好。生日快乐，斯蒂芬！"

显然，科学家都有有趣、幽默的一面，而并非一个个都是只会死读书而不知人间乐趣的书呆子。他们之间那有趣的互相戏弄和调侃，充满了智慧和幽默，他们无疑是另一类天真可爱的人。

索恩之后，就轮到霍金上场。他果然也不负众望，一开始就幽默地讲到他生日前不久所遭遇的一次事故。

那是2001年12月28日，也就是霍金生日的前10天，霍金在去见第二任妻子伊莱恩的途中，飞驰的轮椅突然失控，撞上了路边的墙，结果撞伤了霍金的右腿。后来，他被送到剑桥大学医学院附属阿登布鲁克医院治疗。他说，那大约是果壳里59.97年的事情。圣诞节后的几天，我曾和墙有过一次较量，结果墙赢了。但阿登布鲁克医院又费尽气力把我拉了回来。

当然，霍金没有忘记与索恩打赌的事。霍金虽然输了，但心里却不服气。霍金说，是因为在立赌状时措辞不小心，才让他输了一次。虽然赔了两件 T 恤衫，但他们两位很不满意我在 T 恤衫上写的话。

结果双方再次打赌。霍金因为没有要求一般性而输了一次赌，但他仍然坚信裸奇点是讨厌的东西，应该被经典物理定律禁止。鉴于此，霍金特向普雷斯基尔和索恩提出如下的赌状：从一般初始条件出发的动力学演化，绝不可能产生裸奇点。输的一方仍然像上次一样，给赢家买一件蔽体的衣服，衣服上必须绣上恰当的、真正认输的字句。

双方都知道，这是一次更大的挑战，他们决定利用超级计算机模拟和引力波探测器做更多的观测，去寻找更大和普遍存在的裸奇点。对此，索恩充满激情地说："这一次，我和普雷斯基尔恐怕要输了，这是多么激动人心的挑战啊！"

在演讲中，霍金说他想到了引力波重整化，却在重整化过程中发现了"鬼"。他指的"鬼"就是"负几率"。但几率怎么可能是负的呢？那不是真见了鬼吗？后来霍金认为，如果真见了"鬼"，那也不过是说明我们不能以任意想象的精度做预言。如果能理解和接受这一点，那我们就能快乐地与"鬼"同在了。

霍金的幽默无处不在，实在令人叹服。有一次，一位女游客在街上拦住他，问他是不是那个著名的斯蒂芬·霍金。霍金回答说，那位她想认识的霍金，要"比我好看多了"。在这次演讲中，他又极其幽默地提到了另一件往事，就是为什么他当上了人人羡慕的卢卡斯教授。他说，那是因为他在剑桥大学应用数学和理论物理系工作时，在办公室的门上贴过一张不干胶字条，上面写着"黑洞是看不见的"。系主任见了这张字条很是生气，于是霍金开玩笑地说："他之所以策划推选我做卢卡斯教授，是为了凭这一点，把我搬到一间更好的办公室，然后，他好偷偷撕下老办公室门上那张令人不快的字条。”

据说，在新的办公室门上，霍金又贴上了一张字条：“请安静，老板睡着了！”不知这次会引起谁的不愉快。但想来他的研究生们见了这个字条，肯定会茫然无措，不知道该不该敲门。

霍金在演讲结束时说的话非常感人，也非常值得铭记，他说：“活着做理论研究，是我快乐的时光。我们的宇宙图景在过去 40 年里已变了许多，如果说我曾为之做过点滴贡献，我感到幸福。我愿意和大家分享我的兴奋和激情。”

在为期 5 天的庆祝大会结束时，所有参会人员都得到了一个很有意义的纪念品——一只别具一格的杯子。杯子的特别之处，是它的两面颜色不同，一面是白色的，一面是黑色的。黑色一面画的是表示霍金的无边界宇宙的几何图形，同时写着：理论物理和宇宙学的未来，斯蒂芬·霍金 60 岁生日庆贺会，剑桥大学 2002 年 1 月 7 日—11 日。而白色一面则写着：霍金说，$T_H=\frac{hc^3}{8\pi GMk}$，于是黑洞发出光来。这个公式是霍金最喜欢的温度公式。

第七章

婚姻生活：从相濡以沫到分道扬镳

01 微妙差别，不一样的家庭背景

谁也没想到，正当霍金的事业如日中天之时，他和简一起历经千辛万苦组建的家庭，却悄然崩塌。1990 年，霍金与简这对在患难中相扶相携走过了无数风风雨雨的伴侣，却令人意想不到地离婚分手，各奔前程了。

每一个了解他们过去的人，都为之痛心和遗憾，更多的是种种的不理解。可他们，已经实实在在地分了手，这是不争的事实。

托尔斯泰说：“幸福的家庭总是相似的，不幸的家庭却各有各的不幸。”就像霍金和简一样，他们曾经浪漫地相爱，携手并肩地走进了婚姻的殿堂，并和大多数幸福的家庭一样，过着幸福而温馨的生活。

但是，随着霍金的名声越来越大，他的家庭逐渐出现了矛盾和裂痕，最后导致了不幸的离婚。这种不幸，对霍金和简来说，所体现的方式各不相同。在婚姻与爱情上，是无法追究谁对谁错的，婚姻破裂，双方都是不幸者，都是受害者。

其实，霍金和简都出生于知识分子家庭，但两个家庭无疑存在着微妙的差异。

1944 年，简出生于一个知识分子家庭，父母都是虔诚的教徒。简的父母在过日子方面习惯于循规蹈矩，不会有任何出格的举动。最初，当简喜欢上霍金并且知道他患上了一种严重的疾病时，简忧心忡忡地把这件事情告诉了母亲，说霍金表现得很古怪。但她的母亲并没对她的选择说三道四，更没有横加干预，她只是告诉自己的女儿：“你为什么不为他祷告？这可能对他有所帮助。”

霍金同样出生于一个知识分子家庭，但他的家庭作风和传统却与简的家庭截然不同。在邻居们眼里，他们一家人总是显得与众不同。他们做事情常常特立独行，根本不在乎别人的看法和议论。比如，他们家的墙纸剥落下来在半空悬吊着，被风吹得上下左右来回舞动，可他们却视而不见，也不考虑重新换上新墙纸。他们可以开着一辆破旧、布满灰尘的轿车满世界跑，却不愿费心或花钱洗车，更不会想着把车装饰一下。只要车还能开，其余的他们都不在乎。这些，就是霍金父母的行事风格。霍金的穿着打扮，跟简比起来也是风格迥异，要么邋邋遢遢，要么让人感到奇特和不可思议。

霍金母亲的性格尤其突出。她判断别人是不是优秀和可爱，往往不是依据是否正直善良或和蔼可亲，而常常是根据智力水平。在她眼里，过分地平易近人往往被视为性格上的严重缺陷。她对那些性格和善平易近人的人，常常持怀疑的态度。霍金深受母亲这些性格的影响，以至于简后来经常为霍金所具备的这种坚定的性格，感到惊愕和极其不适应。

霍金家庭的家族庞大，霍金有众多的堂亲和表亲。庞大的家族可能会带来某种安全感，但同任何大家族一样，家族中的个人会损失一些个性。这种庞大的家族，会使其中的成员不重视外界的朋友，至少霍金的母亲就有这种作风。他们自己的亲人都足够多了，多到足可以漠视家族以外的人群。由于家族人数众多，他们产生了一种至少不能被认为是理性的心理状态，就是对自己的群体充满信心，而且重视保护自己的价值。

简曾经发现，霍金的姑妈缪里尔与霍金家族的大多数人有些不同，她从不盲目地对其家族成员有信心。当她知道霍金要与简结婚时，缪里尔并不像其他家族成员那样，对霍金的选择抱有一种本能的信心。她对家族成员说："我必须亲自去看看，斯蒂芬到底要娶一个什么样的姑娘。"

但她这种朴实的心理和言谈，却被家族中的其他人认为是缺乏信心和智力水准不足的表现，因而引起了其他成员的恼怒，她的意见也被完全忽视。

而简的父母都是独生子女，因而他们的社会关系非常简单。当简见到那么多不仅血缘密切相连，而且面貌在她看来也十分相似的人们时，起初她还有些不太适应。

简的一家人都是虔诚的教徒，他们按时且虔诚地参加宗教活动，像礼拜和弥撒等。但霍金家里的人对宗教持自由主义态度，虽然也参加一些宗教活动，但并不严格要求，即使不参加也不会遭到严厉的批评。在简的心目中，霍金一家人似乎都具有无神论的观念。其中，有一件事情给简留下了极其深刻的印象。

那是他们婚后的第一个圣诞节，霍金跟简的家人一起去教堂做早礼拜。这件在简看来非常正常的事情，居然引来霍金家人的惊讶和挖苦。霍金的妹妹菲莉帕用讥讽的口气对哥哥说：“你现在觉得更圣洁了吗？”

霍金知道妹妹在挖苦他，他笑了一下，没有回答。

而让简没有想到的是，霍金的母亲却把话接过来说：“你哥哥当然是更圣洁了啊，因为他现在身边有了一位圣洁的女子，能不受影响吗？”

就这件事，简在回忆录中写道：“我不知道如何回应这些话，因为这些话似乎有某种攻击和挑战的味道，似乎在针对一个很重要的基本问题，那就是我的信仰。他们这种愤世嫉俗的态度缺乏真诚。”

很多时候，简都不知道该如何应对这种信仰上的分歧，因为在她的成长过程中，遵守教规是一件生活中最基本的大事情。她和弟弟克里斯每个星期一都会被父母带着到教堂去做礼拜，下午则会到主日学校去接受宗教知识教育。简小时候虽然也会在做礼拜时，摇晃着双腿坐在教堂的座位上，让思绪驰骋八方，但长期的宗教教育，使她笃信教义。也正是因为有宗教信仰的支撑，才使得她在日后霍金病情不断恶化到离不开她的照顾时，即使生活艰难到了极点，她也始终坚持不懈，一路支持和照料着霍金走向学术的巅峰。

在日常的生活中，简常常因为霍金的无神论倾向而痛苦万分。但她总能够用宗教的告诫，使自己忘记苦恼，让自己时时刻刻走在圣洁的道路上。她一直在努力追求获得个人圣洁的目标。她明白，如果自己不圣洁，又怎能在别人身上推行真正的圣洁呢？

简的父亲毕业于剑桥大学，后来又一直担任高级文官职务，所以，简在学生时代，就多次进入英国社会的高级社交活动中。她曾经出席过下议院的宴会，甚至还在一个炎炎夏日里，出席过白金汉宫的花园宴会。正因为拥有这样的家庭背景，所以简的父亲从她 6 岁时起，就告诉她，今后一定要努力学习，争取考上剑桥大学。这方面的情形，与霍金家颇有些类似。霍金的父母都毕业于牛津大学，所以霍金从小就被传输这样的观念：不进牛津大学，简直不可思议，而且得拿到奖学金。霍金父母的收入可能比简父母的收入少一些，进入牛津大学而没有奖学金的话，他们负担不起学费。

简依稀记得，在她 6 岁前后，有一次她和家人在祖母家度完假回家，她的父亲驱车穿过剑桥大学校区时，便对简说："喂，简，如果你勤奋的话，将来就可以到这里来学习了。"

简的父亲虽然收入比较高，但要支持他们姐弟俩读完大学，仍然要倾其所有，并不轻松。有一段时间，他们家该装修了，但由于要全力支持儿女们读大学，简的父亲舍不得请专业工人装修，想自己试着修补，凑合一阵子。可他的努力并没取得成功，在修天花板时，他有几次差一点摔下来。还有一次不知怎么弄的，一块天花板落了下来，出现了一个大洞，他自己也全身落满了灰尘和碎片。就这样，装修天花板的努力以失败告终。后来，他终于想通了，还是请专业人员干这些杂活更方便更省钱。

由此可见，简的家庭和霍金的家庭也有很多相似的地方，否则他们俩不可能一见钟情，更不可能走到一起。但他们两家在气质、风格和传统上，又有许多明显的细微的差别，正是这些差别，使他们在日后的生活中产生了不可调和的矛盾，并最终导致了离婚。

02 相遇相知，两颗心彼此靠近

1962 年夏天，简刚刚高中毕业，正在为进入大学的考试紧张地做着相应的准备。此时，简刚刚 18 岁，浑身洋溢着青春和朝气。一天下午，简把毕业后不再需要的那些高中书本，塞满五大书包准备带回家，学校里只留下一些大学入学考试可能要用到的课本。一切收拾妥当后，她决定跟同班好友戴安娜和吉莲一起去城里玩玩，放松一下因备考所带来的紧张和疲惫。于是，简戴上她喜爱的草帽，挎上书包，高高兴兴地与两位好友一起出了校门。

刚出校门不远，简忽然看见马路对面有一个形象有些怪异的年轻人正在朝着她们的方向走来。因为这个年轻人始终低着头，一头棕色头发向下蓬松着，脸被遮去了一大半，而且他走路有些磕磕绊绊，给人一种一不小心就会摔倒的感觉。这个年轻人好像正在思考着什么，完全没有注意到马路对面有群嘁嘁喳喳的姑娘正注意着他。

简和吉莲有些不礼貌地盯着这个年轻人看，但都不认识这个年轻人。吉莲还说：“这个人好古怪啊！”

而戴安娜显然认识他，她说：“他是斯蒂芬·霍金，我还和他约过会呢！”

简和吉莲不约而同地笑起来，不相信美丽活泼的戴安娜会与这个古怪的年轻人约会。吉莲更是肯定地说：“你绝对不会和他约会的，决不会。”

可戴安娜认真地说：“我确实跟他约会过，他是我哥哥的同学。你们别看他外表古怪，实际上非常聪明。有一次，他还带着我去看戏，我还在他家里吃过一次饭。对了，他还参加过禁止核武器的示威游行呢！”

这次的偶然相遇，给简留下了一种挥之不去但又朦朦胧胧的印象。简在回忆时这样描述当初的印象：“出于难以解释的原因，我对刚才见到的那位年轻人有一种不安的感觉，因此，那天后来的活动对我来说似乎毫无兴致。也许，他的那种古怪蕴含着某种东西，让我这个传统生活中的女孩子很感兴趣。我似乎有了某种奇怪的预感——我还会见到他。不管什么原因，那个情景已深深地印在我的脑海里，以至于我很容易就回想起那个场面的光线、色彩、形态、背景、噪声等各个细节。”

后来的一段时间里，简在父母的安排下，到西班牙去度假以开阔视野，增长见识。这一次她是一个人去的，因为她已经年满 18 岁了，父母相信她已经具备了照顾自己的能力。但她的父母仍有些放心不下，所以，当简结束假期回到英国时，她的父母立刻从机场把女儿接回了家，为她安全归来松了一口气。接着，父母又带着她和弟弟到荷兰和卢森堡度假。简的父亲非常喜欢到各国旅游，他认为，旅行可以让一家人增长见识，陶冶情操，开阔胸怀。

不久简就得到消息，她没能被剑桥大学录取。于是，她便觉得自己对不起父亲的一片期望。后来，她被伦敦大学的威斯特菲尔德学院录取，并在那里学习西班牙语。这期间，简几乎忘记了曾给她留下了一定印象的霍金。但不久之后，她的那种"我还会见到他"的预感成为了现实，简再一次偶遇了霍金。

1963 年 1 月 1 日，戴安娜和她的哥哥巴兹尔在他们家里举办了一个新年聚会。他们邀请简前来参加，简愉快地接受了邀请。当时简穿着一套得体的绿色服装，还梳着一个当时颇为时髦的松散的发卷，她看起来是那么娴静大方而又毫不张扬。而让简出乎意料的是，在聚会现场，她再一次遇见了霍金，这不禁让她心里一震。于是，她相信了冥冥之中的预感。

聚会中的霍金，穿着一件黑色的丝绒上衣，戴着红色丝绒的蝶形领结，头发依然像上次见到的那样，从眼镜上方散在脸上。他正聚精会神地和同学谈着什么，还不时地用手指比画着，似乎是为了让他的讲话更有说服力。

有些胆怯的简，不由自主地走近正在谈话的霍金和他的朋友，想听他们在谈些什么。她发现，霍金很会讲故事，又非常幽默，还有他那很有创见的思想亮点。这一切，都强有力地吸引着简。简很喜欢听霍金讲话，对她来说，他的讲话有很强的亲和力。简从霍金的讲话中感觉得到，霍金也像她一样在生活中不时遇到挫折，但他却总能够在各种逆境里看到希望，并敢于大胆嘲讽自己。而简做不到这一点，她在不顺利时，常常不能坦然面对，从而陷于沮丧和低迷状态。她感到，霍金虽然和她一样羞怯，但他敢于说出来，没有什么顾虑和忌讳，他能够充分认识自己的价值，对自己满怀信心。正是这一点，深深地吸引了简，因为她需要的正是这样的朋友。

在聚会即将结束时，简勇敢地和霍金交谈起来，并且把自己的名字和地址告诉了霍金，霍金也同样告诉了简他的名字和地址。让简没想到的是，几天后，她就收到了霍金寄给她的一份请柬，邀请她参加 1 月 8 日在他家举行的家庭聚会。

戴安娜告诉简，她也收到了请柬，这个家庭聚会是为了庆贺霍金 21 岁生日，但请柬上并没有说明。两个人经过商量，决定一起参加。

1 月 8 日那天，简带了一张唱片代金券作为礼物，与戴安娜一起来到霍金家。来到霍金家后，简发现这一家人她以前都见过，霍金的妹妹玛丽和菲莉帕、弟弟爱德华她在学校见过，只是互不认识。霍金的妈妈伊莎贝尔，常到学校接小儿子爱德华，所以简也经常见到她。至于霍金的父亲弗兰克，简以前也见过。

简感到很奇妙，她居然认识这个家庭里的每一个人。更有趣的是，他们家还有一个老人，就是霍金的祖母艾格尼斯·沃克，她几乎是圣奥尔本斯的大名人。霍金的祖母钢琴弹得很好，每月在市政厅为一个民间舞蹈队伴奏演出。

在这次生日聚会上，简有些拘束地坐在一个角落里，没有加入霍金和朋友们的交谈。霍金也许是因为他是聚会的主角，不便与简单独交谈，所以，简始终没有跟霍金谈什么。

1963 年 2 月的一个上午，简和几位老同学坐在一个咖啡馆里叙旧。

其中就有戴安娜，她正在一所医院当见习护士。另一个老同学叫伊丽莎白·钱特，正在一家小学当老师。三个姑娘在一起，总有唠不完的话题。她们大谈新工作给她们带来的感受。正谈得起劲时，戴安娜忽然问道："你们听说斯蒂芬的事情了吗？"

伊丽莎白点了一下头说："是到医院去检查生了什么病吗？很严重，是吗？"

简不由得心里一惊，问："到底出了什么事？我怎么什么也没听说啊？"

戴安娜看了一眼简，说："他已经在医院住了两个星期了。现在想想，他走路老是踉踉跄跄，似乎要跌跤一样，后来连鞋带松了都不能自己系。听说在做了许多检查之后，医生诊断他患上了一种古怪而可怕的病，没办法治，最终可能会瘫痪。据说这种病人只能活两三年。"

简听后大吃一惊。她无论如何都无法相信，一个朝气蓬勃的 21 岁的年轻人，居然莫名其妙地要面对死亡的威胁，这太不可思议了。于是，她担心地问："他现在怎么样？"

戴安娜说："我哥哥去看过他，他很消沉。几天前，跟他同病房的一个小男孩因为白血病死了，这给他的打击很大。可是，斯蒂芬意识里的社会主义平等观，使他拒绝住进单人病房，他一直住在集体病房里。"

简又问："他们查到真正的病因了吗？"

戴安娜说："恐怕还不真正清楚。医生们认为，几年前他去伊朗旅游时注射过一种未经严格消毒的天花疫苗，有可能在注射时，把某种致病病毒带进了他的脊椎。但这些都只是一些不确切的猜测。”

离开咖啡馆，简一路上一直精神恍惚，满脑子想的都是霍金的病情。回到家里后，母亲看出了女儿的心事，便再三追问。于是，简就说出了实情以及自己的担忧。简的母亲是一位心理非常强大的教徒。二战期间，简的父亲曾患过一场重病，一度精神十分忧郁，几乎崩溃。但简的母亲凭借坚定的信仰和决不动摇的信念，最终挽救了这个家庭。简的母亲见简神情郁闷、愣愣地发呆，便敏感地觉察到女儿已经喜欢上了斯蒂芬。于是，她低声对女儿说：“那你就为他祈祷吧，会有用处的。”

出人意料的是，一个星期后，简在火车站又邂逅了霍金，这不禁让她激动万分。那天，简要乘火车到学校去。她在站台上等火车时，忽然看见从进站口摇摇晃晃地走过来一个人，拎着一个棕色的帆布手提箱，仔细一看，那人竟是霍金。

霍金也看见了简，他的眼睛里立刻充满抑制不住的惊喜。这一次，也许是因为要到大学去，霍金的穿着比较符合传统，看起来也不那么怪异。这种打扮，瞬间让简觉得他颇有风度。而且，以前简没有在阳光下看过他脸上的表情，这次简觉得霍金满脸的笑容十分动人，尤其那对清澈透明的灰色眼睛，极富吸引力。

之后，两个人一同上了火车。漫长的旅途中，两个年轻人快乐地交谈着，总有说不完的话题。简小心地提到自己，听说他前段时间住院了，她为此感到不安。但霍金似乎并不乐意提到他的病情，只是微微扭动了一下鼻子，随后就把话题巧妙地岔开了。简意识到他不想谈及他的病情，也感受到了他坚毅背后的从容淡定。简从心底钦佩他这种勇敢、乐观的生活态度，由此也增加了对他的敬重。

快下车时，霍金谨慎地问简："如果以后我请你一起去看戏，你会去吗？"

简开心地回答说："我当然很愿意呀。"

不久后的一个晚上，霍金请简去看戏剧《沃尔波内》，在看戏前，他们还到意大利餐馆吃了一顿相当奢侈的晚餐。当他们匆忙赶到老维克剧院时，戏已经开演了。简的父母是典型的戏迷，所以简经常跟父母来戏院看戏。《沃尔波内》讲的是一个老狐狸如何玩弄诡计，以检验一个继承人是否真诚的故事。但在检验的过程中，老是阴差阳错地出现纰漏，让人乐不可支。简很快就被精彩的剧情所吸引，她沉浸在剧情中直到演出结束。当他们走出戏院来到汽车站等车时，她还兴奋地与霍金谈论戏的内容、演出效果等。

上了车以后，霍金忽然觉得非常紧张，甚至有些坐立不安。开始简不知道原因，只觉得有点莫名其妙，也不便细问。当售票员走到他们身边时，霍金很抱歉地对简说："实在对不起，我已经没有买车票的钱了，你有零钱吗？"

简终于明白他刚才忸怩不安的原因。她不禁有些内疚，连忙表示很乐意由她买车票。可当简找她的钱包时，意外发现钱包没有了，这一下可真让她尴尬极了。于是，她马上向售票员说明了情况，售票员看到他们尴尬的样子，非常理解他们的困境。于是他们立即下车，拔脚向老维克剧院跑去。霍金跑起来有点费力，勉强可以跟上。到了剧院，大门已经关了，他们只好从侧门进了剧场。观众席灯光昏暗，但勉强还可以看见。上帝保佑，在他们坐过的座位下面，简的绿色小钱包还静静地躺在那里，两人都不由得松了一口气。

当他们拿着钱包正往回走时，剧场的灯突然灭了，他们陷入了一片黑暗之中。为此，简忍不住惊恐地叫了一声。这时，霍金显得特别勇敢，他沉着冷静地对简说：“不要紧张，拉住我的手！”

握着霍金坚定有力的手，简一下子感觉安全多了，他们屏住呼吸，很快走出了剧院。当他们两人走到灯光明亮的大街上时，不约而同地放声大笑起来。这次意外的经历，似乎是上帝的有意安排，简被霍金临危不乱的勇气征服了。和霍金在一起，简感受到一种惬意的安全感，两颗年轻的心也靠得更近了。

03 感情升温，心心相印求婚成功

过了几个星期，简的母亲告诉他："斯蒂芬来了电话，邀请你参加剑桥大学的五月舞会。"

听了母亲的话，简高兴得跳了起来。

母亲看着女儿的样子，故意取笑说："你去不去啊？他还等你回话呢！"

简早就听闻剑桥大学的五月舞会是所有女孩子的天堂，但是，她从来没敢奢望过自己会有机会参加。简记得以前有一位女同学被邀请参加五月舞会，惹得全班的女生都羡慕不已。后来，那位女生向她们讲述了舞会的盛况：通宵跳舞，喝不完的香槟，色美味香的熏鲑鱼，还乘平底船越过剑河去吃早饭……这一切简直像安徒生童话故事《灰姑娘》里的奇遇。

简没有想到，这只有在童话故事中才会出现的奇遇，竟然真的降临到了自己身上。她立即答应了霍金的邀请，然后又急切地与母亲商量穿什么衣服参加这一年一度的盛会。最后，她们一起挑选了一件蓝白相间的丝绸礼服。

五月舞会实际是在六月初举行。那天下午，霍金开着他父亲的老式轿车来接简。简发现霍金的身体状况比上次见到时更糟了，以致怀疑他有没有能力驾驶这辆破旧的汽车。霍金这次是第一次来简的家里，因此简向她的母亲正式介绍了霍金。母亲听过简的介绍，并没有对霍金的健康状况表示惊奇和意外。她礼貌地跟霍金打招呼，并对他好意邀请简去参加五月舞会表示感谢，然后在霍金他们走的时候与他们挥手告别。

这次乘坐霍金驾驶的汽车，给了简一次惊心动魄的经历。对此，简在传记中写道："据说斯蒂芬开车像他的父亲。他父亲喜欢开飞车，在山上和拐角处也超车，甚至有人看见他在双行道上逆向开车。我们飞速前进，越过赫特福德郡的田野和树木，进入剑桥郡的开阔地面。一路上，风通过敞开的车窗呼啸而来，打消了我们试图谈话的念头。我几乎不敢看前面的道路，而斯蒂芬似乎什么都看，就是不看路。"

简本来就有些胆小，根本没有过这样惊险的乘车经历。因此，她在车上时就暗自发誓：回家时再也不坐霍金驾驶的车了。

舞会在剑桥河边的台地上举行，欢乐的人们在铜管乐队的伴奏下跳着舞，暂时休息的人们则坐在草坪上喝香槟。简想跳舞时，霍金很抱歉地对简说："对不起，我不跳舞。"

简明白他的难处，便回答说："没什么，不跳舞也好。"

但简并不满意自己言不由衷的回答，觉得还是应该鼓励霍金融入人群去跳舞。后来她发现，从一个地下室传来爵士乐队的演奏。原来，在昏暗的地下室中，有许多模糊不清的人影在跳着很自由的舞步。简觉得那里很适合霍金跳舞，于是她说服了霍金，两个人高兴地在地下室的舞池中跳起舞来。霍金跳得很有兴致，一直跳到乐队停止演奏。

黎明时分，他们随着人流，来到一个吃早饭的地方。简刚坐进一个扶手椅里，就美美地睡着了，连早饭也没来得及吃。

后来，他们一起吃过午饭后，简打算跟一帮女友乘火车回家，因为她对霍金的飙车仍心有余悸。但霍金坚决不同意，即使简说了一大堆理由，霍金就是不肯。简虽然心里有些恼火，但也不想得罪霍金，只好又一次惊惧地乘上那辆可怕的汽车。当他们终于在简的家门口停下时，简又一次经受了颠簸和惊吓，心里对霍金不体谅女孩子的心的做法和他的固执与专断非常不满，所以，她在下车后只对霍金做了简单的告别，就头也不回地进了屋。

简的母亲看自己的女儿对待霍金这样不懂礼貌，颇为惊讶，就急忙跟着进了屋，很生气地对简说："你总不至于连一杯茶也不让那个可怜的年轻人喝，就让他这么走吧？"

简听了母亲的话，也觉得自己似乎有点不近人情，于是马上转身出门找霍金。还好，霍金还没走，他正准备发动汽车。当听到简请他进屋喝茶时，他立即爽快地答应了。其实，简还是很喜欢霍金的，但她真受不了那疯狂行驶中的颠簸。简希望霍金能够明白这点，进而理解她。

暑假期间，简到西班牙的马德里住了一个多月。回家后，她立即想和霍金取得联系，但始终联系不上。后来，简见到了霍金的母亲，才知道他的身体变得更加不好，已经到剑桥去了。

开学后，简到伦敦开始了紧张的西班牙语学习，没有时间与霍金联系了。直到 1963 年 11 月，简才收到霍金写的一封信，说他很快会到伦敦来治牙，还问她愿不愿意与他一起看一场歌剧。

一个周末的下午，他们终于又见了面。简发现霍金走路的步态更加蹒跚，路程稍微远一点就走不了了。但他似乎并不在意自己变得更差的境况，相反，他发表意见时语气更加肯定，也更加具有说服力。看完了牙，他们准备慢慢地走到剧院去。路上，虽然霍金步履艰难、踉踉跄跄、上气不接下气，但他仍然不断地谈论着国内外发生的大事，指责美国总统肯尼迪几乎让全世界陷入核战争的灾难之中，纯粹是蛮干。正说得起劲时，霍金突然摔倒在过路口的路中间，简一下子被吓坏了。幸好有一个过路的人帮助她一起把霍金扶了起来。霍金显然也受到了惊吓，一时站立不稳，只能在简的搀扶下走到路边。简觉得他们走到剧院去是不可能了，于是就叫了一辆出租车，乘车赶到了威尔斯剧院。

那天，他们在威尔斯剧院看的是瓦格纳的著名歌剧《漂泊的荷兰人》。歌剧是根据北欧的一个传说故事写成的。传说有一个荷兰的航行者，发誓要冒着巨大的风浪绕过好望角，即使终生航行也在所不辞。魔鬼听了他的誓言，判他终生在海上漂流，直到世界末日。魔鬼还准许他每七年登陆一次，让他寻找一个愿以忠贞的爱为他赎身的女人。后来，有一个叫森塔的女人深深地爱上了他，但他不愿连累她，便立刻开船离开了海岸。可爱着他的森塔却勇敢地跳入大海。这时，幽幻的船影沉下去，海面突然涌起了高浪，随后又急剧落下，形成急速流动的漩涡。在落日的光辉中，森塔与荷兰人的影子相互拥抱着，浮现在海面之上……

简被剧情深深地感动了，她爱意绵绵地看着霍金，似乎更理解了他的一些行为。她后来写道："我开始理解斯蒂芬疯狂开车的举动。命运捉弄了他，他父亲的汽车就成了他发泄忧虑和愤怒的工具。他也是四处漂泊寻求援救，有时不免会蛮干。”

简的内心在想，如果霍金是那位荷兰漂泊者，那么她有勇气成为森塔吗？在那之后，她开始亲自去了解霍金的病情。她多次到医学机构询问，但人们对这种少见的怪病都不清楚。即便能说一点，也大多是她已经知道的。最后，她放弃了进一步的询问。她想，也许不清楚更好。

圣诞节过后不久，简没有提前打招呼就去到霍金家里看望霍金。见简突然到来，霍金高兴极了，并邀请她陪自己和父亲一起去看歌剧《德尔·罗森卡瓦列尔》。

事实上，下学期开学后，霍金总有歌剧票，而简也就有机会能经常陪他去伦敦看歌剧。但是，简其实更喜欢看芭蕾舞剧。有一次，她试着说出了自己的想法，而且她已经买到了芭蕾舞剧《罗密欧与朱丽叶》的票。但霍金却以不容置疑的口气说：“芭蕾舞的音乐浅薄琐碎，根本不值得一看。”霍金的态度让简心中很是不快，所以，她并没有告诉霍金她已经买了票。这就是霍金和他的家人的处世风格，这种风格在结婚以后，给简带来了许多的伤害。

后来，简和她的同学一起观看了芭蕾舞剧《罗密欧与朱丽叶》。那场芭蕾舞剧的演出，让简深切感受到了什么是真正的优美和纯真、力量和格调、雅致和激情。整个演出都让简感动不已，甚至无法用语言来表达她的赞美和惊叹。她不明白，为什么霍金就不能委屈一下和她一同来欣赏芭蕾舞剧的美妙？她不相信，真正美好的东西，会有人不能理解和接受。

随着时间的推移，简和霍金的交往越来越多，她经常到剑桥去看霍金，他们明显已坠入爱河。每次见面后，他们都迫不及待地等着下一次见面。但霍金冷峻的理智常常让简感到痛心。霍金深谙自己的病情，并且对自己的前景也不抱什么乐观的希望，因此，他没有勇气与简建立长期稳定的关系，这使得两人在见面后又变得关系紧张。也许霍金觉得他们陷入爱河是不理智的，甚至这场无望的情感会使他更加痛苦。简理解他内心的苦痛，也知道他不愿意谈论他的病，更不敢谈到未来的打算，而且她也担心谈这些问题会无意中刺伤他的感情，在他已有的伤口上撒盐。所以，她总是凭女性的直觉来了解、揣摩霍金的情感，从不刻意地迫使他表述出来。但她没有料到，这种不相互交流内心情感的交往方式，最终会演变成相互不理解，以致后来隔阂增大到彼此不堪忍受。

随着他们的进一步交往，简越来越清楚地发现，霍金跟他的父母一样，经常宣称自己是无神论者。这一点，简能够理解。作为研究宇宙的科学家，他当然不容许上帝这样的造物主来干扰他的研究和计算。但她深信，在冰冷的客观科学事实之外，宇宙间还应该有更丰富的内容，宗教信仰就是其中之一。如果只知道冰冷的科学真理，却没有仁慈的信仰，那对简来说实在是可怕和无法忍受。

简在后来的回忆录中写道：“虽然那时我完全被他迷住了，被他那蓝灰色的眼睛和微笑时显出的酒窝弄得心神不宁，但是，我还是抵制住了他的无神论。我的直觉告诉我，我不能让自己屈从于那种阴郁的负面影响，因为它不能给予人们安慰，不能让人们舒心，不能对人类现在的境况作出解释，会让人们失去希望。我担心无神论会把我们两人全毁掉。相反，如果要从我们的悲惨处境中得到任何美好的结果，我就需要紧紧地抓住我能找到的任何一线希望，为我们两人保持足够的信仰。”

又过了几个月，霍金走路逐渐离不开拐杖。霍金的意志十分消沉，整天把自己闷在宿舍里，不间断地播放瓦格纳的音乐。而遇上简去找他时，他便陷入深思，很少讲话，即便讲话也很简短。有时，他故意用粗鲁的态度对待简，意在尽力阻止他们的进一步交往。简在伤心的同时，却深深地理解着霍金，他认为自己的生命所剩无几，不想连累她。但是，此时的简已经无法放手了，她向霍金表明心迹，即使他的生命只剩下一天，她也愿意陪伴他。由此，霍金阴郁的心情被简温暖的爱意所融化，也不再拒绝简的爱。他知道，他自己也已经深陷其中。简的直觉告诉她，霍金开始变得更加自信，他已经从无望的深渊挣脱出来。

霍金的心理障碍解除了，他们之间的感情开始急剧升温。他们不断地寻找和制造见面的机会，如果见不到面，就用电话互诉衷肠。当经过了时空发酵的相思和爱恋在心灵的激情碰撞中得到尽情释放时，那甜蜜而醉人的恋爱不仅让简越发妩媚动人，也让霍金更加乐观开朗和意气风发。

1964 年，两年的生命期限还笼罩着霍金，但爱情一直在默默支撑着他。他在爱情力量的支撑下，仍然继续着自己的学业，进行着自己的研究。10 月的一个夜晚，剑桥边小雨淅沥，霍金和简肩并肩手挽手地在微微的细雨中漫步。突然，霍金停下来，目光深情地凝视着简，一句话也不说，仿佛在进行着激烈的思想斗争。终于，他吞吞吐吐地低声向简求了婚。简被他突然的举动弄得有点不知所措，沉思了片刻，便轻轻地叹了一口气，羞怯地接受了霍金的求婚。

从此，简的生活发生了彻底的变化，曾经想当外交官的念头已经被她抛到九霄云外。当时，简只有 20 岁，还没有足够的经验和能力来应对即将面临的严峻考验。虽然她看到了一些可怕的现实，但在玫瑰花的遮掩下，所看到的一切仍然是粉红色的美好。

当得知简的决定后，她开明的父亲明白，阻拦已经无济于事，便对女儿提出唯一的期望："一定答应我，把大学读完，完成必修的学业。"

04 全力支持，站在成功男人的背后

霍金和简由初识到热恋，经历了一系列的曲折之后，与许多情侣一样，步入了婚姻的殿堂。

他们初步把婚期定在了 1965 年 7 月。因为简已经向父亲承诺，一定要修完大学课程，拿到本科学历。但简还不清楚，威斯特菲尔德学院是否允许她在读书期间结婚。如果学校不允许，那他们只能把婚期再往后推一年，因为她不能违背对父亲的承诺。还有一件事情一直困扰着简，让她不得不认真考虑，那就是霍金的父亲提醒她的："斯蒂芬的病情如何发展是谁也意料不到的，一年时间对于一般人几乎不值一提，但对斯蒂芬就大不相同，谁也不知道他还能不能生存一年的时间。"这个残酷的现实，像恐怖的幽灵一样威胁着简，无声地、悄悄地左右着她的每一个决定。

简明白事态的严峻性，她决定向学院提出申请，请求学院批准她结

婚。简把她和霍金的关系，以及霍金的身体状况和前景预测，都如实汇报给学院。幸好，学院负责人充分理解她的困境，也看到了她非同一般的决心，批准了她的结婚申请，但提出了唯一的条件，就是她必须住在校外。对于这一点，简早已做好了思想准备，她答应马上搬出学生宿舍。

此时，简不禁暗自庆幸，幸亏是在威斯特菲尔德学院读书，如果是在牛津大学或者剑桥大学读书，学校不可能有什么同情心来关心她的困难。

结婚以后，简意识到自己肩上的担子非常沉重。她既要尽到一个妻子的责任，又要完成自己的学业，更主要的是她还要照顾好病情不断恶化的霍金。一系列当初未预料到的困难，都扑面而来。

首先要解决住房的问题。对于正常人来说，找到一处合适的房子并不困难，但是，霍金的身体状况使他们找房受到很大局限，他们必须在离他工作地点不能太远的地方居住，否则霍金根本没办法上班。而校方负责处理这方面事务的领导，不仅对他们的状况没有丝毫的同情，反而百般刁难，横加干预，这让霍金夫妇气得咬牙切齿，却又无计可施。霍金没有太多时间处理这些生活琐事，他要努力做研究，尽快实现自己在学术领域里的价值，这样，他才能迅速提升和巩固他在剑桥大学的地位。而简的学业还没有完成，只有周末才能回家。回家后，简除了面对生活中的柴米油盐，还要充当丈夫的秘书和助手，帮助丈夫打印各种各样的论文以及申请。有时简真的感觉很累，但无论怎样辛苦，她都默默地承受着。尤其是她从丈夫那里得不到半点理解和同情，因为霍金有着注重理性的家族传统，他不会表达任何表示理解和关心的话语，即便如此，她也依然乐观面对着这一切。

此时，简充分感受到了信仰对她的重要性，她说：“我相信，信仰帮助了我。我赞成信仰有一种更高的慈善力量，或许是上帝的力量。上帝似乎回应我所需要的帮助和支持，增强了我的勇气和决心。在承担摆在面前的任务时，我无疑要依靠我的信仰。”

简在每个星期一都要赶到伦敦。刚开始，霍金勉强还可以自己照料自己。简一想到他一个人踉跄着走到办公室，一个人去饭厅吃饭，她的心里就非常难过，但对父亲的承诺，迫使她决心把大学读完。每逢星期五的下午，简便迫不及待地往剑桥的家里赶，她在地铁里计算着时间，唯恐半路出什么意外耽搁了回家的时间。为此，简对人说，她有一阵子做的最可怕的噩梦，就是地铁出了故障，她被困在地铁里不能回家。

急匆匆赶到家以后，她首先要把霍金口述的文章用打字机打出来。对简来说，打字不成问题，但宇宙学论文中经常出现的那些数学符号，如微积分、求和、开方，还有什么无穷大、无限级数等，让读文科的简如见天书一般，几乎要被它们逼疯。幸亏简是一个不肯服输的人，无论遇到什么样的困难，她都会把工作一个一个圆满完成。每次论文打完，她总会有一种油然而生的自豪感。在回忆往事时，她这样写道："我用手指把关于宇宙起源的论述付诸文字，一想到这些我就能得到一些满足。那些密码数字、字母和符号，都参与了揭开浩瀚宇宙的秘密的过程，想到这些，我的敬畏之感油然而生。”

在打字之初，简一直谨慎而小心。她觉得，万一错了一个小数点或者一个符号，那就会使宇宙起源之类的问题陷入可怕的混乱之中，使整个宇宙毫无秩序。后来，简的技能得到了大幅度的提升。作为一个高级文官的女儿，简从小就受到精确运用语言的教育和潜移默化的影响，也有重视语言明快和用词丰富方面的训练。因此，她认为自己不能仅仅满足于打字，更应该用自己掌握的知识来弥补霍金的缺陷和不足。这样，简觉得自己至少可以做出两方面的贡献：一是她不仅可以在体力上帮助霍金，也可以在智力上帮助他；二是她将来可以在人文科学和自然科学之间，架起一座桥梁，她甚至可以把这种沟通，当作未来的事业。

简不仅要兼任秘书和助理，而且在他们买下一处破旧的房子时，因为没有钱请人装修、粉墙，简还不得不放弃自己的学习时间，自己动手粉刷墙壁。邻居见到这样的情景，对简赞叹不已。

他们共同的努力，终于得到了应有的回报。霍金的宇宙学研究取得了令人瞩目的成就，在他的研究领域里，霍金名气越来越大，收入也不断增加。同时，霍金还时而获得一些学术大奖，用奖金来贴补家用，使家庭拮据的状况得到了缓解。

但简的苦难似乎才刚刚开始，后来的情形变得越来越糟。首先是霍金的手指开始僵化变形。刚开始，他还能进行简单的签名动作，到后来，他已经完全无法握笔，要靠简来帮助他完成所有的写作。其次是简在这期间怀孕了，并于 1967 年 5 月生下了长子罗伯特。开始，简还很有信心，觉得自己能把照料一大一小和继续学业的事情，并行不悖地进行下去。她还设想在完成大学学业后，继续攻读一个博士学位，但过度顽皮的罗伯特很快让她打消了自己当初那雄心勃勃的计划。每当她把罗伯特安顿好，想坐下来集中精力学习时，罗伯特就会爬到她的膝上，扭来扭去，咯咯地笑个不停。开始，简不理解儿子的这种行为，后来才悟出，原来儿子只不过是想和她亲近罢了。儿子这种合理的需求，打破了简的一切幻想和计划。如果他们经济条件允许，或许还可以请个保姆，但目前来说这对他们近乎奢侈，她连想都不敢想。

由于霍金的身体状况越来越糟，简不能像其他正常家庭的家庭主妇那样，指望丈夫在关键时刻帮助她一下。相反，霍金越来越依赖她。更让简感到为难的是，随着霍金威望的提高，出国访学的机会越来越多。霍金非常重视每一次出访和交流的机会，这不仅能够扩大他自己的影响力，也能在相互交流中进一步提高自己。在访问中，往往遇到各种各样的天才、怪才以及各种奇怪的言论，而与这些人的每一次争论，都会使霍金大受启发，从而进入一个新的、更高的境界。事实也证明，霍金后来的很多突破，都得益于这种激烈的争论。

可对于简来说，霍金的每一次出行，几乎都是一场磨难。特别是在霍金完全丧失行走能力后，她更是一想到出国就噩梦不断。然而每当她向霍金表达她的顾虑时，霍金总是用沉默表现出他无声的抗议和不满。而这样的僵持，往往会延续好几天，最后还是由简打破沉默，向他表示道歉，一场不愉快的战争才会结束。

1970年，他们的女儿露西出生；1979年，他们的小儿子蒂莫西出生。霍金这个被医生宣判只能生存1至2年的人，不仅组建了家庭，而且还成为了三个孩子的父亲。1979年，随着小儿子的出生，霍金还被任命为剑桥大学卢卡斯数学教授。能坐上这把交椅的人，从来都是英国最了不起的科学家。最伟大的科学家牛顿和发现了反物质粒子的狄拉克，都曾先后担任过这一教授职位。

10年后的1989年，霍金被授予白金汉宫荣誉“勋爵”，这是英国最高的荣誉称号，是对公职人员和知识分子的最高表彰。而在此之前的1988年，霍金的科普著作《时间简史》在美国正式出版，随即在全世界引起了空前的轰动，他的名声也随之传到世界的各个角落，甚至与当年的爱因斯坦齐名，有人干脆直接称呼他为当代的“爱因斯坦”。

霍金和简的生活经历了这么多不可想象的磨难，然而在霍金终于到达成功的顶峰时，简却感到越来越失落，越来越痛苦。成功的炽热光辉照亮的是霍金，简却在这炫目的光亮中逐渐迷失，直到沉入无限的黑暗和迷茫之中。

05 缺乏沟通，不被理解和尊重

在结婚之前，简已经初步了解了霍金家族的性格及待人接物的风格，也感觉到这与她从小养成的习惯大不相同。但她并没有意识到，这样的差异会严重影响到他们日后的相处与沟通。简甚至天真地以为，这种差异会随着时间的流逝而逐渐被同化。所以，她没有从一开始就针对这些问题与霍金加强沟通，谈谈彼此的观念和习惯，以求彼此能相互理解。

实际上，简的性格中也有一个致命的弱点，那就是比较胆怯和容易自责。当两个人之间出现矛盾时，很多次她都想坐下来和霍金好好谈一谈，让他了解自己的感受。但每到这时，她却反而认为是自己心眼儿太小，太小家子气。尤其是霍金那副自信和不屑为小事伤脑筋的样子，更加重了她的自责，以至于最后完全打消了谈一谈的想法。简性格当中的这一弱点，进一步加剧了她心中的困惑和无奈。

简和霍金结婚还没多久，霍金的妹妹菲利帕就生病住进了牛津医院。霍金的家人没有把菲利帕住院的消息告诉简，简也不知道菲利帕究竟得了什么病。那时，简和菲利帕之间刚刚发生了一点小矛盾。但简深爱着霍金，她希望能与菲利帕融洽相处，这样家庭才能更和谐。然而让简没有想到的是，处理好姑嫂之间的关系，竟然也不是一件容易的事情。

那天，简和霍金商量好一起去医院看望菲利帕，可没想到，就在他们准备动身去医院时，霍金的母亲忽然用不容置疑的语气毫不客气地对简说："菲利帕只想见斯蒂芬，不想见你。"停了一下，她又对简说："没有人想破坏你们的婚姻，菲利帕也不会。"

简听了这些话，无比地尴尬。但站在一边的霍金什么也没说，也没有安慰简。

简的心里非常难过，她真想跑到父母身边大哭一场，发泄一下伤心的情绪。但随后，无比伤心的简还是为霍金母子开车去了牛津医院。到了医院后，简没去病房看望菲利帕，而是安静地坐在等候室里，心里反复吟诵着那首《熙德之歌》。这是一首描写英雄被流放的诗歌，诗中充满了英雄主义精神。

从牛津回家后，简本来应该跟霍金谈一谈自己的感受，但她没有再提起这些事情，反而独自吞下了所有的委屈。简心想，反正日子还要继续过下去的，毕竟婚姻最终还是两个人之间的事情，只要她和霍金相爱，那就是最幸福的事情。

后来，简在回忆录中写道："按照霍金家的传统，那件事与许多其他心结和情绪的碎石一起，被扫到了地毯下面，渐渐被灰尘覆盖。他们认为那些事情纯属琐碎小事，根本不值得认真考虑。情绪问题在这里被视为微不足道，这个家庭需要的是纯粹的智慧氛围。由于情绪会对智慧产生威胁，因此从来不是谈论的话题。”

这是简在多年以后产生的清醒认识，可在当年她却没有这种自信。也正因为缺乏自信，她在霍金家族的理智、理性面前显得自卑而胆怯，没有在潜伏的危机刚刚露头时，就相互倾心沟通，消除心理的障碍和隔阂，以至于后来发展得不可收拾。

美国畅销书作家杰克·霍吉在《习惯的力量》一书中写道：“思想决定行为，行为决定习惯，习惯决定性格，性格决定命运。”性格决定命运，一点没错。霍金的成功，一方面得益于简这位伟大女性在背后的默默关爱和支持，另一方面，由于霍金过于理性，任何思想情绪的波动，都无法在他的心里泛起波澜，也正因为如此，他才有勇气面对可怕的疾病，去取得事业上的伟大成功。

而简的善解人意，也决定了她的命运。当几个孩子接连出生，霍金的身体状况越来越差时，简出于对霍金的爱和对孩子的爱，还有她对上帝的信仰，克服了很多常人无法想象的困难，一直对霍金、对她所爱的家人不离不弃。

但随着霍金的知名度越来越高，简感觉自己似乎成了丈夫的附属品，没有自我，不被尊重，这些都让简越来越难以忍受。

由于霍金成了闻名全球的科学明星，生活经历又颇为曲折传奇，因此，全世界的新闻媒体都来争相报道他。在摄影机的镜头面前，霍金是理所当然的中心人物，而简和孩子们，都要在导演的设计安排下，为突出霍金而做全力的配合，做一些矫揉造作的姿势，或者装出一副很开心幸福的表情。简认为，导演的安排实际上是对他们家庭生活的一种不真实的、拙劣的反映，对此，她从内心感到极度厌恶。但霍金已经习惯于这种宣传和表现自己的方式，他认为，媒体的这种公开宣传可以为他的事业带来很大的好处。简明白这一点，也不愿意因自己的不满而惹恼霍金。但简有自己的事业和尊严，她不想成为霍金璀璨光环下的附属品，而霍金却似乎忘记了尊重简的事业和人格。只要霍金需要，简就得立即放下自己的工作，出现在摄像机的镜头前，还要故作轻松装出一副心情愉快的样子。每当霍金想要出国，他也从来不征求简的意见。在他的潜意识里，简就应该无条件服从他的需要，没有什么商量的余地。

随着霍金的声名鹊起，社交应酬也越来越多，这对简来说，无疑又是一个不小的考验。由于霍金的疾病逐渐恶化，行为能力一步一步丧失殆尽，最后甚至连吃饭、睡觉、洗澡等几乎所有的活动，都靠简帮忙。虽然霍金有着钢铁般的意志和克服困难的勇气，也尽量减少对简的依赖，但他最终还是不得不向恶魔般的疾病妥协。可以想象，简除了照顾霍金，还要照顾三个孩子，照顾整个家，她的负担之重，身心俱疲的程度可想而知。而简又偏偏是一位不甘心放弃自己事业，极力想要展现自己价值的事业型女性，她不会仅仅因为丈夫的成功而心满意足，她希望有自己的追求和事业。

有相当长一段时间，简毫无保留地把自己的精力全部献给了霍金，帮助他树立生活的信心，发挥他自己的天分。但在霍金取得辉煌成功的过程中，简却感到了从未有过的失落。于是，她开始问自己："我是谁？我自己还剩下什么？"她曾经雄心勃勃，甚至梦想自己成为一位外交官，但是，为了爱情，她放弃了自己的梦想。可简不是一个完全放弃自我的人，当她发觉自己渐渐成了衬托霍金的装饰品，成了一个由人挪来挪去的摆件，她的自尊心便受到了严重的伤害。

于是，简的内心逐渐由苦闷变成失望。多年来，她和霍金之间早已经形成一种习惯，相互间很少交流和沟通，而霍金也由于家族铸造的性格，从不愿意表达温情与体贴。简多年的付出，竟然得不到一点温情的回报，因此越发感到心力交瘁，甚至开始抑郁，这为两人婚姻的解体埋下了伏笔。

凭简的性格，即使再怎么委屈再怎么困难，她也不会主动放弃霍金，放弃婚姻。然而就像一颗种子的发芽需要水、阳光和空气一样，一个婚姻的解体，也需要一片滋生破坏婚姻因素的土壤。

06 心力交瘁，无力抗拒的温情帮助

后来，因为霍金有研究生的帮忙照料，简的负担稍稍减轻了一些。但多年来简一直为生活奔波劳碌，早已身心俱疲，甚至一度对生活失去信心。一位理疗医师建议简去参加当地教堂的唱诗班，通过这种消遣活动，放松身心，解除她的一些苦恼和困惑。简采纳了这个建议，于 1977 年参加了圣马克教堂的一个唱诗班，并在那里担任唱诗班的女高音。经过练习，她取得了很大的成绩，后来还被邀请参加教区各处唱圣歌的唱诗班。唱诗活动果然给她带来了快乐，让她恢复了自信。

在唱诗班，简认识了音乐指挥乔纳森。当乔纳森了解到简的丈夫是霍金时，他不由得在心里暗暗佩服和敬重这位伟大的女性，对她也多了一分关照。有一天唱完圣歌后，天色已晚，乔纳森送简和露西回家。一路上，他总是走在人行道的边上，保护简和她的女儿不被车辆撞着。他们边走边谈，像相识已久的朋友。简有很多年没有得到异性这样无

微不至的关照了，也好久没有这样敞开心扉，愉快地与人交谈了，他们谈唱歌、谈艺术、谈旅游等，这对简来说是一次久违了的倾心交谈。

简从交谈中了解到，乔纳森结婚后不久，他的妻子就死于白血病，已经去世 18 个月了。通过在唱诗班当指挥，他的痛苦渐渐消解。简还无意中听到别人夸赞他是“一个多么好的人”。后来，简把乔纳森请到家里教露西弹钢琴，露西也很快喜欢上了他。一开始，他严格地把握时间，给露西上完课就走。后来，他渐渐地和家里每个成员都熟悉了，他停留的时间也逐渐延长。有时，他还会接受简的挽留吃完午饭或者晚饭后再走。他还经常帮助简照顾霍金，这样，罗伯特的负担也减轻了不少，这让罗伯特感到无比高兴。久而久之，罗伯特开始急切地盼望乔纳森的到来。他一来，罗伯特立即欢叫着迎上前去和他厮闹在一起，那开心的样子，让简十分欣慰。

对于简来说，乔纳森简直就是上帝派来拯救她的救世主。她在谈到认识乔纳森后的感受时说：“我在处于精神崩溃边缘时遇到了乔纳森，这是一种仁慈的神力有意安排的，使我们相识并成为相互关心的好朋友。”

对乔纳森来说，他认为通过帮助这样一家人，他自己也找到了一个生活的目标，从而减轻了丧妻之痛。他跟简表达了自己的这种想法，让简消除了怀疑和不安。1978 年 5 月，他对霍金和简说：“他准备承担起照顾这个家庭的义务。”

起初，霍金自然而然地对他的这种照顾持怀疑态度，对乔纳森也表现出一种男性间的敌视。他试图用自己智力方面的优势压倒对方，让他知难而退。可很快他就发现，乔纳森是一个无私的人，他是虔诚的教徒，根本没有竞争的意识，因此，他沮丧地放弃了优越感和敌视。

后来，让简没想到的是，霍金在乔纳森的影响下，变得更温和，更平静，也有些善解人意了。在简的眼里，这简直是个奇迹。

在这种情况下，简也开始努力和霍金谈心，诉说郁积在心中的苦恼。霍金大度而又温和地对简说，不仅他自己需要人帮助，简也需要人帮助。他甚至还表示，如果在乔纳森的帮助下简能心情愉快，这对他来说是一件值得欣慰的事情。这样，他就可以全力以赴地进行科学研究。

在很长一段时期里，他们三人都是和平共处，乔纳森更是小心翼翼地呵护着这个家庭中的每一个成员。那段时间，简和霍金生活得比较愉快，烦恼也大为减少。而在这段时间里，乔纳森的丧妻之痛也渐渐弥合消解，他还和霍金讨论自己今后事业的发展，应该是成为专业音乐人好一些，还是满足于以教音乐作为谋生的手段好一些？在霍金和简的建议下，他开始考虑向一个演奏家的方向发展，并开始积极努力。而简也在他们的鼓励下，拾起荒废了的博士课程，开始觉得有希望实现梦寐以求的愿望。

乔纳森比简小几岁，虽然在事业上远没有霍金那么光彩夺目，但他性情温和，善解人意，不固执己见，而且心地极其善良。他为这个特殊的家庭，创造了和平与安宁的气氛，使简恢复了生气和希望。

简的弟弟克里斯认识乔纳森后，对姐姐说："多年来，你一直独自一人驾驶着小船冲过波涛汹涌、前途未卜的水域。如果现在有人上船，愿意引导它驶向安全港湾，那么，你应该接受他给你的任何帮助。"

简的父母见到乔纳森以后，没发表任何意见，也没对乔纳森出现在女儿家中做任何评论。在简见到乔纳森的父母后，她才在一次谈话中知道自己的父母对乔纳森的评价很高。见到乔纳森的父母后，简对自己的母亲说："乔纳森的父母是很好的人。"简的母亲惊讶地看着女儿说："你这个笨孩子，这不是明摆着的吗？有乔纳森这样好的儿子，父母肯定错不了。他们怎么会不好呢？"

但不管怎么说，一个非亲非故的男人，经常出入像霍金和简这样比较特殊的家庭，肯定会招来一些不了解内幕的人的非议和不负责的闲言碎语。为此，简也常常陷于苦恼中。她想，自己的行为是否构成了对霍金的不忠？虽然他们一直恪守原则，从未越雷池半步，但多年来她与乔纳森朝夕相处，互相关怀，不可能没有爱情火花。每当感情纠缠不清时，简就十分自责。她知道，这种奇特的组合，绝不是一种稳定的组合，稍加冲击，就会失去平衡、轰然坍塌。而这恐怕是迟早的事情，简不会想不到这一点，但她实在没有勇气拒绝乔纳森的帮助。

事实上，还有另外一个原因引发简与霍金之间的婚姻危机。

霍金失去语言能力后，无法再进行演讲，这让他感到非常困扰。然而，有一位名叫沃伯特·沃尔托兹的电脑专家得知了霍金的病情后，就把自己研制的一套名为"均衡器"的电脑程序送给了霍金，之后，大卫·梅森改进了这套设备。霍金用这套语音合成系统，又可以继续他的演讲了。

霍金的事业暂时稳定了，可对他的护理工作也变得更加繁重了。于是，简请了一些专业的家庭护士，对霍金实行一天三班轮流的护理。但这项工作既繁重又枯燥，很多人做不了几天就离开了。后来，有一位名叫伊莱恩·梅森的女护理做的时间比较长，她是大卫·梅森的妻子，还是两个孩子的母亲，对护理工作有着丰富的经验。很快，她便取得了霍金的依赖与信任。

后来，霍金与伊莱恩走得越来越近，这让简气愤不已，简和伊莱恩之间甚至多次发生争执。后来，伊莱恩与丈夫大卫·梅森离婚，更加理直气壮地照顾霍金。简深深地感觉到，伊莱恩的到来，绝对不是一件简单的事情。

有几次，霍金处于危险状态，都被伊莱恩及时发现并挽救了回来。她在护理方面表现出来的专业性，让霍金感到很舒心，于是，霍金开始依赖伊莱恩。除了伊莱恩，他甚至不想和其他护理人员有过多接触。作为一名享有盛誉的科学家，霍金是孤独的，他也需要一个倾诉的对象，这样的倾诉不一定是语言，也可以是一份关怀，一个微笑。于是，伊莱恩成了这个倾诉的对象，霍金感觉自己离不开她了。

07 无奈分手，夫妻各自重组家庭

由于霍金的身体状况，他和简很少过夫妻生活，简也一直没有采取避孕措施。可让她意想不到的是，1979 年，她又怀孕了，随后生下了他们的第三个孩子蒂莫西。

怀孕期间，乔纳森刚好在她家里。乔纳森对简的照顾十分周到，这使得简不仅顺利度过了妊娠期，而且还利用这段少有的空闲，重修了已经荒废 13 年的学业，并成功通过了博士论文答辩。临产那天晚上，霍金的研究生开车把简送进医院。霍金又在理疗师的陪护下，陪伴在产房外面，他想在孩子出生时，待在简的身边陪伴她。尽管放心不下简，乔纳森还是明智地选择了离开，因为他此刻没有理由待在简的身边，只能回到乡下他父母那里度过难挨的一天。

由于难产，婴儿必须留在医院照顾一段时间。产后几周，简还没有从难产给身体带来的伤害中恢复过来，她根本没有时间休息。霍金需要照料，露西因为新弟弟要跟她分享母爱而一时难以适应，而罗伯特又生病住进了儿童医院，他们生活因此乱得一塌糊涂。

此刻，简更需要乔纳森的无私帮助，乔纳森也无怨无悔地与他们一家同舟共济，共渡难关。重家务活几乎被乔纳森全包，他还负责送露西上学，代替简到医院看望罗伯特。有了这种周到的帮助，简产后虚弱不堪的身体才得以休养，不至于身心彻底崩溃。

对于乔纳森的无私帮助，虽然很多人都能表示理解，但霍金的母亲伊莎贝尔却丝毫不能容忍乔纳森进入他儿子的家庭。有一天下午，简和婆婆伊莎贝尔单独坐在婴儿室里，简想跟婆婆解释一下乔纳森的无私帮助，希望婆婆不要对他们之间的关系产生误解。但她万万没有想到，还没等她想好怎么解释这件事，伊莎贝尔就先发制人，突然向简发起了出其不意的攻击。她用令人惊悚的目光，直直地盯着简，然后冰冷地问："简，我有权知道蒂莫西是谁的孩子，是斯蒂芬的还是乔纳森的？"

简没有想到，婆婆会以这样粗暴直接的方式挑起了这个话题，她不知道该怎样回答。她感到愤怒、委屈，她想大声怒斥这个不讲道理的、冷漠无情的女人。但简终究是一个生性善良、胆小怕事的人，从小优越的家庭环境，高素养的家庭教育，使得她没有任何吵架的经验。她强忍怒气，耐心地跟婆婆解释道："我和乔纳森没有做过任何对不起斯蒂芬的事情，我也不会抛弃斯蒂芬，更不会拆散这个五口之家，而且，乔纳森也决不会鼓励她做这样的事情。"

但是，伊莎贝尔根本听不进简的任何解释，在她看来，乔纳森不可能像简说的那样是一个天使。在她看来，蒂莫西一定是乔纳森的儿子，不可能是斯蒂芬的。她不顾一切后果，更没有一点同情心地继续指责和攻击简，完全忘记简是如何在她儿子最艰难的时候帮助了他。她看不到在斯蒂芬一步一步成功的背后，简是如何默默地给予帮助与支持，她现在只看到儿子的辉煌与成功。终于，她说出了最让简伤心的话："你要明白，我们从来就没有真正喜欢过你，你确实不适合我们这个家庭。"

这句话，像刀子一样刺向了简的心脏，她感觉自己的心在一滴一滴淌血。她觉得，连斯蒂芬都没有这样怀疑她、任意侮辱她，但伊莎贝尔这个做母亲的，居然在没有任何事先沟通、交流的情形下，一锤子狠狠地砸下来，不顾事实，不问青红皂白。后来，伊莎贝尔觉察到自己的行为太过分了，她诚恳地向简道歉，但为时已晚，她已经在简的心上，无情地刺了一刀，伤口已经存在。简在回忆这段难堪的痛苦时说：由于霍金家的人不具备良好的心理直觉或觉察力，我不能指望他们家的任何人能像那些亲密而又机智的朋友一样，理解乔纳森在我们这个家庭中的特殊重要性。

在这种沉重无情的打击下，简的心情沮丧到了极点。霍金似乎也受到了他母亲的唆使，开始以他独特的方式表达对简的不满。简因为情绪不好，意志消沉，奶水严重不足。霍金为了表示他的权威，不跟任何人商量，就强迫只有 8 岁的露西与他一起，到城里买来一大堆奶瓶、橡皮奶头和奶粉。他以为，这样就解决了简喂奶的困难。但他没想到，这样只是给乔纳森增加了负担。乔纳森在每天晚上离开霍金家之前，要调好第二天用的奶，然后放进冰箱里，以备不时之需。

不久，霍金的父母又使出一招，这再一次让简无法应对。他们说美国得克萨斯州有一个医生发明了一种新药，据说可以治疗霍金的病。而那位美国医生正准备邀请霍金去得克萨斯治疗，治疗时间可能是几个月，也可能是几年。霍金把他父母写给他的信拿给简看，至于去还是不去，却不置可否，似乎要让简一个人决定这么重大的事情。

这样的局面，已经让简无话可说。一家五口人，一个婴儿，加上不能动弹的霍金，她一个弱女子能够承担起这么重大的责任，举家前往美国？她想，霍金的父母使出这一招，无非是想让乔纳森离开这个家庭，但他们又从来不想办法帮助这个可怜的家庭。

简终于看清了这一残酷的现实，因此，她在自传中写道："霍金家根本不把我当人看待。我在他们眼里只不过是一个苦工，是一个为他们生儿育女的工具，是照料他们儿子的机器。我似乎无权拥有一个年轻女子的正常需要、希望和担心，更不要说知识方面的抱负了。我刚刚生完第三个孩子，在最大的孩子仍然病得很厉害，我也非常虚弱的时候，他们就撕掉了面纱，露出了狰狞面目，他们对我的厌恶之情，在隐忍了多年之后，终于爆发出来。我太笨了，竟然没有认识到他们的恶毒用意。"

对这个家庭，简已经不再抱有任何的期望，也不再幻想得到这个家族成员的任何同情和理解，她的心已经死了。后来，简的父亲不忍心看女儿为难，出面摆平了这件事。他写了一封信给霍金的父亲，他表示如果大家真的为霍金着想，就应该明白简一个人要照顾两个年幼的孩子和一个在襁褓中的婴儿，再加上照料霍金，举家远行美国是不现实的。如果真有治好霍金的病的可能，他建议由他们夫妻陪同霍金去美国。

这封信可谓言辞凿凿，无可辩驳。霍金的父母大概也觉得自己是有些无理取闹，所以他们没有回信，也没再提起那件荒唐透顶的事情。

这次纠纷发生在 1979 年，霍金的事业和成就，似乎并没有在这次家庭危机中受到任何影响。这一年，霍金被任命为剑桥大学卢卡斯数学教授。甚至在日内瓦染病失去语言功能以后，他仍然镇静地面对残酷的人生。他依然那么冷静、睿智，那么幽默，抓住机会就开开玩笑，扬扬得意地显示出调皮的样子。在这种时刻，人们绝不会想到他的家庭正一步步走向终结。

后来，霍金的贴身护士伊莱恩成了简和霍金之间的第三者。伊莱恩故意挑拨霍金和简之间的关系，使霍金和简之间的婚姻关系变得越发紧张。20 世纪 80 年代后半期，由于护士伊莱恩长时间照顾霍金起居，他们开始互相喜欢，霍金要伊莱恩尽可能地陪伴他。伊莱恩的个性非常强悍，她极力守护着她与霍金之间的这种关系。除了简，霍金的家人以及其他护士对她的意见都非常大。

简和霍金的矛盾再一次被激化，是在 1988 年 3 月，霍金要到美国去。因为伊莱恩的缘故，简拒绝陪他一起去。简曾多次建议辞掉伊莱恩，但霍金断然拒绝，毫无商量的余地。

就这样，简和霍金之间的关系越来越紧张。但在新闻媒体面前，他们还是表现出很和睦的样子。1989 年，简和霍金还出席了一次新闻发布会，共同推销《时间简史》。从照片上看，他们依然恩爱如初，根本看不出要分手的样子。

可是，1990 年的夏秋之交，霍金突然决定与简分居，跟伊莱恩住在一起。由于种种原因，他们 1995 年 5 月才办理离婚手续。1996 年 10 月，霍金与伊莱恩结婚。1997 年 7 月，简和乔纳森结婚。结婚后，简和乔纳森离开英国，来到简的大儿子罗伯特工作的美国西雅图。此时，罗伯特在微软公司工作。

在西雅图，身心得到解放的简决定写一部自传，且要以平和而非情绪化的心态来写，以使这本自传成为能消除恶意诽谤的作品，让她在倾诉往事后，自由地度过余生，不再为过去的阴影所烦扰。

简在自传的结尾写道："看到斯蒂芬继续获得巨大的成功，我为他高兴，也希望他得到应有的幸福。在《荒岛唱片》节目中，他向我表示敬意。由于这完全出乎我的意料，因而更加令人感动。"

毫无疑问，简·怀尔德是一位传奇女性，她以女性的温柔善良，成就了霍金在科学道路上的辉煌。在年少的霍金感叹命运的低谷时期，是她的出现让霍金找到了活下去的希望；在霍金艰辛的事业道路上，又是她的陪伴和支撑，让霍金得以全身心地投入科学研究，并在生活无法自理的情况下，在全球演讲；在霍金病发命悬一线时，是她懂得霍金为了梦想勇敢活下去的决心，把霍金从死亡的边缘拉了回来；也是她，为霍金养育了三个儿女，为他创造了一个美满的家庭。在霍金每一个成功与辉煌的背后，都少不了简含辛茹苦的身影。即便是在霍金的晚年，陪在他身边的，依然是简和她的第二任丈夫乔纳森。

08 协议离婚，第二次婚姻走到尽头

霍金的第二任妻子伊莱恩，曾经是简亲自为霍金找来的私人看护，而且她的前夫是霍金语音合成器的设计者大卫·梅森。1990年春夏之交，霍金同简分居，与伊莱恩住到了一起。1995年5月，霍金与简办理了离婚手续。1996年10月，霍金与伊莱恩结婚。可这段婚姻维持了11年后，以失败而告终。

霍金曾在自己70周岁生日宴会上说："女人完全是个谜。"这句话，是说女人是谜呢，还是霍金根本不懂女人呢？也许，只有霍金才知道。

2006年，霍金和伊莱恩在分居一段时间后，协议离婚。霍金这段婚姻终结的原因，似乎比第一段婚姻更加扑朔迷离。

其实，霍金和伊莱恩的婚姻完全是不被祝福的。霍金的子女无一人出席他们的婚礼仪式，这让霍金着实感到有些失落。或许，这段婚姻

从一开始就是错的。

作为一个男人，霍金也一样渴望女人的陪伴，但是，他似乎完全不了解女人。也许，对于一个把全部精力都投入到科学研究事业上的科学家而言，这不能怪他，毕竟，人的精力是有限的。而伊莱恩，恰恰是在霍金最迷茫的时候出现的，给予了霍金专业的护理和细心的关怀。霍金乐于享受这份关怀，并且对伊莱恩产生了一种依赖，这或许也算是爱情的一种表现。但是。让霍金没有想到的是，这次婚姻几乎成了他的一个噩梦。

从 2000 年开始，霍金开始频繁受伤。起初，是一些轻微的皮外伤，后来竟然发展到了手腕骨折的地步。霍金的同事们感到大为惊异，再三询问，霍金只说是从轮椅上摔了下来。

一年以后的一天，一名女护理发现霍金被暴晒在院子里。他双眼紧闭，眉头深锁，一副非常痛苦的表情。护理上前试着跟他说话，想把他推到阴凉的地方去。可喊了几声，霍金毫无反应，她这才发现霍金已经陷入了昏迷。于是她连忙报警，施行紧急救护，这才使霍金幸免于难。但此次事件颇让人怀疑，像是有人故意为之。

2004 年，霍金再次感染肺炎。在他住院期间，医护人员惊奇地发现，霍金身上有很多不明的伤痕，脸上也有一块淤青，嘴唇上有一处明显的刀伤，而且手腕再次骨折。这些不正常的情况，相当令人震惊。于是，媒体开始大肆报道，同时警方也开始介入调查。没想到，霍金不仅不配合调查，反而很不高兴地指责警方和媒体侵犯他的私生活，警方只好放弃调查。

但霍金的女儿露西无意中发现，她父亲的呼吸器被人动了手脚，这显然是有意谋杀。露西意识到，事态比想象的还要严重。露西报警后，警察对霍金身边的护理人员一一进行了盘查，从她们的供词中发现，她们大都把矛头隐隐地指向了霍金的妻子伊莱恩。其中的一位护理人员在供述中说，她曾经看见伊莱恩故意把霍金的手卡在轮椅的轮子上，难怪霍金的手腕多次发生骨折。而霍金脸上的伤口，则有可能是伊莱恩替霍金刮脸时留下的印记，这当然也不会是不小心，因为霍金根本不会乱动，况且那伤口足有3英寸。而另一件事更令人惊悚，一位女护理说，霍金曾经示意她看在电脑屏幕上打出的一行字：我不想与伊莱恩单独在一起。

几乎所有的迹象都表明霍金遭受了虐待。一时间，各种关注与猜测纷至沓来，再次引发了全球媒体的大肆报道。面对来自全球各界的巨大反响，霍金还是一如既往地保持沉默。他只是一味地否认妻子虐待自己，并且谴责新闻媒体对这件事情的报道。面对霍金的不配合，警方也无法进一步深入调查，霍金的家人包括他的儿女也都缄口不言。于是，这场“虐待风波”在真实却无法被证实的情况下，成为了一个永远无法破解的谜。霍金不想与任何人谈论这件事情。此刻的他，把自己一层一层包裹起来，像一个孤独者。或许，他此生注定是孤独的。

对于普通人来说，婚姻的成功或失败是再平常不过的事情，也不会有人关注。但霍金却不一样，因为他是享誉全球的科学家，是明星一样的人物，他的私生活备受关注，很多新闻媒体都是靠这些题材的新闻报道来吸引读者的眼球。而这对霍金而言，却是一种极大的困扰。他之所以保持沉默，是因为每个人都有自己的尊严，这是不容侵犯的。更何况霍金是一个极其高傲的人，从来不愿意承认自己是个残疾人，虽然他多次举办或参加帮助残疾人的慈善活动，却总是下意识地把自己和残疾人区分开来。

面对重病之下的痛苦遭遇，霍金既没有抱怨也没有提出申诉，而是选择默默地接受，慢慢地忘记，这是何等宽广的心胸？

2006年，霍金终于向法院提出了离婚申请。10月19日，霍金与他的第二任妻子伊莱恩协议离婚，并于第二天正式办理了离婚手续。就此，霍金的第二段婚姻在经过了11年扑朔迷离的历程之后，走向了终点，画上了句号。此时，霍金64岁，伊莱恩55岁。

对于霍金的第二次离婚，社会各界众说纷纭，但对于霍金来说，这些已经不重要了。既然无法在一起，那就干脆放手让彼此自由。离婚之后，霍金一直与一位管家住在一起，生活起居也全部依赖于剑桥大学为其提供的护理团队。

后来，经过子女的撮合，霍金最终与简合好。于是，霍金经常到简的家中参加家庭聚会，重新与儿孙们共享天伦之乐。为了反映这段快乐时期，简将先前的著作《移动星星的音乐》进行了大幅度编修，删除了很多不堪回首的叙述，添加了对未来充满期盼的语句。这本著作重新发表时，书名也变成了《遨游至天涯海角》。

第八章

超级巨星：宇宙网红与畅销书作者

01 演讲大师，化繁为简游刃有余

读过霍金的文章、书籍的人，或者听过霍金讲演的人，都会陶醉在霍金所建造的宇宙世界里不能自拔。他是一位科学家，却擅长用作家的视角和想象力去思考问题，把本来枯燥单调的理论形象化，用生动的语言表达出来，有时他甚至会采用好莱坞大片的手法，来讲解宇宙的奥秘。从《时间简史》到《果壳中的宇宙》，再到与人合作完成的《大设计》，霍金的著作让所有的读者都为之陶醉，更让天体物理爱好者学到了很多宝贵的知识。

早期的霍金，在宇宙领域写了很多论文，也发表了很多精彩的演讲。这些内容在普通人看来，无疑有些曲高和寡的味道。1990 年前后，步入中年的霍金，开始与媒体频繁接触。经过大众传媒的包装，霍金很快就得到了普通大众的认可，他的粉丝也越来越多。

1988 年 4 月，他在柏克莱的加利福尼亚大学做了一次生动的演讲，演讲的题目是《黑洞和婴儿宇宙》。

在这次演讲中，霍金用生动的例子阐述了自己的观点。他说："不少人认为，如果黑洞在旋转的话，人们便可穿过时空的一个小洞，去到宇宙的另一个区域。这显然揭示了空间旅行的巨大可能性。"

接下来，霍金却认真地告诉人们一个道理："人类梦想着在星系之间旅行，但星系旅行并不像科幻小说里写的那样快速，即使人类到达离地球最近的恒星，最少也得八年的时间。八年的时间，如果一个孩子诞生了，那他到达时也是八岁的儿童了。另外，如果人们能穿过一颗黑洞，就可在宇宙中的任何地方重新出现。怎么选取你的目的地还不是很清楚，也许你最初是想到处女座度假，而结果却到了蟹状星云。如果星系旅行家们总有这样的想法，那就要让他们失望了，这样的场景只能出现在想象中，在自然的宇宙中是无法实现的。"

最后，霍金提醒人们："如果人类跳进一颗黑洞，就会被撕得粉碎。"

人们喜欢霍金，是因为他是一个讲真话的科学家。他不伪装、不做作，他能把自己的研究成果与大众想知道的东西结合起来，围绕世界发生的各种事情，从政治到自然灾害，他都能分析得头头是道，贴近大众心理。在很短的时间里，他就吸引了公众的目光。于是，"霍金热"开始了，从英国本土传到欧洲，再传到全世界。

出现"霍金热"还有一个原因，就是他研究的宇宙起源的问题广受争论，就此他还在剑桥大学发表过演讲。霍金的宇宙起源研究之所以会引发争论和轰动，是因为里面涉及一个人们广泛关注的问题。霍金在题为《宇宙的起源》的演讲中，是这样说的："关于宇宙如何起始的争论，贯穿了整个有记载的历史。基本上存在两个思想学派。许多早期的传统，以及犹太教、基督教等，都认为宇宙是在相当近的过去创生的，用以支持这个近世起源观点的事实是，人们认识到人类文化和技术一直在进步。事实上，圣经的创世日期和上次冰河期的结束时间相差不多，而这似乎正是现代人类首次出现的问题。”

霍金在他的演讲中，对牛顿的万有引力定律提出了质疑。他说：“根据牛顿的万有引力定律，宇宙中的每一颗恒星，都必须被其他恒星吸引。如果是这样的话，它们怎么能维持相互间的恒定距离，并且静止地停在那里呢？难道它们不落到一起吗？”

霍金认为：“牛顿是知道这个问题的，他不想指责牛顿，因为牛顿生活的时代，限制了他的观测与发现。牛顿提出万有引力定律，是在宇宙膨胀说出现的250年之前。”霍金说：“不管是牛顿还是爱因斯坦，都失去了预言宇宙不是在收缩便是在膨胀的机会。”

霍金知道，1929年，哈勃在宇宙膨胀方面有了新的发现。于是，关于宇宙起源的问题开始有了新的讨论。霍金认为：“宇宙现状之所以是这样，是因为它过去是那样。但是，科学不能解释为何它在大爆炸后的那一瞬间，是另外一个样子的。”

霍金讲演的内容以及霍金研究的问题，都是热点问题。如果追踪热点的新闻报道产生了影响，那么采访新闻的记者和主持节目的主持人也会跟着走红。“霍金热”的实质，实际上就是公众想了解深层次的宇宙起源问题，而霍金，恰恰能给他们解答这个问题。

21世纪，人类开始了对太空的探索，美国、俄罗斯以及中国的宇航员都开始了太空行走，太空在人们的眼里已不再那么神秘。但是，航天员在太空中就会一帆风顺吗？

在谈到婴儿宇宙时，霍金讲了这样一个例子：一位航天员掉进了黑洞里，会发生什么呢？霍金说："在实时间里，一位落进黑洞的航天员的结局是悲惨的。作用到他头上和脚上的引力差，会把他撕开来，甚至连构成他身体的粒子都不能幸免。它们在实时间里的历史，会在一个奇点处终结。但是，粒子在虚时间里的历史将会继续。它们将进入并通过婴儿宇宙，并作为从另外一颗黑洞发射出来的粒子而重现，这在某种意义上可以说，航天员被运送到了宇宙的另一个区域。"

在谈到婴儿宇宙对空间旅行的用处时，霍金认为："虽然婴儿宇宙对于空间旅行没有什么用处，但对于我们寻求能描述宇宙万物的完备的统一理论的尝试却意义重大。"

那么，究竟有多少婴儿宇宙存在并能与我们所在的宇宙区域连接起来呢？这一点科学家也无法观察清楚。婴儿宇宙从名称上来看，就是很小很小的宇宙，粒子包含在婴儿宇宙之中。婴儿宇宙太微小了，即使它们出现了连接和分叉，科学家也无法观察出来。正如霍金所说的那样："它们连接上后，就改变了诸如一颗粒子所带电荷的量的表现的值。"

霍金在他的讲演中，还提到了黑洞和婴儿宇宙的关系。他说："粒子能够进入黑洞，然后黑洞蒸发并从我们的宇宙区域消失。而黑洞发射出来的这些粒子将进入婴儿宇宙中，这些婴儿宇宙从我们的宇宙分支出去，它们可以连接回到其他的什么地方。它们对空间旅行无甚用处，但是，它们的存在意味着我们的预言能力比所期望的更差，即便我们真的找到了完整的统一理论。"

其实，婴儿宇宙并不是一个新的课题。几年之前，就有天体物理学家对婴儿宇宙进行过研究。但霍金认为，那些人研究的角度太过死板，如果从空间旅行的角度去研究，再申请专利，肯定会带来一笔财富。霍金预测：关于婴儿宇宙和空间旅行的研究，是非常好的研究方向，也是一个值得投入精力和时间去研究的课题。

02 偶像明星，多重身份令人惊叹

在一般人看来，科学家都是一些性格孤僻且行为古怪的人，甚至有时还会有点神经质。对此，霍金在他的演讲中指出："现今公众对待科学的态度相当矛盾。一方面，人们希望科学技术的新发展，能继续使生活水平稳步提高；另一方面，人们又由于不理解而不相信科学。在一部影片中出现的，在实验室里制造弗兰肯斯坦机器人的疯狂科学家，便是这种不信任的明证。"

其实，正如霍金所说，很多普通人都不理解科学家，不信任科学家。如果没有科学，没有科学家，我们的世界便不可能像现在这样飞速发展、日新月异。如果没有科学发明，这个世界就不会如此繁荣。所以，理解、信任和尊重科学家，应该是每个人最起码的道德和修养。

但是，科学家并不像某些人想象的那样呆板，他们也会享受生活，也有自己的兴趣和爱好。

众所周知，霍金这位被誉为继爱因斯坦后最杰出的物理学家，不仅向人类揭示了宇宙和黑洞的奥秘，提出了黑洞蒸发理论和无边界的霍金宇宙模型，证明了广义相对论的奇性定理和黑洞面积定理，在统一爱因斯坦的相对论和普朗克的量子力学这两大基础理论方面，他也做出了重要的贡献。此外，他还有着令人惊叹的多重身份。

其一，霍金是一个影视明星。

20 世纪 90 年代，霍金频繁地出现在广播电视上。1992 年，霍金做客英国 BBC 广播公司的《荒岛唱片》节目。这个节目是一个有着 50 年历史的老牌节目，节目时长 40 分钟，1942 年开播，拥有很多忠实的听众，采访了很多的作家、电影演员、科学家。采访霍金的这一期节目，是作为 1992 年圣诞节特别节目播出的。

之后，霍金不再满足于在电波里听到自己的声音，他又把目光投向了荧幕。不久，英国电信公司邀请霍金为他们做广告宣传。这个广告片时长 90 秒，所要表达的主题是信息在人们的生活中是非常重要的。广告的主要目的，是要人们用电话来交流，这样，电信公司就可以挣到更多的钱。

霍金的这次商业广告，让他有了一笔不小的收入，他也从幕后走到了幕前，为以后获得更多的宣传机会打下了基础。对很多英国人来说，一提起霍金，他们首先想到的，不是著名的天体物理学家，也不是写出畅销科普读物《时间简史》的作者，而是英国电信公司广告代言人。

在英国，很多人认为霍金始终处于矛盾之中难以走出来。一方面，他很喜欢接触媒体；另一方面，他又觉得媒体泄露了他太多的隐私。但无论如何，这位从理论物理研究室走出来的科学家，在大众的眼里，就是明星。

1997 年，《斯蒂芬·霍金的宇宙》这部六集纪录片在电视台播放，这是霍金首次正式亮相荧幕，他也由此再次成为英国观众眼中的巨星。

霍金还一度参演了两部电视剧，而且这两部电视剧都在中国引发过追剧热潮。其中一部是科幻电视剧《星际迷航：下一代》。这部电视剧，主要讲述 24 世纪时，让·卢克·皮卡德舰长率领联邦星舰企业号（NCC−1701−D）全体船员探索太空的冒险故事。在电视剧中，霍金扮演自己，与牛顿、爱因斯坦等角色一起打牌。

霍金参演的另一部热播剧是《生活大爆炸》。这部剧，是美国国内收视率很高的电视情景剧之一。剧中，霍金仍然扮演自己。男主角谢尔顿是物理系的客座教授，也是霍金的粉丝。为了见到霍金，谢尔顿愿做任何事情，他甚至把自己打扮成女仆的样子，由此上演了一系列搞笑的故事。

在《生活大爆炸》这部剧中，虽然霍金只出现了两分钟，但他坐在轮椅上给了谢尔顿一个犀利的眼神。那个眼神颇具杀伤力，一下子迷倒了很多观众。为此，网友们调侃地说："那是霸气侧漏的小眼神，眼神绝对到位。"

剧中，霍金为什么要用那么犀利的眼神看谢尔顿呢？原来，谢尔顿给霍金看的论文里出现了低级的错误，被霍金看到，并指了出来。因此，谢尔顿当场晕倒在地。霍金看着谢尔顿，便调侃地说："又是一个晕倒粉。"于是，热爱霍金的粉丝们发现，霍金竟然有不错的表演技巧，一个眼神就可以秒杀谢尔顿。

此外，霍金还在动画片《辛普森一家》和《飞出个未来》中本色出演自己，并亲自配音。

对于霍金的表演，曾有导演充满敬意地评价说："短暂却精彩，每个镜头都有黑洞般的容量。"

其二，霍金是一个太空探索者。

2016 年，由霍金宣布的太空探索"突破计划"正式启动。该计划将向距离我们最近的恒星系半人马座阿尔法星（中国古代称南门二），发射大量的微型星际航天器。整个计划包括"突破摄星""突破聆听""突破讯息""突破观察"四个项目。

这个航天器名叫"精灵"，只有邮票大小，但却包含了太阳能板、微型控制系统、陀螺仪、磁力计、天线等部件，运转功率为 100 毫瓦，是目前世界上最小的全功能空间探测器。2017 年 6 月 23 日，"精灵"发射升空，并于同年 7 月底进入近地轨道。

在 2017 年 11 月 5 日召开的腾讯 WE 大会上，霍金通过视频发表了关于探索太空、塑造人类未来的演讲。霍金在演讲中，把探索太空移民比作哥伦布发现新大陆的伟大探险。

其三，霍金是一个作家。

霍金这位当代最伟大的物理学家，无疑还是一位畅销书作家。他的作品致力于用通俗易懂的文字，向普通民众普及最前沿的宇宙学知识。

《时间简史》是霍金的成名作，被誉为全球科学著作的里程碑。书中讲述了宇宙的起源、命运和最新发展状况，对黑洞和大爆炸等天体物理学理论进行了详细解释。

《霍金讲演录——黑洞，婴儿宇宙及其他》是由霍金亲自撰写的文章和他的一系列演讲组成，主要讨论了虚时间、黑洞如何引起婴儿宇宙的诞生，以及科学家寻求完全统一理论的努力，书中还谈及了他的个人成长经历。

《果壳中的宇宙》这本书，可以视作《时间简史》的续篇。这部书以图文并茂的形式，介绍了广义相对论、量子论、黑洞、时间旅行、超引力等前沿概念，并探讨了预言未来的能力和星际旅行的可能性。

《乔治的宇宙系列三部曲》是霍金在2007年与女儿露西·霍金合作撰写的科幻小说。书中以充满童趣的语言，讲述了一个叫乔治的少年如何对科学产生兴趣，如何与因坚持环保主义而反对科学的父母斗智斗勇，最终成长为科学家的故事。全书分为《大爆炸》《寻宝记》和《秘密钥匙》三册。

《大设计》是霍金的又一部科普著作，与美国加州理工学院教授列纳德·蒙洛迪诺合作完成。这部书论证了宇宙可依照科学原理而浑然天成，否认了上帝创造宇宙一说，并提出了“哲学已死”等言论，在哲学界引发争议，也遭到宗教界人士的抨击。

其四，霍金是一个慈善活动家。

霍金的传奇色彩，一部分源于他的成就，另一部分则源于他的身残志坚。作为一名渐冻症患者，霍金曾经只有三根手指头能活动。在极端困难的情况下，他不仅没有放弃自己的事业，反而还取得了让常人望尘莫及的杰出成就。

霍金在物理学方面取得了举世瞩目的成就，他也成为了残障群体的好榜样。他不断地努力，试图证实自己身体的残疾并未使得他不如平常人。因此，他的成就与努力一直激励着其他残障人士。

1999 年，霍金与其他 11 位杰出人士共同签署了《第三个千禧年残障宪章》，呼吁政府设定预防残障的措施，保障残障人士权益。

为了激起人们对太空飞行的兴趣，展现残障人士的潜能，2007 年，霍金参与了零重力公司提供的零重力飞行，亲身体验了零重力的感觉。

在 2012 年夏季伦敦残奥会开幕典礼上，霍金亲临现场，讲述了宇宙的起源与未来，引领群众观赏了一场“科学发现之旅”。他还鼓励大家时常仰望星空，试着从所见到的景象中找出宇宙的意义，思索宇宙之所以存在的机制，保持一颗好奇的心。

2013 年，霍金的自传纪录片《霍金》拍摄制作完成。在这部纪录片里，霍金用自己那电脑合成的声音，讲述了自己的童年以及自己如何与疾病奋战，怎样成为杰出物理大师的故事。同年，霍金在一场关于协助安乐死的访问中表示，患有绝症并遭受病痛折磨的人，应有权利选择结束自己的生命，而且帮助他的人不应该被起诉。他说，我们都不忍心让动物遭受痛苦，更何况人呢？

2014 年，在中美科技领域举办了一场轰轰烈烈的冰桶挑战游戏，霍金也参与了这个游戏。举办冰桶挑战游戏是为了引起人们对渐冻症患者的关注，同时募集研究资金。而世界上最知名的渐冻症患者，就是霍金。因此，他义不容辞地接受了冰桶挑战。不过，由于他先前患有肺炎，医生认为不应过度考验他身体的适应力。最终，由他的三个孩子替他接受了挑战。

其五，霍金是一个音乐人。

1994 年，霍金跨界摇滚圈，与平克·弗洛伊德乐队合作，为《滔滔不绝》献声。他的声音，更像机械的电子音。他当时诵读了一段独白：

“曾经的数百万难，我们活着，全如鸟兽，突然奇迹发生，释放了我们的想象力。”

20 年后，平克·弗洛伊德乐队快要解散了，霍金又为他们的新专辑《没完没了的河》献声，歌名也和霍金有关，叫《会说话的霍金》。

《会说话的霍金》里有一句话：“语言使得人们可以交流自己的想法，令人们能够一同工作，并以此创造奇迹。”显然，这里的“语言”虽然与哲学里的“语言”不同，但存在着共性。霍金虽然站在了哲学的对立面，但他的一生从没离开过语言和奇迹，这是霍金留下的精神力量。霍金是一个科学家，同时也是一个哲学家。

03 超常大脑，频出预言警示人类

2010 年 8 月，霍金在接受美国知识分子视频共享网站 Big Think 的访谈时，语出惊人地称地球将在 200 年内毁灭，而人类要想继续存活只有一条路：移民外星球。

其实，早在 2006 年 6 月 13 日，霍金访问香港科技大学时，他就在发表演说时表示，人类可能在 20 年内就实现在月球常驻，并在 40 年内实现殖民火星。当时他还说，向太空开发新的生存空间是维系人类继续存在的关键。因为地球毁灭的风险越来越高，除非我们另寻新的恒星系统，否则将无法找到一个像地球一样好的地方。

霍金还表示，如果人类可以在未来 100 年内避免互相残杀，那么，到太空常驻而不需依赖地球提供资源就有可能实现。霍金说："为了人类的生存，移居到太空对人类来说是很重要的事情。地球上的生命被一场灾难摧毁的风险日渐增加，例如突然加剧的全球变暖、核武器战争、基因改造的病毒等，甚至还有我们所不知道的其他危险。”

霍金还曾警告说，人类在努力与外太空其他生命形式建立联系时，应当谨慎小心，因为我们不能确定他们是否对人类友好。如果我们是这个星系中唯一的智能生命体，我们应该确保自己能够生存和延续。然而，面对地球有限的资源和呈指数形式增长的人口数量，我们长期生存的唯一机会不是留在地球，而是向外太空寻找出路。

更令人难以忘却的是，霍金多次警告，说外星人可能会为了资源入侵地球。

霍金的末日理论，很快在网上引起了热议。

中国科学院紫金山天文台科普部主任张旸表示，虽然时下全球气候出现异常，地质灾害增多，但由此就认为地球即将终结是缺少科学依据的。霍金提出的观点，并不是针对地球寿命而谈的学术问题，而是社会问题。所谓的地球终结说，是霍金作为一个科学家对人类现今的生存方式所表达的一种担忧。霍金提到了古巴的导弹、政治争斗以及人类无限掠夺的本性，因此，霍金所说的“由于人类基因中携带的自私、贪婪的遗传密码，人类对地球的掠夺日盛，资源正在一点点耗尽”，才是毁灭地球的真正灾难。霍金为人类找出的解决之法，就是向外太空移居。

张旸认为，霍金之所以说“人类不应该将所有的鸡蛋都放在一个篮子里或一个星球上，希望我们可以将篮子容量扩大后再将其扔掉”，是因为他乐观地认为，以人类现在的科学发展水平，在两百年内找到适合移居外太空的方法或类地星球是可能的。不过，张旸同时表示：“虽然科学家都在找寻类地星球和移居外太空的方法，但能否在两百年内找到却不一定。因此，如果人类不正视自己的错误，不善待我们赖以生存的地球，那么，霍金所说的地球毁灭也就不是危言耸听了。”

对于霍金所说的“外星人威胁论”，有不少专家表示了质疑。这些专家从外星人的智慧与科技、人类自身对外星人的心理作用等方面，说明了外星人对地球人并不构成威胁。中国语言学家、数学家周海中表示，如果外星人能够来到地球，说明它们的文明程度已经远远超过我们人类。文明程度越高，有暴力倾向的可能性就越低。他认为，担心外星人的威胁是完全没有必要的，因为只要是高智慧生命体，它们的理智就会使得它们有分寸地对待其他智慧生命体。外星人与地球人，将来是能够和平共处、友好合作、共同发展的。

美国麻省理工学院物理学教授葛斯认为，如果以 100 年这样的长期时间来看，霍金的话确实有道理。但他说：“我不认为 50 年内科学技术会进步到在火星和月球上生存会比在地球上还容易的水平。”他还说，在极地建立一个地下基地都比殖民月球容易。另一名麻省理工天文物理学家伟恩也认同葛斯的看法，他说：“殖民其他星球还遥不可及，这一点，我们必须认识到。”他们认为，霍金的研究工作都是非常理论性的而非全球政治性的，他的有些预言，有点超出他的研究范畴了。

关于人工智能的发展，霍金发出了警告：人工智能是导致人类终结的凶手。在接受英国 BBC 广播公司采访时，霍金表示，人工智能可能会自发地进化，并以前所未有的速度重新设计它们自己。受限于缓慢的生物进化过程的人类，无法与人工智能相比，还会被它们超越。从短期来看，有一种忧虑是，目前有能力完成人类所承担的任务的智能机器，将迅速淘汰数以百万计的工作岗位。从长期来看，人工智能是对人类生存最大的威胁。

霍金的忧虑引发了很多网友的共鸣。有一位叫本・艾莎达的网友认为，霍金所言很有可能发生。他说："当亚马逊和脸谱网都有了自我意识时，世界将变得异常诡异。"还有网友表示，人工智能正在一步一步接管世界，就算觉察到这不太对劲，人类仍无法停止对人工智能的研究，因为它们给人类带来了太多好处。

霍金还预言：基因科技将改良人种。

作为畅销书《时间简史》的作者，霍金曾在印度孟买参加了名为"2001 年弦理论"的学术研讨会。所谓"弦理论"，是指已知宇宙物质是由电子等极小粒子组成，但因人类物理实验的精密度有限，实际上人类并不能确定这些粒子是否真的是无限小的点。因此，有人假设这些粒子其实是极小的弦（曲线），然后试着由此来描述基本物理定律。目前，弦理论是唯一能解释一切已知物理现象的理论，因此又称为"全能理论"。该理论虽然仍在发展中，还没有任何实验证据，但它是目前基础物理学研究的主要课题之一，吸引了许多理论物理学家的关注。

霍金和部分科学家认为，一旦弦理论获得科学证实，将能为宇宙形成和发展过程中的种种理论冲突提供答案。他说，即使其他恒星系早已有生命发展，人类在现阶段也并没有机会去发现这些生命。不过，人类在探索银河系的过程中，迟早会发现和人类不同的原始生命。

在这次有 3000 多位学者参加的学术研讨会上，霍金表示，人类将在 100 年之内登陆太阳系中的其他星球，并以此为踏板进入外太空。他还预言，在下一个千年到来之前，人类将得以"重生"，一种新的人种将会出现。

作为英国剑桥大学的荣誉教授，霍金完全称得上是英国著名物理学家牛顿的接班人。他在会上表示，由于未来将能进行太空旅行，因此人类必须努力提高身体和心理素质，以更好地适应未来生活的需要。他说：“尽管我并不赞成进行人类基因遗传工程的研究，但无论我们是持欢迎还是持反对的态度，将来都肯定会出现一种新的人种。事实上，如果人类在未来100年之内没有进行自我毁灭，那么，我预计我们将移居到太阳系的其他星球上生活。”

霍金表示，他不认为目前在太阳系中其他星球上生活着更先进的物种，他说：“如果真是这样，那么他们为什么没有移居到地球上来拜访我们？”霍金还表示：“如果存在这种先进的物种，他们肯定会想着侵占我们的地盘，绝不会任由比其低级的人类在地球上自由自在地生活。”

作为具备开阔视野的科技大师，霍金在演说中预言，人类在未来数百年内，将会在子宫以外的地方培育胚胎。

霍金还预言，人类的DNA将会以极快的速度变得更加复杂。人类研发改良人种虽会造成许多问题，但也会促成人们的彼此接受与理解。他说，虽然许多人主张禁止使用基因工程，但出于经济考虑，又允许科学家将这类科技应用于动、植物。

04 “突破摄星”，联手实施太空探索

在 2017 年 11 月 5 日举行的腾讯 WE 大会上，霍金通过视频发表了关于探索太空、塑造人类未来的演讲。在这次演讲中，霍金说：“如果人类想要延续下一个一百万年，就必须大胆前行，涉足无前人所及之处。”

霍金还预言，到 2600 年，世界将拥挤得摩肩接踵，电力消耗将让地球变成炽热的火球。他相信，人类能够避免世界末日的最好方法就是移民到太空。由此，必须探索人类在其他星球上生活的可能性。

2016 年 4 月，霍金联合互联网投资人尤里・米尔纳一起推出了“突破摄星”计划，该计划将向太阳系最近的星系——半人马座阿尔法星系发送一个探测器，以探索该星系的宜居行星。这项计划预计的花费达 100 亿美金。霍金还透露，脸谱网的创始人兼首席执行官马克・扎克伯格也加入了该计划的董事会，将会为“突破摄星”助一臂之力。

“突破摄星”计划的目标是开发数千个邮票大小的纳米小型太空飞船，飞往人类最近的恒星系并发回照片。

如果这个计划获得成功，那么科学家将可以判断出半人马座阿尔法星系是否包含类似地球的能容纳生命的行星，半人马座阿尔法星距离太阳系约4.3光年。科学家希望这样的小型飞船速度能达到光速的20%。这一速度，远高于当前太空飞船的速度。该计划的实施需要多年时间，目前尚不能确定能否成功。

“突破摄星”执行董事皮特·沃登在接受媒体采访时说：“能够把我们人类的触角延伸到太阳系以外，这非常有意义，因为这样我们就不再只是太阳系里的生物和物种，我们将正式成为银河系里的公民。”

在腾讯WE大会上的演讲一开场，霍金就抛出了两个问题。首先，我们需要做什么才能够在力所能及的范围内，确保人类的未来尽可能完美？其次，我们为什么要考虑探索其他宜居星球？

在霍金看来，伴随着人口数量的增长，对人类而言，地球变得越来越小。在过去的200年中，地球的人口呈指数级增长，即每年人口以相同比例增长。2017年，这一数值约为1.9%。这个数字现在听起来可能不算多，但它却意味着，每40年世界人口就会翻一番。

霍金说，在某种程度上，今天的情况就如同1492年前的欧洲。当时的人们坚信哥伦布的探险注定会徒劳无功。然而，新世界的发现对旧世界产生了深远的影响。

霍金表示，人类向外太空的拓展将会产生更深远的影响，这将彻底改变人类的未来，甚至会决定人类是否还有未来。它不会解决地球上任何迫在眉睫的问题，但它将提供解决这些问题的全新视角，让人类着眼于更广阔的空间，而不是拘泥于眼下。

人类进入太空时，是会找到外星生命，还是会发现人类终将在宇宙中踽踽独行？霍金认为，在其他条件适宜的星球上，即使生命存在的可能性极小，但宇宙是无限的，人类还是可以假设，生命会在某处出现。不过，如果概率很低，那么，出现生命的两个星球间的距离，可能将异常遥远。

霍金认为，在太阳系中，月球和火星是人类移民太空最显而易见的选择。水星和金星太热，而木星和土星是巨大的气体星球，没有坚实的表面。火星的卫星非常小，并不比火星本身更优。木星和土星的一些卫星也存在可能。比如木星的卫星之一欧罗巴，它的表面是冰层，但冰层下可能会有液态水，也就可能会孕育生命。但人类如何确定这种可能？是否必须登陆欧罗巴，然后钻一个洞？

事实上，星际航行必然是一个长期的目标。霍金所说的长期，是指在未来200年到500年。

霍金提出的“突破摄星”计划主要涉及三个概念：迷你太空飞行器、光动力推进和锁相激光器。“星芯片”是尺寸被缩小到仅几厘米、但功能完备的太空探测器，它将附着于“光帆”上。“光帆”由超材料制成，重量仅有几克。霍金他们的设想是，一千个由“星芯片”和“光帆”组成的纳米飞行器将被送入轨道。在地面上，激光器阵列将共同形成一道超强光束，光束穿过大气，以数十吉瓦的功率射向太空中的“光帆”。

这项创新背后的想法是以光束来驱动纳米飞行器的前进。这样产生的速度虽然不及光速，但也能达到其1/5，约合每小时1亿英里。为了达到这个速度，首先需要最大幅度地减小太空探测器的质量。为了实现这个目标，探测器只剩下光帆、150 毫克放射性物质电池与质量降到克重级别的芯片，芯片只有邮票大小。为了减重，相机的镜头也不能要，而是直接用平面傅里叶阵列成像法，并用激光将拍摄到的照片传回地球。

其次，还需要采用比太阳辐射强得多的激光阵列提供推动力。“突破摄星”计划采用的激光阵列的输出功率要达到 1000 亿瓦特，这样的光束照在“光帆”上，产生的重力加速度大约是地球重力加速度的 6 万倍，每秒速度增加 60 万米每秒，即 600 千米每秒，用 100 秒左右的时间可以将“光帆”加速到 6 万千米每秒，为光速的 1/5。这个过程消耗的能量，约为发射一架航天飞机所耗费的能量。

这样的系统，可以在一小时内抵达火星，几天内到达冥王星，一周内就可以追上并超过旅行者号探测器，并在仅 20 年后到达半人马座阿尔法星系。重要的是，“星芯片”的轨迹可能包括“比邻星 b”，这颗位于半人马座阿尔法星宜居带的行星，与地球的大小类似。2017 年，“突破摄星”与欧洲南方天文台携手合作，进一步探寻半人马座阿尔法星系的宜居行星。

皮特·沃登向媒体记者透露，目前，“突破摄星”计划已经成功发射了一个较大版本的“星芯片”（“精灵”），把它负载在一个拉脱维亚卫星上，用印度设计的推进器送入太空。

但纳米飞行器仍然有不少需要攻关的技术难点，也遭到不少外界的质疑。例如，1 吉瓦功率的激光器仅能提供几牛顿的推力，不过因为纳米飞行器只有几克重量，所以恰好可以克服这个问题。但是工程方面的挑战是巨大的，纳米飞行器必须能经受极限加速、极寒、真空和质子，以及与太空粉尘等垃圾的碰撞。另外，由于大气湍流，将一套总量 100 吉瓦功率的激光组瞄准太阳帆，也是很困难的事情。

还有一些严峻的问题，比如如何让数百道激光在穿过大气波动时聚合？如何推动纳米飞行器又不烧毁它们？如何让它们瞄准正确的方向？此外，还需要让纳米飞行器在冰冷的真空环境中工作 20 年，这样它们才能将信号传回到 4 光年外的地球。

上述这些技术挑战都是工程设计要解决的问题，霍金对此持乐观态度。他认为，工程挑战往往最终都会被解决。随着技术的进步与成熟，人类可以展望更多令人兴奋的使命。如果“突破摄星”计划能传回比邻星系中宜居星球的图像，这必将对人类的未来产生深远影响。

2017 年 8 月前后，科学家们宣布，属于“突破摄星”计划的世界最小航天器“精灵”已成功在近地轨道运行并与地球上的系统进行通信。

第九章

尖端学术：在宇宙的最深处飞扬

01 虫洞理论，连接时空的狭窄隧道

许多天文爱好者都知道，宇宙中的虫洞指的是科学家推测的一种可能存在的特殊隧道，它的两头连接着两个遥远的时空。理论上说，如果能从虫洞的一端穿越到另一端，就能实现超越光速的时空旅行。这里，可以举一个简单的例子加以说明：如果从一个苹果表面上的一个点走到另一个点，需要走一条弧线，但是，假设有一条蛀虫在两个点之间蛀出了一个洞，那么就可以通过这个洞在两个点之间走直线，这显然要比走原来的弧线近。而这个洞，就类似于物理学家们提出的存在于宇宙中的虫洞。

“虫洞”这一概念，是 1916 年奥地利物理学家路德维希·弗莱姆最早提出来的，1930 年，爱因斯坦和纳森·罗森在研究引力场方程时，又对虫洞进行了完善。因此，虫洞又有“爱因斯坦－罗森桥”之称。简单地说，虫洞是连接两个不同时空的狭窄隧道。人们透过虫洞，可以做瞬时的空间转移或者时间旅行。

但是，对于虫洞是否客观真实存在，包括爱因斯坦在内的很多科学家一直都是持否定的态度。直到 1963 年，数学家罗伊・克尔提出了一个假说。他认为，如果恒星在死亡时保持一种旋转的状态，那么，就会形成一种动态黑洞。如果有物质突破黑洞中心，就会进入镜像宇宙，这一过程的实质其实就是一次时空穿越。克尔的假说，让虫洞的存在重新获得了理论上的支持。

关于虫洞，科学界大致有四种说法，每种说法都有各自的解释方式。

第一种说法认为，虫洞是空间中的隧道。假设我们所讨论的空间是一个球体，如果我们想从球上的一点到以球心为对称的另一点，那么就要沿着球面走很远，而如果我们走球内部的直径的话，就会近很多。而虫洞就相当于球的直径。

第二种说法认为，虫洞是连接黑洞和白洞的通道。在物理理论中，黑洞可以产生一个势阱，白洞则可以产生一个反势阱。在三维的宇宙中，我们可以将势阱看作第四维，那么虫洞就是连接势阱和反势阱的第五维。它们的形态就像一个克莱因瓶，瓶口是黑洞，而瓶身和瓶颈的交界处是白洞，而瓶颈就是虫洞。

第三种观点认为，虫洞是我们日常所说的时空隧道。根据爱因斯坦的理论，人们可以借助虫洞来穿越时空。但是，在时间旅行中，我们只能以一个观众的身份出现，就像看电影一样。因为时间是一条直线，发生的事件就像穿在时间上的珠子，外来的旅行者无法改变它。

第四种说法认为，虫洞是周围以固定方式受力而产生的空间搬运。比如在一片水中有一段真空，这段真空由于某种情况突然受到了水的填补，巨大的水压所造成的压力会将其中的东西推出所形成的现象。虫洞就是类似这样的一种现象。

霍金的两大科普著作《时间简史》《果壳中的宇宙》的出版，使得黑洞这一概念早已深入人心。黑洞是在恒星死亡时，由于体积坍缩，密度变大到光也无法逃脱的一种天体。而所谓白洞，其实就是具有与黑洞相反性质的特殊天体，其特点是不断往外发射东西，只发射而不吸收。奥地利物理学家路德维希·弗莱姆设想中的虫洞正是连接黑洞和白洞的管道。由于连接着一黑一白，因而虫洞就有了另一个名称，叫作“灰道”。

由此来看，黑洞、白洞和虫洞其实都是从物理方程出发，在数学意义上存在的概念。至于它们在宇宙里是否真的存在，还需要用科学家的观测结果来证实。关于黑洞，近些年科学家已经在宇宙中找到了一些证明它存在的蛛丝马迹，但白洞和虫洞的踪迹，却一直未能被人类捕捉到。

霍金曾对微观上的虫洞做出过解释。在他的理论中，量子真空中的微观虫洞其实是在不断地出现和消失，只是它们的体积极小，只能容纳不及原子大小的基本粒子通过。这一解释，显然让那些对时空旅行充满期待的人失望了。幸运的是，宏观上的虫洞在理论上也是可能存在的。

宏观上的虫洞和黑洞一样，周围会产生严重的时空包裹，也就是极强的引力作用。在这种引力的作用下，光线沿曲线行走，虫洞周围的星云尘埃发出的光线汇聚过来，形成一个围绕虫洞的光环。于是，虫洞周围的光线就像围绕地球运行的卫星，过于靠近的光线会因为引力作用被虫洞吸收，所以，光环往里是一个圆形的黑色虚空，我们把它叫作阴影。

霍金强调，虫洞就在我们四周，只是它们非常小，我们用肉眼很难观察到。虫洞存在于空间和时间的缝隙当中。霍金指出，宇宙万物并非平坦或固体状，贴近观察会发现一切物体均会出现小孔或皱纹，这是基本的物理法则，而且适用于时间。时间也有细微的皱纹、裂缝和空隙，比分子、原子还细小的空间则被命名为“量子泡沫”，虫洞就存在于其中。

霍金表示，现实生活中存在于我们周围的时空缝隙非常狭小，即使有朝一日人们发现了它们，也没有办法进入到虫洞当中，更没办法通过穿越这个缝隙来进行时间旅行。但是，也有一部分科学家认为，也许有一天，人们能够抓住一个虫洞，并且有办法将它无限地放大，或者人工建造一个无限巨大的虫洞。这样，人们就可以实现时空旅行的梦想。

霍金指出，在理论上，时光隧道或虫洞不只是能带着人类飞往其他行星。如果虫洞两端位于同一位置，且以时间而非距离为间隔，那么宇宙飞船即可飞入，飞出后仍然接近地球，只是进入所谓“遥远的过去”。因为在四维空间中，10 分钟也许是 n 小时。霍金警告说，不要搭时光机回去看历史，因为只有疯狂的科学家才会想要回到过去“颠倒因果”。霍金还说，如果人类能够制造出接近光速的宇宙飞船，那么宇宙飞船必然会因为不能违反光速是最大速限的法则，而导致舱内的时间变慢，以这种方式飞行一个星期，地球上的时间就过去了 100 年，也就相当于能够飞进未来。

02 飞入未来，理论上的可行性

令人感到无比震惊的是，霍金通过理论证实，飞入未来实际上是可行的，并不只是存在于人们的想象和科幻影视作品中。

2002年，美国上映的科幻电影《时间机器》就是对霍金“飞入未来”理论的最好诠释。

影片讲的是，纽约哥伦比亚大学有一个狂热的科学家叫亚历山大·哈德金，他是机械工程学院的副教授，也是一个博士。他虽然已经成年，但一直有一颗孩童般的好奇心，对任何事物都充满了求知欲，总有各种各样稀奇古怪的想法。然而，他的理论和想法，从来没得到过他人的赏识，校长更是认为他是一个不切实际、充满幻想的人。所以，他在校园里的生活很不如意。但这些都不是他所在意的，他一直有一个梦想，就是向人类证明在时空中穿梭是完全可能的。于是，亚历山大决定自己研制一部能够穿越时空的时间机器。

然而，一次事故让亚历山大的未婚妻意外离世。这一意外事故让亚历山大悲伤不已，也促使他更加坚定了制造时间机器的信念。因为他想回到过去挽救未婚妻。

亚历山大经过昼夜不停的研究，终于研制出了时间机器并成功地回到了过去。但事实却并非他想象的那样简单。亚历山大回到过去后，又一次目睹了未婚妻因意外事故而死去的经过。事实上，不论他回到过去多少次，都没有办法救回自己的未婚妻，他的未婚妻还是会因为各种各样的意外事故而死去。

对此，亚历山大困惑不已。于是，为了解开这个谜，他不停地穿越，多次前往未来去寻求答案。时间机器载着他先是去到了 3 年后的纽约，未来的纽约让他惊讶不已。在纽约，他听到人们在议论 2 年后的月球殖民计划。受到好奇心的驱使，他又去了 5 年后的未来。但他并没有看到人们谈论的月球殖民，恰恰相反，由于人类对月球的破坏，月球脱离了原来的运行轨道，正在向地球坠落，人类即将面临一场浩劫。为了躲避这场灾难，亚历山大坐上时间机器，又向 80 万年之后的未来出发。

而 80 万年后的地球已经又一次跨越了一个冰河世纪，早已不是原有的模样。人类经过了时间的荡涤和灾难的蹂躏，并没有就此毁灭，一部分人顽强地生存下来。但生存下来的人类已经不是与亚历山大一样的人类，而是成为新的两大类人。一类人是伊洛人，他们友好而温和，爱好和平，生活在和平而宁静的世界。另一类人是莫洛克人，他们居住在地下，长相丑陋，犹如怪物，在天黑时会出来掳走伊洛人。

亚历山大为了解救被掳走的伊洛人玛拉，决定独自一个人去寻找莫洛克人居住的巢穴。途中，他遇到了生化机械人沃克斯并得到了沃克斯的帮助。他们来到了被奉为神圣之地的纽约地下铁，发现这个未来世界的背后隐藏着一个黑暗的秘密。为了拯救伊洛人，亚历山大决定留在这里。于是，他毁掉了自己的时间机器，最终在未来找到了属于自己的快乐。

霍金说，《时间机器》这部电影直接反映了飞入未来是可能的。他指出："时间旅行类的电影通常会描绘一种巨大的高能耗机器，这种机器能在四维时空中创造出一条道路来，即贯穿时间的隧道。一位英勇无畏还略带点傻气的时间旅行者，也不知道做了什么样的准备就踏入了时间隧道，出现在谁也说不清楚的年代。这种时间旅行的概念也许有点牵强附会，与现实出入很大，但这种想法本身并不算太疯狂。"霍金认为，利用时间机器来实现到未来的旅行在理论上是可行的。

霍金在一篇文章中，详细地描述了他对时间以及四维空间的构想。他认为，时间旅行是可行的。过去，之所以一直没有时间旅行的理论，是因为时间旅行一直被认为是歪理邪说，因为时间是永恒的这一规律不能被打破。但是，霍金对时间一直有着近乎疯狂的痴迷，他说："我认为，我们不能因为时间是永恒的这一规律被打破就感到恐慌。我非常痴迷于对时间的探讨，我很想见一见风华正茂的玛丽莲·梦露，想看一下伽利略是怎样利用望远镜遥望无穷的太空，我也想飞到未来，看一下宇宙结束时的波澜壮阔。"

但由于有悖于历史的因果关系，霍金认为，回到过去的时间旅行基本上是不可能实现的，但这也并不是说人类就不能做时间的旅行。他认为，如果科学家建造了飞行速度接近光速的太空船，而太空船又不能违反光速最大的限速法则，那么，就会导致太空船舱内的时间相对变慢，也就意味着飞进了未来。

关于这一限速法则，霍金是这样解释的：达到光速意味着绕地球一圈的速度飞快，比如每秒钟绕 7 圈。不过，无论这列火车的动力有多强劲，它永远也无法达到光速，因为物理原理使其做不到这一点。假设它接近光速，距离这一终极速度只有一点距离，那么，非同寻常的事情发生了。列车上的时间相对于地球开始变慢，就如同靠近超大质量的黑洞一样，甚至有过之而无不及。列车上一切物体的活动都在变慢，这是为了保护速度限制。

霍金指出："我们可以按照这样的方式来理解这一现象。我们先制造一个巨大的飞船，里面装载着巨量的燃料。我们先让它加速到脱离地球引力的束缚，然后到达外行星。继续助推两年后，它的速度可能达到光速的一半，进而脱离太阳系的束缚。再过两年，它可能已经达到光速的 90%，这意味着飞船已经开始了时间旅行。届时，它的速度接近光速，船上一天，就意味着地球上一年。"

在飞船上度过一天，就相当于地球上的一年。如果是这样，我们就真正地实现了飞入未来。霍金的这一时光旅行理论得到了许多科学家的支持，曼彻斯特大学粒子物理学教授布赖恩·科克斯说："当我们用大型强子对撞机把粒子加速到光速的 99%，粒子经历的时间，将以我们时间的 1/7000 的速率消逝。太空中的数十年，在地球上可能已过去了数千万年。"这也证明，在理论上可以实现飞入未来。不过，要真正实现时间旅行，关键还是飞船的速度，只有接近或达到光的速度，飞入未来的时间旅行才会成为可能。

03 时间旅行，神奇的“四维空间”

应该说，人们在日常生活中所提及的“四维空间”，大多是指爱因斯坦在他的《广义相对论》和《狭义相对论》中所提及的“四维时空”概念。按照爱因斯坦的理论，宇宙是由时间和空间构成。简单地说，零维是点，没有长、宽、高；一维是由无数的点组成的一条线，只有长度，没有宽、高；二维是由无数的线组成的面，有长、宽没有高；三维是由无数的面组成的体，有长、宽、高；四维就是在普通的三维空间的要素长、宽、高之外，多了一条时间轴。

当然，爱因斯坦所说的时间轴是一条虚数轴，即在人们所生活的三维空间中加上了时间，于是构成了“四维空间”。我们之所以无法感受到“四维空间”的存在，是因为在地球上，时间的流逝是非常缓慢的。如果人们乘坐速度接近光速的宇宙飞船，在宇宙中通过对比就会明显感觉到时间的变化。这种变化出现的根本原因是参照系的不同，物质的能量会随着速度的变化而改变，这就是在接近光速的宇宙飞船中，人们的寿命要比地球上长久的原因。

霍金对时间的理解与爱因斯坦一样，他认为在宇宙中，任何事物都存在时间的维度。如果要实现在时间中漫游，就要穿越“四维空间”。为了实现时光旅行，霍金首先建议人们接纳时间作为第四维的观念。为此，他举了一个非常简单的例子：当人们驾驶汽车时，向前直行和向后倒车是第一维，向左或向右转弯是第二维，在山路上爬坡和下坡是第三维，那么第四维就是它穿越了时空的隧道。但是从这个类比当中我们可以看出，霍金将“四维空间”作为时间旅行的关键，且与爱因斯坦在相对论中所说的“四维时空”明显不同。在爱因斯坦的相对论中，空间与时间是同一个整体中的不同部分，而霍金的理论则认为，时间和空间是一个整体。“四维空间”是三维空间和一维空间融合而成的一个复合体。在霍金的时光机理论中，“四维空间”是时光机的关键。在霍金看来，“四维空间”实际上就等同于虫洞。霍金认为，“四维空间”一直存在于我们周围的时间裂缝中。

虽然霍金对“四维空间”的理解跟爱因斯坦有所不同，不过科学界一直未对“四维空间”是否存在作出科学定论。而在历史上，却实实在在地发生过许多与“四维空间”相关的诡异事件，以至于“四维空间”成为了人们的热议话题。

1934年，在美国的菲拉狄尔菲亚港，有一艘满载官兵的驱逐舰正启程驶向远海。突然，一阵波涛袭来，在司舵还没把稳方向的转瞬间，这艘船却神奇地出现在了弗吉尼亚州东南部的诺福克港。

舰长、大副、领航、司舵和水手们个个都睁大了眼睛，面面相觑，谁也不知道发生了什么事情。舰长紧蹙双眉，十分纳闷。菲拉狄尔菲亚港和诺福克港之间的距离有500多公里，在这么短促的时间里，怎么可能从一个港口航行到另一个港口？况且大副、领航、司舵又没失职，他们层层控制着这艘船，怎么会发生这种不可思议的事情？对此，舰艇上的所有官兵都感到莫名其妙。

1956年5月10日，在美国西部俄克拉荷马州一个叫作奥塔斯的城市里，8岁的小孩吉米正和小伙伴特姆、肯一起玩捉强盗的游戏。由吉米爬上附近一户人家的围墙，抓住从围墙下通过的肯。三人正玩在兴头上，吉米忽然大喊一声："肯，等一下！"说着，他就从围墙上跳了下来。而就在这一刹那，吉米不见了人影。特姆和肯大吃一惊，急忙声嘶力竭地呼唤着自己的伙伴，却听不到任何回音，吉米依然杳无踪影。吉米在两个同伴眼前突然失踪的消息立即引起了很大的轰动。吉米的妈妈急忙向警察局报案。警方以为是发生了诱拐儿童的案件，立即出动进行搜查，但是毫无结果。一个月后的一天，吉米的母亲也出人意料地失踪了。由于当时没有人在现场，所以无法得知她失踪时的情形。连续发生两起人员突然失踪的事件，警方也紧张起来，并再次进行全面侦查，但仍一无所获。吉米母子俩为什么会去向不明，一直无人知晓。

1960年，在神秘的百慕大海域，也发生过一件怪事。在众多旁观者面前，美国的战斗机被云吞噬，就此消失。

这一事件目击者之一的H·度克多回忆说："当时，我在金德雷空军基地的人工卫星站工作。那天天气良好，空中除了一朵云外，一片晴朗，5架战斗机在进行飞行训练。很多基地人员包括我在内，都在观察空中的情况，5架战斗机在离海岸800米的上空，冲进一朵飘浮的白云中，我们拼命伸长脖子望着天空，但是，其中有一架战斗机始终未再出现。"

飞机失踪后，基地顿时骚动起来。控制塔的指挥自始至终都是目击者，他也没有看到任何物体从云中掉到海上，雷达屏幕上也显示着本来5架战斗机的影子。飞机突然间地消失了一架，立即引起了官方注意，他们随即派出搜索队。搜索的范围是基地的海岸到800公尺外的浅滩。然而找了又找，连一块飞机残片也没有发现。那朵白云吞噬了一架战斗机后，在不知不觉中消失了。

1968年6月1日，又出现了一件古怪的事。那天，在南美洲阿根廷首都布宜诺斯艾利斯的郊外，两辆汽车正在高速公路上行驶。一辆车上坐着律师毕特耳夫妇，另一辆车载着他们的朋友哥登夫妇，他们的目的地是150公里外的麦布市。哥登夫妇一路领先，不久，他们的汽车在暮色中到达麦布市郊区。可他们回头一看，却发现毕特耳夫妇的车子不见了。他们以为这对夫妇的车子发生了故障，于是进城后就分头打电话给沿途的村镇，又派人沿高速公路搜索。两天过去，一无所获，最后哥登夫妇只好报警。

就在同一天，哥登接到一个从墨西哥打来的长途电话，说话人竟是毕特耳律师本人。原来，他们遇到了一件不可思议的奇事。当毕特耳夫妇的车子经过雪斯哥姆市时，车子前方突然白雾笼罩，不久，车身被白雾包围。毕特耳还看了看表，当时时间是午夜12点10分。就在这时，夫妇俩忽然昏了过去。也不知过了多久，当他们苏醒过来时，天色已经放亮，车子仍然在高速公路上行驶。

奇怪的是，路上的风景以及行人的穿戴服饰都与阿根廷不同。他们停车一问才知道，原来，他们正行驶在墨西哥城。阿根廷距离墨西哥最少也有6000公里，他们怎么会在这么短的时间里就把车子从阿根廷开到了墨西哥呢？对此，毕特耳律师自己也说不出个头绪来。

于是，毕特耳夫妇赶忙打电话给阿根廷驻墨西哥的领事馆，请求帮助。他们两人的表针都停在6月1日午夜12点10分，而实际上，这天已是6月3日了。

1893年10月25日，两个荷兰籍的士兵正在爪哇岛的荷属东印度公司的大门口站岗。突然，他们感觉到一阵迷糊，然后便不知不觉地睡着了。这两个士兵醒来时，发现他们已身在墨西哥。墨西哥人心里也感到特别纳闷，那两个士兵怎么在一夜之间就从印尼跑到我们墨西哥来了呢？这到底是怎么回事呢？

1955年，一架飞机从印尼的万隆机场起飞，飞往墨西哥的坦皮科机场。飞机刚起飞不久就跟地面指挥部失去了联系。后来，人们经过多次寻找也没有找着这架飞机。35年以后，这架飞机却完好地到达了墨西哥的坦皮科机场。机场的人看见这架飞机，立刻把它团团围住了。这架飞机的飞行员还穿着20世纪50年代的服装，而实际上当时已是20世纪90年代了。不管怎么盘问，这位飞行员都一口咬定："现在就是1955年嘛，我们只是完成了一次例行飞行罢了。"后来，人们经过调查，发现这架飞机就是那架1955年被派往墨西哥坦皮科机场却中途失踪的飞机。人们又找来当年飞行员的照片一对比，发现这个飞行员的模样跟1955年时的一样，根本没有一点儿变化。

类似这样离奇的事件，世界上已发现过很多次，因此，"四维空间"引起了许多科学家的注意。对于这些怪事，有的科学家认为，当事人可能是进入了另一个时空中。地球和另外的神秘时空之间也许存在着许多通道，这些通道连接着两个不同的世界。而这个通道，就是霍金所说的"四维空间"。

毫无疑问，宇宙是无穷无尽的，在浩瀚无涯的宇宙中还蕴藏着无数的秘密。科学家对"四维空间"的深入探索，将会揭开这些神秘的世界之谜。也许，"四维空间"的奥秘，在不久的将来就会被人类所破解。

04 一场赌局，20多年难分胜负

关于“裸奇点”这一问题，霍金为它打了20多年的赌，物理学界为它吵成一锅粥。

要想知道什么是“裸奇点”，就要先明白什么是“奇点”。在宇宙学中，奇点也被称作奇异点。简单地说，黑洞由奇点和事件视界构成。奇点是黑洞内部的一个物质密度趋于无穷大的点。在奇点上，时空曲率趋于无穷大，所有物理定律都失效。事件视界就是黑洞的边界，在事件视界之内，时空弯曲到连光也无法逃脱。于是，我们根本就无法观测到黑洞内部的情况，黑洞也正因此而得名。

大多数科学家认为，奇点产生于宇宙之初，是时空无限弯曲的那一个点。根据宇宙大爆炸的理论，“奇点”具有一系列奇异的性质，它的内部存在着无限大的物质密度、引力以及无限弯曲的时空等。根据爱因斯坦的广义相对论，奇点的存在是无可避免的，均匀各向同性的宇宙是从“奇点”开始膨胀的。另有一些学者认为，广义相对论中奇点的不可避免，可能是广义相对论局限性的一种表现。

1970 年，霍金受彭罗斯演讲的启发，提出了奇性定理。在奇性定理中，当把爱因斯坦的广义相对论应用于宇宙学中，就必然会出现奇点。不仅大尺度宇宙会出现奇点，而且超大质量的恒星濒死时的引力坍塌的最终结局也是奇点（此奇点指黑洞，与奇点有类似特性）。而根据黑洞理论，黑洞的中心存在着一个密度和质量无限大的点，这个点就是奇点。

随着时间的推移，很多人类曾经无法理解的现象都有了科学的解释和证明。其中最诡异的，莫过于大质量恒星到其生命尽头时所面临的命运。它在燃烧了亿万年后，燃料耗尽，无法再支撑自身的重量，于是开始灾难性地崩塌，最终坍缩成一个小点。大多数科学家认为恒星坍塌的结局就是黑洞——一种具有强大引力而没有任何东西能够逃离其近旁的天体。黑洞的核心是个奇点，恒星上所有的物质都缩进了这个体积无限小的点，环绕在奇点周边的就是物质无从逃脱的空间，其边界被称为“事件视界”。任何物体一旦进入事件视界之内，就永远无法离开这个区域，就连物体所发出的光也会陷落其中，因此外界的观测者将再也看不到它。

然而，这个说法是否正确呢？根据已知的物理定律，我们清楚地知道奇点会形成，但不能确定事件视界的存在。大部分物理学家实行的假设是视界必须存在，只因为以视界作为科学的屏障是非常诱人的概念。物理学家尚未完全厘清奇点上究竟怎么了：物质是被压垮了，但变成了什么呢？事件视界将奇点藏匿起来，也阻隔了我们对它的探索。奇点上可能发生各种未知的事情，但对外界不产生任何效应。天文学家在描绘行星与恒星的轨道时，完全不必考虑奇点的影响，因为不论在黑洞里发生什么事情，都只会留在黑洞里。

但是，越来越多的研究质疑着这个一向被视为理所当然的假设。在许多关于恒星坍塌的学说中，事件视界并未形成，因此，奇点就暴露在人们的视线范围之内，物理学家称这种奇点为“裸奇点”。“裸奇点”是指没有被事件视界包围住的引力奇点。霍金认为，裸奇点的边界是不存在的，也就是没有事件视界，接近裸奇点的光和其他物质也无法永远被困在裸奇点中，物质与辐射可坠入也可弹出这个区域。理论上，外界的观察者也能够看到发生在裸奇点附近的时空扭曲现象。也就是说，以往我们以为造访黑洞里的奇点是一趟有去无回的旅程，但其实你却可以在非常接近裸奇点后全身而退，并叙述你此行的见闻。这就是霍金的裸奇点理论。

裸奇点的存在，对于天文学家和物理学家来说，是一项极为重要的理论。没有了事件视界的阻碍，人们可以直观地看到星体坍缩的过程。从前科学家们认为，进入黑洞就会与外界永久地隔绝，但是，假如裸奇点真实存在，那么在奇点附近发生的一切则可以被详细地观察和记录下来，这样，再去解释奇点周围发生的事情就比较直观，而且相对容易。很显然，这对人类宇宙的研究，无疑会有巨大的帮助。

但是，裸奇点在宇宙中是否真实存在呢？

爱因斯坦的广义相对论表明，在宇宙中，可能存在不被事件视界包围的奇点，即裸奇点。与黑洞不同，光与粒子有机会从裸奇点逃脱。这听起来似乎相当匪夷所思，却使得观测奇点成为可能。

1969 年，英国物理学家、数学家罗杰·彭罗斯推测，在恒星坍塌时，需形成事件视界才能形成奇点，可见的裸奇点无法在宇宙中形成。彭罗斯的猜想被称为宇宙审查假说。

1991 年，加州理工学院约翰·普雷斯基尔和基普·索恩这两名理论物理学家一起去剑桥拜访霍金。那时的霍金，已经花了几十年的时间探索爱因斯坦方程式中涵盖的可能性。这个方程式定义了时空如何在物质面前发生弯曲，从而产生引力。与彭罗斯以及其他人一样，霍金也未发现裸奇点在宇宙中的形成机制。奇点始终就在黑洞中心，这个时空之洞异常深邃，以至没有任何光可以从中逃逸。

霍金告诉两位来访者，他相信彭罗斯的宇宙审查假说。而作为量子引力和黑洞领域的专家，普雷斯基尔和索恩却表示，探测裸奇点和量子引力效应也许是可能的。

1991 年，霍金与基普·索恩和约翰·普雷斯基尔两位物理学家打赌，赌的就是“裸奇点是否存在”。当时，霍金主张裸奇点是不存在的。1997 年，一项模棱两可的研究发现让双方不得不重新商定赌约，并根据某个技术细节定下了胜负标准。这项研究发现，来自不列颠哥伦比亚大学的物理学家马特·乔普图克，他用数值模拟的方法研究爱因斯坦的理论，并证明，如果初始条件调配得恰到好处，我们所处的四维宇宙中也能形成裸奇点。但如果初始数据偏离一丝一毫，裸奇点就无法形成，而黑洞会在它的周围形成，对周遭进行审查。

尽管马特·乔普图克的这一发现并没有推翻彭罗斯的宇宙审查假说，也不能真正证明裸奇点的形成，但霍金还是不情愿地认输了。可霍金似乎还有些不服气，他认为裸奇点只有在极其特殊的条件下才可能出现，虽然在计算机模拟中可以出现，但在现实中出现的概率非常小，因此，相当于不存在。于是，霍金与索恩和普雷斯基尔又进行了一个追加了条件的赌局，赌的是“一般条件下能不能出现裸奇点”，并写明胜负标准，只有针对宇宙审查假说的非特殊反例才能作数。

这个赌局，直到 20 多年后霍金去世时也未见分晓，但有几次险些分出胜负。2010 年，物理学家弗兰斯·比瑞托利乌斯和路易斯·莱纳在五个或五个以上维度的假想宇宙中，发现了裸奇点的产生机制。

加州理工学院物理学家托比·克里斯福德和豪尔赫·桑托斯，在 2017 年 5 月发表的论文中指出，在一个四维时空的经典宇宙中，裸奇点是可以存在的，但该宇宙的几何结构与我们的宇宙完全不同。加州大学理论物理学家加里·霍洛维茨指出，这个最新的裸奇点介于 20 世纪 90 年代的“技术性”反例和真正的反例之间。普雷斯基尔也认为，打赌虽未因此分出胜负，但这一发现的确改变了现状。

2014 年，人们渐渐有了新发现。当时，霍洛维茨、桑托斯和本森·韦伊共同发现，在一个名为“反德西特空间”的时空几何结构类似锡罐的模拟四维宇宙中，裸奇点是可以存在的。

05 超膜理论，膜的新奇世界

20 世纪 90 年代，理论物理学界在十维空间弦理论的基础上，提出了十一维空间的膜理论，即 M 理论。M 理论认为，人们直接观测所及的好似无边的宇宙是十维时空中的一个四维超曲面，就像薄薄的一层膜。M 理论使得一些原本难以计算的东西，可以用弦理论工具来做严格的计算了。M 理论是弦理论的扩充，M 理论揭示了弦理论的第十维空间方向，其最大维度是十一维。

科学界普遍认为，物质世界是由超弦的震动产生的。超弦是宇宙具有独立生命意识的最微小的生命体，人类的灵魂其实就是其中一种超弦。超弦理论认为，不存在粒子，只有弦在空间运动，各种不同的粒子只不过是弦的不同振动模式而已。自然界中所发生的一切相互作用，所有的物质和能量，都可以用弦的分裂和结合来解释。而最为奇特的是，弦并不是在平常的三维空间运动，而是在我们无法想象的高维空间运动。我们过去关于空间的观念都是错误的，空间正在以一种陌生得令人惊讶的方式活动着。

2002年8月15日，霍金在浙江大学体育馆作了题为《膜的新奇世界》的学术报告。这一报告，无疑将M理论进行了一次广泛的宣传与普及。

霍金说：“我想在这次演讲中，描述一个激动人心的新机制，它可能改变我们关于宇宙和实在本身的观点。这个观点是说，我们可能生活在一个更大空间的膜或者面上。”

霍金指出：“膜这个字拼写为BRANE，是我的同事保罗·汤森为了表达薄膜在高维的推广而提出的。它和头脑是同一双关语，我怀疑他是故意这么做的。我们自以为生活在三维的空间中，也就是说我们可以用三个数来标明物体在屋子里的位置，它们可以是纬度、经度和海拔。在更大的尺度下，我们可以用三个数来指明星系中恒星的位置，那就是星系纬度、星系经度以及与星系中心的距离。和原来标明位置的三个数一样，我们可以用第四个数来标明时间。这样，我们就可以把自己描述成是生活在四维时空中，在四维时空中可以用四个数来标明一个事件，其中三个是标明事件的位置，第四个是标明时间。”

霍金在阐述M理论时说：“我们迄今已经花费了三十年的心血来寻找这个理论。事实上，M理论不是一个单独的理论，而是理论的一个网络，所有的理论事物都在物理上等效，这和科学的实证主义哲学相符合。在这一哲学中，理论只不过是一个数学模型，它描述并且整理观测。人们不能询问一个理论是否反映现实，因为我们没有独立于理论的方法来确定什么是实在的。甚至在我们四周，被认为显然是实在的物体，从实证主义的观点看，也不过是在我们头脑中建立的一个模型，用来解释我们视觉和感觉神经的信息。”

霍金说：“我们也许都和一台巨大的模拟电脑连在一起，当我们发出一个马达信号，摆动虚拟的脚而碰到一块虚拟的石头时，它就发出一个疼痛的信号。也许我们就是外星人玩弄的电脑游戏中的一个角色。不再开玩笑了，关键在于我们能有几种不同的对宇宙的描述，所有的这些理论都预言同样的观察。我们不能说一种描述比另外一种描述更实在，只能说它对一种特定情形更方便而已。所以，M 理论网络中的所有理论都处于类似地位。没有一种理论可以声称比其余的更实在。”

霍金指出：“令人印象深刻的是，M 理论网络中的许多理论具有的时空维数比我们能经历到的四维更高。这些额外维度是实在的吗？我必须承认我曾经对额外维度持迟疑的态度。但是，M 理论网络中的理论配合得天衣无缝，并且具有这么多意想不到的对应关系，如果不去相信它，就如同不相信上帝把化石放进岩石里，是误导达尔文去发现进化论一样。”

霍金说：“在网络的某些理论中，时空具有十维，而在另一些理论中，时空则具有十一维。这使如下事实的又一个迹象，即时空以及它的维数，不是绝对的独立于理论的量，而只是一个导出概念，它依赖于特殊的数学模型。对我们而言，时空是四维的，而在 M 理论中是十维或者十一维的，这是怎么回事呢？为什么我们不能观察到另外的六或七维呢？”

霍金认为：“这个问题的传统答案，也是迄今仍被普遍接受的答案是，额外维度全部被卷曲到一个小尺度的空间中，余下四维几乎是平坦的。它就像人的一根头发，如果你从远处看它，它就显得像是一维的线。但是如果你在放大镜下看它，你就看到了它的粗细，因为头发的的确确是三维的。在时空的情形下，倍数足够高的放大镜应该能揭示出弯卷的额外维度，如果它存在的话。事实上，我们可以利用大型粒子加速器产生的粒子把空间探测到非常短的距离，比如在日内瓦建造的大型强子对撞机。至少，迄今我们还没有探测到超出四维的额外维度的证据。如果这个图景是正确的，那么额外维度就会被卷曲到比 1 厘米的一百亿亿分之一还小。”

霍金说：“膜世界模型是研究的热门课题，它们是高度猜测性的。但是它们提供了可供观测验证的新行为，它们可以解释为什么万有引力这么弱。在基本理论的基础上，引力也许相当地强大，但是引力在额外维度散开则意味着，我们所生活的膜上的长距离使引力变弱了。如果引力在额外维度中更强，那么高能粒子在碰撞时形成小黑洞就容易得多。在日内瓦建造的 LHC，也就是大型强子对撞机也许可能实现这一点。一个微小的黑洞不会吃掉地球，不会像报纸中绘声绘色的恐怖故事那样。相反地，黑洞将会在霍金辐射的“扑”的一声中消失，而我将得到诺贝尔奖。LHC 加油！我们可以发现一个膜的新奇世界。”

霍金强调，M 理论是建立在弦理论的基础上的一种理论，它的最终目标是要用一条规律来描述已知的所有力，包括电磁力、弱力、强力、引力等。

后来，霍金在自己所著的《大设计》一书中表示，宇宙并非上帝所造，现代科学可以解释宇宙的起源，宇宙是在物理定律 M 理论的作用下，在一次大爆炸后膨胀形成的。霍金所指的 M 理论，是物理学家试图通过一连串物理定律解释宇宙万物的“物理的终极理论”，这一理论尚在艰难的完善过程中。霍金表示，M 理论就是爱因斯坦一直梦寐以求的统一场论。

第十章

三次来华：科学巨匠的中国情缘

01 首次访华，不到长城非好汉

中国悠久的历史和灿烂的文化，一直吸引着霍金这位轮椅上的天才科学家。早在20世纪50年代，霍金的父母就曾来过中国，那时的霍金还是一名中学生，一直忙着学习，忙着考试，虽然内心对中国充满了向往，却一直无缘来到中国。后来，霍金被查出患了渐冻症，他一方面顽强地与疾病作斗争，一方面还要从事科学研究，因此，中国之行的计划一度被搁浅。

但多年来，霍金一直在关注着中国，向往着中国。他知道，这个世界上人口最多的国家曾经拥有令人骄傲的四大发明，还有悠久的历史和灿烂的文化，更有万里长城、天坛、故宫等众多世界著名的名胜古迹。他一直梦想着能有机会来到中国，去游览雄伟的万里长城。后来，一次难得的机会让霍金终于踏上了梦寐以求的中国大地。

20世纪70年代末期，中国开始实行改革开放政策。当时，国内很多高校都把目光投向了欧美的科学家，他们渴望学习和吸收西方科学成果的精华。尤其是中国科学技术大学天体物理小组，他们也在研究黑洞理论，特别希望能邀请到世界上在天体物理研究方面颇有成就的黑洞物理学家来华讲课。第一个被邀请到的科学家是美国普林斯顿大学理论物理学教授约翰·惠勒，黑洞这个词就是他最先启用的。通过与惠勒教授的交流，中国科学技术大学天体物理小组的研究得到了进一步的发展。

此后，中国科学技术大学就想邀请有“宇宙之王”之称的斯蒂芬·霍金前来讲学。可没想到，这一计划却遭到了英国驻华大使馆的拒绝。他们拒绝的理由很简单，安徽合肥是座小城，交通不够发达，霍金是位患有重病的残疾人，他的饮食需要从英国特制，如果交通不畅通，就无法保证霍金的饮食安全。

英国驻华大使馆的顾虑也不无道理，毕竟对全世界而言，霍金都是举足轻重的科学巨匠，更是英国引以为傲的“宇宙之王”，若是霍金的中国之行出现任何差池，他们恐怕都担待不起。

然而，中国科学技术大学并没有因此而放弃邀请计划。此后，副校长钱临照亲自出面找到了霍金的代理人，通过代理人向霍金传达了中国科学技术大学的诚意邀请。霍金得知这个消息后，非常高兴，他愉快地接受了邀请，并调侃地说：“只要能让我活着回到英国，再小的城市我也会去的。”

得知霍金本人的意愿后，中国科学技术大学领导想到了一个更加周全的办法，就是先邀请霍金的学生来中国科学技术大学看一看，让他的学生感受一下自己的老师能不能在合肥这座城市生活三到四天。1983 年，霍金早期培养的学生伯纳德·卡尔应邀来到安徽合肥。卡尔是一位研究黑洞的学者，与他的老师霍金一起研究过“小黑洞”的理论，是这个研究领域的杰出人物。

1983年6月26日，卡尔来到了坐落在安徽合肥的中国科学技术大学，做了题为《人择原理》的精彩演讲。具体地说，人择原理就是人只能研究人可生存的宇宙。卡尔在合肥之行后得出了这样的结论：他的老师霍金完全可以到中国科学技术大学讲学。回到英国后，卡尔马上向老师霍金汇报了他去合肥讲学的情况，这样的结果，也让霍金感到兴奋不已。

1984年，中国科学技术大学第二次向霍金发出了讲学的邀请函。这一次，英国驻华大使馆没有拒绝。

1985年4月28日，一个春光明媚的日子。这一天，霍金在他的研究生的陪同下，来到了安徽合肥。这一次，简没有陪同霍金前来，她要留在家里照顾6岁的小儿子蒂莫西。在动身之前，霍金对简不能陪他来中国感到非常生气。对此，简温和地向他解释说：“孩子们不能没有母亲照顾，尤其是把小儿子留在家里，她不放心。”后来，当霍金的两个学生卡尔和约兰塔答应陪霍金一起来中国时，霍金的脸上才露出了笑容。

来中国的途中，两位学生精心地照顾着霍金的起居。尤其是在遇到台阶时，都是这两位学生合力抬着霍金通过。

霍金一行人一共在中国科学技术大学停留了4天。在这4天里，霍金先后做了两个报告。第一个报告是《黑洞形成的理论》，这是一个专业性很强的报告；第二个报告是《为什么时间总是向前》，这个报告很符合大众的口味，因为报告所讲的都是大众比较关心的话题。但是，对于“为什么时间总是向前”这个问题，霍金并没有取得突破性的进展，这次报告他想强调的是时间并非总是向前，这令公众有些困惑。于是，霍金进一步解释道：“就像一个人面朝南走，他面对的确实是南方，但当他走到了南极点，他所面对的方向就成了北方。”这样一解释，抽象难懂的科学理论，一下子就变得通俗易懂了。

后来，北京大学教授刘辽也向霍金发出了邀请。于是，霍金又愉快地来到了北京。因为没有安排学术性的演讲和讲学，霍金和他的研究生们都是抱着旅游观光的心态来到北京的，这让他们感觉轻松不少。当霍金一行人在北京大学进行了一番参观后，刘辽教授提出了为霍金安排的下一步计划。没想到，霍金对刘辽教授的计划丝毫不感兴趣，还提出了一个让在场所有人都震惊的请求：他要去长城看一看。

刘辽教授听到霍金提出的这个要求后有些不知所措。在他早已安排好的计划中，并没有让霍金去长城游览的项目。霍金的要求让他的学生卡尔也很吃惊。卡尔知道，一个健康的人登长城尚且需要有足够的体力，对一个残疾人来说，去游览长城要面对的困难实在是太多了。当时的长城，还没有修建给残疾人专门使用的无障碍通道，根本无法保证残疾人在长城的正常游览。

刘辽教授实在没有办法，只好很认真地对霍金说：“长城没有无障碍通道，残疾人不能去长城游览。”然而，此时的霍金就像一个调皮的孩子，竟然耍起赖来。他甚至威胁接待方说：“如果不让我去长城，我就就地自杀。”霍金此话一出，真让刘辽教授哭笑不得。当然，这自然是霍金开玩笑的话，不过，这也充分说明霍金对长城是非常向往的。也许，霍金记得中国那句著名的谚语：不到长城非好汉。看来，霍金是非要登上长城不可了。

于是，大家便开始动脑筋想办法。最后，刘辽教授想出了一个办法：

他让自己的研究生与霍金的两个学生一起，抬着霍金登上长城。长城不仅很长，而且是蜿蜒向上的，这下可苦了这些学生。或许是因为太累了，有人便风趣地说："霍金要是能蒸发掉就好了。"这本是一句玩笑话，却让霍金这位天才科学家的两位高徒灵光一闪，想出了"霍金蒸发"这样一个名词。令人没想到的是，他们回到英国以后，竟然真的开始研究起关于"霍金蒸发"的问题。

一个正常人出国旅行都要面对饮食习惯和水土不服等诸多问题，而对一个残疾人来说，出国旅行遇到的问题和困难肯定更多。霍金回到英国后，身体随即出现了问题，他开始不停地咳嗽，尤其是在他吞咽食物的时候。在霍金被病痛折磨的日子里，他的妻子简一直陪伴在他的身边，并且抱着他入睡。

尽管这一次的中国之行结束后，霍金着实大病了一场，但每当他谈论起这一次的旅行时，总是有些意犹未尽的感觉。这一次，霍金爬上了中国的万里长城，用自己的行动演绎了中国人"不到长城非好汉"的英雄气概。而这意犹未尽的感觉，也让霍金感觉到他与中国的缘分远不止于此。

02 再次访华，西湖美景流连忘返

众所周知，1997 年 7 月 1 日，中国对香港恢复行使主权，也就是说，大不列颠及北爱尔兰联合王国政府在这一天，将香港交还给中华人民共和国。香港的回归，成为中国和英国乃至世界外交史上具有里程碑意义的事件。

此时，距离 1985 年霍金的第一次访华已经过去了整整 12 年。12 年时间，霍金的学术研究已经达到了一个新的高度，他的生活也发生了重大的变化。

但 12 年前的访华情景一直深深地印在霍金的心中。于是，霍金心中埋藏已久的中国情结再一次萌发。这一次，霍金通过他的中国学生吴忠超提出了他想再次访问中国的想法。

吴忠超是浙江工业大学的教授，生于 1946 年。1963 年，吴忠超被中国科学技术大学教授刘达破格录取，入读应用数学系，后又转至无线电系。1979 年，在中国科学技术大学副校长钱临照的推荐下，吴忠超游学英国剑桥大学，跟随霍金研习宇宙学，主要研究极早期宇宙。1984 年，吴忠超获剑桥大学博士学位，他与霍金合作发表了量子宇宙学的论文。此后，吴忠超对时空的维度问题产生兴趣，并发表了 4 篇论文，获 1985 年美国引力基金会论文比赛的第三名。1998 年，吴忠超给出了量子宇宙学中，太初黑洞量子创生的最一般结果。2001 年，吴忠超利用超引力量子宇宙学，首次证明了可观察时空的四维性。霍金科普著作的中译本，包括《时间简史》《时间简史普及版》《果壳中的宇宙》和《大设计》等几乎都是由吴忠超翻译的。

2018 年霍金逝世时，身为浙江工业大学天体物理研究所名誉所长、教授，美国科罗拉多梅萨大学终身教授的吴忠超无比悲痛地说："今天，非常震惊地得知霍金教授逝世，心情极其悲痛。我于 1997 年、2004 年、2005 年、2006 年和 2009 年，应他的邀请访问剑桥；2012 年和 2017 年，还两次应邀参加他的生日庆典。尽管每次见面都能觉察到他的身体状况的变化，但我们还是希望奇迹能够在他身上出现，希望他能健康长寿。虽然对任何生命而言，这一天终究不可避免，但作为他的亲友学生，总希望还能再到剑桥庆祝他的 80 岁、90 岁的生日。"

2002 年 8 月，在吴忠超等人的共同努力下，霍金第二次来到中国。这一次，霍金名义上是受著名数学家丘成桐之邀，前往浙江大学参加 8 月 12 日开幕的"2002 弦理论国际会议"。

这次来中国前，霍金正在研究"物理的终极理论"，也称"M 理论"。霍金希望能借由这个理论，来解释所有物质与能源的本质和交互关系。

霍金的第二次中国之行，陪伴在他身边的，是他的第二任妻子伊莱恩。2002 年 8 月 9 日上午，霍金在伊莱恩、助手、三位护士以及此次担任翻译工作的吴忠超的陪同下，乘坐飞机到达了上海浦东国际机场。霍金一行人在宾馆稍事休息后，就乘车前往浙江大学，准备参加“2002 弦理论国际会议”。但此时，因肺炎而动了穿气管手术的霍金，已无法用自己的声音阐述宇宙的奥秘，只能依靠轮椅上的语音合成器与人交流。

虽然霍金的身体有严重的残疾，但是他的大脑依然非常活跃。他会在演讲中，随时随地地引用莎士比亚的名言，还经常把莎士比亚的名言加以修改。因此，如果翻译人员没有一定的文化修养就无法理解霍金的讲话，也就更无法准确地翻译出来。作为霍金的翻译，除了通晓英语外，还要对霍金讲话的习惯用语非常熟悉。只有这样，翻译出来的话才不会显得死板。

吴忠超教授作为霍金的学生，长期跟随霍金从事科学研究，因此很清楚老师霍金的想法和语言习惯。有一次，他陪同霍金在饭店吃饭。那天，霍金喝了一点酒，非常兴奋。于是，他用手在电脑上打出一行字：“在中国，像罗马人那样行事。”

吴忠超当时是如何翻译的，大家已经记不清楚了。后来，吴忠超写了一篇文章，题目是《霍金的杭州之行》。这篇文章发表在 2003 年第 5 期的《科学》杂志上，其中的一句话是这样写的：“我猜想他当时说的是入乡随俗。”

霍金当时引用的是莎士比亚的名句，原句是：“在罗马，像罗马人那样行事。”这句话，用中文来表达，就是四个字：入乡随俗。而霍金却把这句话的前三个字改成了“在中国”，所以说，如果不明白霍金的想法，翻译出来的意思可能就会离题万里了。

霍金一行人到达杭州后，被安排在杭州香格里拉饭店。当他们入住酒店时，被眼前的情形吓了一跳。因为有上百名记者手拿相机等在酒店门前，想要拍摄霍金的照片。但这种场面让霍金的妻子伊莱恩颇为担心，她怕霍金的身体承受不住。于是，她推着霍金从饭店的后门走进了事先为他们预订的 631 房间，顺利躲开了蜂拥而来的记者。631 号房间是一间豪华套房，窗外就是著名的杭州西湖美景。

这样，霍金就可以在闲暇的傍晚，自己驱动轮椅，到饭店的阳台上欣赏夕阳映照下的西湖美景。别致的西湖美景，常常让他有一种想到湖边走走的欲望。

8 月 11 日下午，霍金出席了一场在香格里拉饭店举行的记者招待会。在这场招待会上，霍金流畅幽默地回答着记者提出的问题，并不时流露出孩子般天真的笑容，给人一种无比亲切之感。

一位记者提出："霍金先生，您在 1985 年来过中国，请问，在这 17 年里，您觉得中国发生了什么变化？"

霍金幽默地回答说："1985 年，满街都是自行车，而现在满街都是交通堵塞。"

霍金用一句简单的话，概括了中国的发展。从当年的自行车大国到如今的汽车大国，中国确实有了很大的变化。但是，汽车多了，交通堵塞却成为一个让百姓头疼的问题。

记者采访结束后，接着还举行了别开生面的赠书仪式。仪式上，湖南科技出版社向霍金赠送了出版社最新出版的两本插图版新书，分别是《时间简史》和《果壳中的世界》。这两本书，虽然是畅销书，但很多人都说看不懂，尤其是《果壳中的世界》，普通读者根本看不懂这样深奥的学术著作。

8 月 12 日，作为即将在京召开的国际数学家大会的合作会议之一，2002 弦理论国际会议在刚刚落成的浙江大学永谦数学大楼开幕。霍金在开幕式上以《M 理论宇宙学》为题作了发言。他用 8 年前提出的 M 理论，从一个崭新的角度解释了宇宙的起源。

8 月 15 日上午，霍金应邀来到浙江大学发表演讲。他此次演讲的题目是《膜的新奇世界》。前来听讲的这些学生，有的来自浙江大学，也有的来自上海大学，能容纳 3000 人的体育馆里座无虚席。听讲的学生早早地来到体育馆，安静地等待着霍金的到来，等待霍金发表精彩的演讲。

不久，体育馆内出现了一个宇宙星空图案的背景，霍金坐着轮椅出现了，馆内顿时爆发出经久不息的掌声。随后，霍金开始发表演讲，他说："我想在这次演讲中，描述一个激动人心的新机制，它可能改变我们关于宇宙和实在本身的观点。这个观点是说，我们可能生活在一个更大空间的膜或者面上。"

霍金的演讲，一下子打开了学子们的思想大门。

演讲结束后，霍金在校方的陪同下，开始游览著名的杭州西湖和河坊街。

杭州西湖自不必多说，而位于杭州吴山脚下的河坊街，是最能够体现杭州历史文化风貌的街道之一。河坊街是杭州历史文化街区，拥有胡雪岩故居和朱炳仁铜雕艺术博物馆等最具影响力的景点。

毫无疑问，从香格里拉饭店的阳台上看西湖和近距离面对西湖，绝对是两种不同的感觉。在霍金的眼里，他可能觉得从阳台上看西湖会更美丽。在西湖游览时，霍金和妻子坐在画舫的最前面，陪他们同游西湖的是浙江大学教授丘成桐和霍金的学生吴忠超，他们还当起了业余导游，向霍金和他妻子讲起了关于西湖的神话故事，尤其是关于白蛇的故事。

霍金的妻子伊莱恩非常喜欢这个化成美丽女人的白蛇，她听完故事后说："白蛇变成的女人，一定很美丽吧？"

听完美丽动人的传说故事后，霍金一行人又来到了三潭印月景点。这也是西湖的著名景点，在此，吴忠超向霍金介绍说："您看，那三座石灯，它的历史比剑桥的历史还要古老。"

不知不觉间，他们就来到了西湖的深水区。画舫在三潭印月景点稍停片刻，就掉转方向朝岸边驶去。

当天下午 5 点整，霍金一行人来到河坊街游览，他们边走边参观。热情的杭州市民得知著名的科学家霍金来了，都想目睹这位科学家的风采。一个女孩走过来向霍金献上了鲜花。让大家没有想到的是，这个女孩在霍金的脸上亲吻了一下，人群中响起了热烈的掌声。

在杭州期间，霍金还得到了很多具有中国特色的礼品，其中，他最喜欢的就是那个画着霍金彩色头像的鼻烟壶。而霍金的妻子伊莱恩在取她定制的旗袍时，也意外地得到了店家赠送的一套丝绸睡衣，她感到非常开心。霍金还在临街的一家茶楼品尝了中国茶，他表示，他很喜欢中国茶的味道。

不知不觉之中就到了晚饭时间，霍金一行人来到一家名为"钱塘人家”的饭店共进晚餐。霍金喝完一杯米酒后显得有些兴奋，便在电脑上打出了一行字：“我能解决 M 理论了！”

后来，霍金又在西湖边的小道上欣赏了西湖美丽的风光。他十分留恋西湖的美景，久久不愿离去，随行的中国记者和同行借机都纷纷走到霍金的身边，与他合影留念。

结束杭州的所有行程后，8 月 16 日晚，霍金一行人乘飞机飞往北京，去参加在北京召开的“第 24 届国际数学家大会”。同时，应中国科学院邀请，8 月 18 日下午，霍金在北京国际会议中心，做了题目为《膜的新奇世界》的公众演讲。

在北京期间，霍金想再登一次八达岭长城。在霍金的学生吴忠超教授等相关人员的积极争取下，霍金的这一愿望得以实现。2002 年 8 月 21 日，北京八达岭长城管理处专门为霍金登长城准备了改装的登城缆车。在到达八达岭的山顶后，霍金要求所有工作人员和他保持一定的距离，他想与长城独处一会儿。过了许久，在工作人员的不断劝说下，霍金才恋恋不舍地离开八达岭长城。

03 三访中国，“霍金热”和“宇宙热”来袭

2006 年 6 月，国际弦理论大会在北京召开。会议之前，远在伦敦的霍金收到了会议主办方的邀请函。1985 年和 2002 年先后两次的中国之行让霍金深深爱上了这片神奇而美丽的土地，宏伟壮观的长城让他感到无比震撼，素有人间天堂之称的西湖更是让他流连忘返。

2006 年 6 月 12 日，霍金乘飞机来到香港，计划于 6 月 13 日至 17 日先行访问香港科技大学。这次陪同他出行的不再是他的第二任妻子伊莱恩，而是他的女儿露西。此时，霍金与伊莱恩之间，似乎产生了不可调和的矛盾。

在香港，霍金的行程安排得很紧，内容也很丰富。6 月 13 日，霍金首先在香港科技大学做了一番学术研讨和演讲，随后参加了记者见面会。在见面会上，霍金回答了记者提出的很多问题，他幽默诙谐的话语不时引起人们的掌声和欢笑声。当然，他的演讲和回答，都是通

过电脑语音合成器来完成的。

与往常一样，即使行程再紧迫，霍金也忘不了游览当地的著名景点。6 月 14 日，霍金乘船欣赏了维多利亚港两岸的夜景。香港那交相辉映的万家灯火让人仿佛置身于童话世界中的一个金碧辉煌的宫殿里，给人以眼花缭乱之感。霍金非常喜欢这样的美景，还称赞香港是一座充满时尚活力的城市。他心里暗暗祈愿，希望以后还能到香港游览。

6 月 15 日下午，在香港的礼宾府，霍金受到了香港特区行政长官的会见，整个会见时间大约 30 分钟。会见结束后，霍金又回到香港科技大学体育馆做了一场科普演讲，演讲的题目为《宇宙的起源》。当时，体育馆内 1800 多个座位座无虚席。由于这次演讲是一次科普演讲，与以往的专业演讲不同，演讲的内容普通听众也能够听明白，因此，听众们的热情空前高涨。

霍金的演讲以一则传说开篇。跟西方国家上帝创造万物的古老传说类似，这则传说讲的是，世界太初只有黑暗、水和伟大的上帝。一天，上帝胃痛发作，呕吐出太阳。太阳灼干了一些水，留下土地。上帝仍然胃痛不止，又吐出了月亮和星辰，然后吐出了一些豹、鳄鱼、乌龟等动物，最后吐出了人。

这个创世纪的神话和其他许多神话一样，也是围绕着“我们为何在此？我们从何而来？”这样的问题展开的。一般的答案是，人类的起源是发生在比较近期的事，因为人类自出现就在不断地进化和发展，并在知识和技术上不断地取得进步。所以，人类不可能存在那么久，否则，人类应该取得更大的进步。这一点，人类早就已经认识到了。

与加利福尼亚大学教授詹姆斯・哈特尔的理论有些相似，霍金的理论也认为宇宙自发创生的图景有一点像泡泡在沸水中形成的过程。宇宙的开端，可能出现了许多“小泡泡”，然后再消失。这些“泡泡”对应于微小的宇宙，它们膨胀的同时，还会伴随微观尺度的坍缩。一些坍缩的“泡泡”，由于不能维持足够长的时间，还来不及发展成星系和恒星，更不用说智慧生命了。然而，这些“小泡泡”中的一些会膨胀到一定的尺度，到那时，就可以安全地逃离坍塌。它们会继续以不断增大的速率膨胀，形成我们看到的“泡泡”，也就是今天的宇宙。这就是所谓的暴胀，正如每年的价格上涨一样。

在演讲行将结束时，霍金说：“尽管我们已经取得了一些伟大的成功，但并非一切都已解决。我们观察到，宇宙的膨胀在长期的变缓后，再次加速。对此，现有的理论还不能很好地做出解释，对宇宙的未来我们还无法确定。它会继续无限地膨胀下去吗？暴胀是一个自然定律吗？或者宇宙最终会再次坍缩吗？新的观测结果，进步的理论正迅速涌来。宇宙学是一个非常激动人心的学科。我们正接近回答这些古老的问题：我们为何在此？我们从何而来？”

演讲结束后是记者提问题的时间。霍金一共回答了6个记者的提问，这些问题五花八门，有关于宇宙学的，也有关于霍金的生活的。

其中一位记者向霍金提出：“有位青年曾因意外导致全身瘫痪，他希望能安乐死，您会不会因为身体残障而感到沮丧？面对生活中的负面情绪，您又是如何克服的？”

霍金回答：“他有选择结束生命的自由，但那将是一个重大的错误。无论命运有多糟糕，生活有多艰难，人总不能坐以待毙，只要还活着就有希望。”

这些话，从普通人嘴里说出来，就会让人觉得是老生常谈，没有新意。然而，霍金这位身残志坚的科学大师用自己的精彩人生，成功地演绎了这句话的深刻内涵。因此，他的这些话能给人思想上的启迪，并成为经典，也许这就是大师的力量。

回答完记者提出的问题，霍金与来自香港大学、香港科学学会以及香港物理学会的40多名学者欢聚一堂，庆祝此次演讲的圆满成功。同时，霍金还接受了香港物理学会赠给他的《物易星移》这部专著。

2006年6月17日晚，霍金结束了在香港的活动，乘飞机抵达北京，这是他第三次来到中国北京。这次来北京，主要是出席在北京召开的“2006国际弦理论大会”。在北京期间，霍金做了两场讲座，题目都是《宇宙的起源》。

霍金的第一场演讲在北京人民大会堂举行。演讲时，可容纳万人的人民大会堂，一层和二层都坐满了人，总数超过了6000人。在这些人里，不仅有科学家、高校学生和科研工作者，还有热爱科学的普通市民。霍金在北京举行的这次演讲，创造了国际物理史上学术演讲听众人数之最。由此，“霍金热”和“宇宙热”在中国同时开始升温。

在“2006国际弦理论大会”上，发表演讲的都是来自世界各国的专家学者。这次会议，霍金被安排在最后一个出场。6月19日临近中午，当坐在智能轮椅上的霍金被助手推到主席台上时，全场立刻爆发出雷鸣般的掌声，坐在楼上的听众站起来，向霍金致意。而当霍金到达主席台准备演讲时，坐在一层的听众却迅速站起来跑到主席台下，拿起相机抢着拍照。

此刻，主持会议的丘成桐教授不得不站起来维持会场秩序。他拿着话筒，用英语劝说大家回到座位上。可惜，观众都被霍金所吸引，丘成桐教授的话毫无作用。眼看台下的观众越来越多，最后，在场内工作人员的疏导下，大家才不情愿地回到座位上。有的摄影记者用带闪光灯的照相机拍照，被丘成桐教授及时制止了，因为按规定在霍金演讲期间，不能使用闪光灯。

这期间，霍金到达主席台已经有十分钟了，他静静地看着大家，脸上始终带着微笑。看到听众都回到座位上，霍金用机器合成的声音问大家：“你们能听到我吗？”听众们异口同声地回答：“Yes!”于是，演讲正式开始。

为了让普通的听众都能理解深奥的宇宙理论，现场播放了很多幻灯片，这是霍金的团队在来中国之前精心制作出来的，演讲的内容与在香港的演讲内容是一样的，时间是 45 分钟。

2006 年 6 月 21 日，在北京友谊宾馆召开的科技发展公众答询会上，听众当场向霍金提出了 9 个问题，霍金一一作了认真的回答。

这 9 个问题，主要是问霍金对中国的看法和涉及宇宙方面的内容。在谈到对中国的什么最感兴趣时，霍金回答说：“我对中国的食物和文化都感兴趣。”在谈到经济的发展不仅带来了社会繁荣，还造成了环境污染的问题时，霍金回答说：“全球不断升温是经济发展的结果，如果地球的热化失去控制，地球就会变成第二个金星，那里常年温度都在 230 摄氏度以上，而且酸雨不断，我们肯定不希望生活在这样一个星球。”接着，当有人问到对宇宙和人类本身的存在的看法时，霍金回答说：“宇宙之所以存在，是因为有一个宇宙理论的存在，而我们现在正在寻找并证明这个理论。如果这个关于宇宙的理论被证明是不存在的，那么宇宙也消失了。”当有人问他现在还有什么愿望没有实现时，霍金回答说：“每个人都有梦想，如果我们对自己没有了梦想，那就好像精神死去了一样。”当有人请他描述一下自己时，霍金的回答是：“乐观、浪漫，但有时候顽固不化。”

最后一个问题是由现场听众提问的，这个问题来自清华大学的学生成千业，他问霍金："2005年，格罗斯教授提出了物理界要解决的25个问题，您认为物理界最重要的问题是什么？"

霍金的一双眼睛看着屏幕，眼球不停地转动，他在思考这个问题。大概过了8分钟以后，霍金才回答说："物理最重要的问题是如何理解宇宙，理解宇宙为什么是这个样子，又是怎样变成这个样子的，这就需要量子理论的条件。"

6月23日，霍金在北京做了最后一场演讲，这是他在北京的最后一场学术演讲，演讲的题目是《宇宙的半径点膨胀模型》，这次演讲不是普通的演讲，是专门为基础物理学界的顶级学者进行的演讲。

演讲开始前，主持人格罗斯教授就对听众说，霍金由于身体原因，不能回答听众的问题。可是，霍金的演讲结束后，还是有很多听众提出了一些专业性的问题请霍金回答。在回答时，霍金说了这样一段话："在宇宙半径点模型中，宇宙的爆炸和膨胀是依靠宇宙所具有的膨胀能量，物质将填充整个空间。"

在即将离开北京时，霍金这位"宇宙之王"的高大形象已经深深地印在中国人的心里。从他到达香港开始，"霍金热"和"宇宙热"就开始在中国迅速蔓延，他的著作也被翻译成中文广为传播。香港科技大学校长朱经武表示："霍金的一言一行都备受瞩目，他的到来触发了香港年青一代对科学的重视，他的这种精神有着很大的激励作用，有了'霍金精神'，那么一切皆有可能。"

霍金在身患重疾的情况下，于1985年、2002年和2006年三次来到中国，也许他不仅仅是来传播科学知识，更多的是他对中国有一种割舍不下的情缘。

2006年6月24日上午9点，霍金被随行人员沿着首都机场的贵宾通道推进了贵宾室。为了防止道路拥堵而耽搁时间，霍金被安排提前两个多小时到达机场。

在首都机场，当记者问起霍金对第三次中国之行有什么感想时，他非常激动地说："我很喜欢这次中国之行。"接着，护理人员扶着霍金的手与记者握手。中午11点，飞机准时起飞，霍金圆满结束了第三次中国之行，返回英国剑桥。

送走霍金后，丘成桐教授对记者说："他的身体状况不是很好，这可能是他最后一次来中国了。"

霍金的三次中国之行，给很多中国人带来了科学的启迪，尤其是向普通的大众传播了先进的与宇宙相关的科学知识。对许多中国青少年来说，这些宇宙知识，就是一把打开科学大门的钥匙。也许，在未来，中国也会涌现出许多像霍金一样的科学家。

也许，让中国人忘不了的，还有像钢铁战士一样的霍金说的那句话："永远都不要绝望！"

04 斯人已去，一代大师风范永存

2018 年 3 月 14 日，世界著名的物理学家、宇宙学家、数学家、科学思想家、哲学家斯蒂芬·威廉·霍金，在英国剑桥的家中去世，享年 76 岁。

霍金去世当天，他的三个孩子罗伯特、露西和蒂莫西在声明中表示："挚爱的父亲今日过世，我们感到深深的悲痛。他是一名伟大的科学家，也是一个杰出的人。他的工作和科研成果在未来许多年都将继续延续；他的勇气、执着、才智和幽默将激励着全世界人民。"

三个孩子还在声明中说："他曾经说过'如果宇宙不是你所爱的人的家园，那么它就不算是个宇宙。'我们会永远想念他。"

斯人已去。虽然霍金大半生都被困在轮椅上，但他身残志坚，始终与命运进行着顽强不屈的抗争，从没间断过科学研究和写作，这种强大的“霍金精神”，绝对称得上是伟大的。他给人们留下的，除了无尽的精神力量，还有认知宇宙、认知科学的强大动力。

霍金一生三次来华，每一次都会掀起一股巨大的“霍金热”和“宇宙热”。2016 年 4 月 12 日，无论是对霍金来说，还是对中国的霍金迷来说，都是一个值得纪念的日子。这一天，霍金在中国开通微博，两天之内，他的微博粉丝就突破了 300 万。

微博开通的当天，霍金只在早上 8 点发了一条微博。在这条微博中，霍金介绍了自己与中国的情缘，阐明他第一次来中国是在 1985 年，第二次是在 2002 年，而第三次也是最近的一次是在 2006 年。他表示，现在开通微博，是想与中国网友分享他的研究趣事和心得，并希望能在互动中向中国网友学习。

霍金在微博上的第一次发声，表现得非常平易近人，一下子拉近了他与中国网民之间的距离。能通过微博与自己心中仰慕已久的科学偶像互动，网友们无不激动不已，纷纷表示说自己见到了“大神”，并有留言说“拉高了微博平均智商”“感觉连接了宇宙”，还有人甚至开玩笑地留下“说吧，地球什么时候毁灭”等话语。

4 月 13 日，也就是他的微博开通的第二天，霍金又发表了一条微博。他在微博中表示，自己正参与一项“突破摄星”的计划，研发一种超小型摄像机，其重量以克来计算，可以借助光波的能量，来不断给自己加速并最终达到光速的 20%，飘向遥远的太空，拍摄照片传回地球。

2016 年 6 月 5 日，霍金在中国一年一度的高考的前一天，在自己的新浪官方微博账号上，用中文和英文发文祝福中国考生。他在微博中说：“你们中的许多人即将参加 2016 年高考，新一代的科学人才，我在这里祝愿你们，金榜题名。这是你们勤学不辍的顶峰，也标志着你们美好未来的开始。”

霍金在微博中还说：“在我成长的过程中，我的父母一直很重视教育。我很庆幸这一路的学习给我带来的无数机会。无论你立志成为一名医生、老师、科学家、音乐人、工程师或是作家——请勇往直前地追逐你的梦想。你们是下一代的大思想家和意见领袖，未来将因你们而生。”

2017 年 11 月 24 日，霍金向中国的网友发出了他人生中的最后一条微博。他在这条微博上说：“我很高兴就王俊凯网友提出的优秀的问题做一个视频回应。他的提问，让我看到了中国千禧一代的年轻人对未来的思考和好奇心。我希望，当你们追求科学以及其他创意时，如此的好奇心和自信可以延续下去。”

霍金发出的每一条微博都有几十万的点赞、转发和留言，不知道霍金生前是否看到了这些网友对他的支持和追捧，也不知道霍金的助手有没有翻译给霍金本人。即便霍金没有回复其中的任何一条留言，中国的网友们还是乐此不疲地崇拜他。

在中国的粉丝文化中，不少公众已从对娱乐明星的疯狂追逐演变成对科学巨人的崇拜，在追逐的对象、内容、感受与意义上发生了巨大的变化。虽然它们具有相似的娱乐因子，但霍金的微博之所以吸引人，主要是那些令人仰之弥高、常人难近的科学之光，已如此近距离地通过网络，让普通人眼前一亮、心中一明。其中所具有的积极意义，远比单一疯狂地追星要积极向上得多，也许还能借此契机，吸引更多的人从此爱上星空与科学，让中国未来也能出现更多的霍金。

从古至今，世界上诞生了很多伟大的科学家。但这些科学家在普通人眼里，大多是“藏于深闺人未识”，也就是说，他们的知名度仅限于学术界，出了这个学术界的圈子，普通民众就不认识他们了。而霍金恰恰不同，他无疑是一位出圈并被广大普通人熟悉和喜爱的大科学家。

当然，我们也不能希望科学家都能像霍金这样，不仅在科学领域取得诸多成就，还成为演说家、励志明星，成为对生活充满积极娱乐精神的“网红”。但科学家也可以通过一些方式，走近公众，做更多的科学普及工作。比如写一些科普文章，并通过科普演讲、讨论等方式，让更多的普通人能够了解科学，从而爱上科学。这不仅可以提高公众的科学知识素养，更有益于全社会科学意识与思想的提升。

斯人已去，但他的那些惊世预言，会在人们的心中久久地泛着涟漪，让人们惊异而好奇，尊崇而慨叹。

霍金曾预言：人工智能将超越人类智慧。他并不否认人工智能为人类生活带来的便利，他本人也是此类科技的受益者。2014 年 12 月，霍金坦陈人工智能的初步发展已证明了其有用性，但他担心，这类技术最终会发展出与人类智慧相当甚至超越人类智慧的机器，到时，它可能以不断加快的速度重新设计自己。而人类则受制于生物进化速度，无法与其竞争，最终被超越。

霍金曾预言：1000 年内地球毁灭。相比于人工智能威胁人类，“地球毁灭论”更加令人惊悚。“末日说”其实并不新鲜，但当它出自霍金这样一位重量级科学家之口时，就不得不认真加以思量。更何况，霍金给地球的寿命加了 1000 年这样一个明确的期限。2012 年 1 月，霍金在 70 岁生日前夕，参加了英国广播公司的节目。在谈及有关世界末日的问题时，霍金表示，基本可以确定的是，未来 1000 年内，地球会因某场大灾难而毁灭，比如核战争或者温室效应。

霍金曾预言：时间旅行不是梦。他从科学的角度分析了未来实现时间旅行的可能性问题。他认为，成功建造时光机的关键是第四维。他说，一切物体都有时间以及空间的长度，时间旅行意味着我们要经过第四维。如何才能穿越第四维通道？霍金说，“虫洞”提供了一种可能。虫洞又称时空洞，被认为是宇宙中可能存在的连接两个不同时空的狭窄隧道。霍金认为，宇宙万物都存在小孔或裂缝，这种基本规律同样适用于时间，时间也有细微的裂缝和空隙。比分子、原子还要小的空隙被称作“量子泡沫”，而“虫洞”就存在于“量子泡沫”中。霍金指出，也许在未来的某一天，人类能够捕获某一个“虫洞”，并将它放大到足以使人类甚至宇宙飞船从中穿过。

霍金曾预言：大脑可能“独立”存在。他在 21 岁时，就患上了罕见的运动神经元疾病，全身肌肉逐渐萎缩，只有几根手指能够活动，后来，连说话也只能依靠特制的语音合成装置。但在这种情况下，他仍在宇宙和黑洞研究等领域取得了卓越成果，赢得了全球科学界的尊敬。霍金一直是在用“残存的肢体”来表达这颗“世界最聪明大脑”里的所思所想。为避免日渐衰弱的身体将那些弥足珍贵的思想永久“封存”，也有人在研究脑神经设备，试图帮助这颗“最强大脑”绕开身体的局限，直接与外界沟通。关于大脑与身体的关系，霍金也有自己的思考。2013 年，他在接受英国《卫报》记者采访时表示，他笃信人的大脑是可以不依附于身体而独立存在的，而思维就像储存在大脑中的一段程序，可以被复制。他说：“大脑在某种程度上就像一台计算机，而我们可以将其中的‘程序’复制到电脑里面，这在理论上是可行的。”但他同时认为，这不代表他相信人在死后还能有灵魂。他说：“我认为传统的‘来生’对于害怕黑暗的人们来说，还只是个神话传说。”

霍金的一生，从不愿向恶疾低头，甚至一度不愿接受任何帮助。他最喜欢被视为科学家，然后是科普作家，对他来说最重要的是被视为正常人，拥有与其他人相同的欲望、干劲、梦想与抱负。

斯人已去，霍金离开地球继续去寻求他心目中的宇宙真谛，希望他一路走好！

主要参考书目

[1] 霍金、吴忠超 . 果壳中的宇宙 [M]. 长沙：湖南科学技术出版社，2006.

[2] 杨建邺 . 霍金传 [M]. 长春：长春出版社，2011.

[3] 霍金、蒙洛迪诺、吴忠超 . 大设计 [M]. 长沙：湖南科学技术出版社，2011.

[4] 荣楚欧 . 斯蒂芬·霍金传 [M]. 北京：现代出版社，2016.

[5] 鹿理梅 . 与万物对话：霍金传 [M]. 北京：群言出版社，2016.

[6] 霍金、吴忠超 . 时间简史 [M]. 长沙：湖南科学技术出版社，2017.

[7] 霍金、吴忠超 . 我的简史 [M]. 长沙：湖南科学技术出版社，2017.